世界就业和社会展望

2020年趋势

国 际 劳 工 组 织　著
张　绘　司徒爱勤　译

中国财经出版传媒集团
经济科学出版社
Economic Science Press

图书在版编目（CIP）数据

世界就业和社会展望2020年趋势 / 国际劳工组织著；张绘，司徒爱勤译. —北京：经济科学出版社，2021.1

书名原文：World Employment and Social Outlook：Trends 2020

ISBN 978-7-5218-2290-8

Ⅰ. ①世… Ⅱ. ①国… ②张… ③司… Ⅲ. ①劳动就业-研究报告-世界-2020 Ⅳ. ①F249.1

中国版本图书馆CIP数据核字（2020）第266575号

责任编辑：吴 敏
责任校对：齐 杰 杨 海
责任印制：李 鹏 范 艳

世界就业和社会展望2020年趋势
国 际 劳 工 组 织 著
张 绘 司徒爱勤 译
经济科学出版社出版、发行 新华书店经销
社址：北京市海淀区阜成路甲28号 邮编：100142
总编部电话：010-88191217 发行部电话：010-88191522
网址：www.esp.com.cn
电子邮箱：esp@esp.com.cn
天猫网店：经济科学出版社旗舰店
网址：http：//jjkxcbs.tmall.com
北京季蜂印刷有限公司印装
880×1230 16开 8印张 100000字
2021年3月第1版 2021年3月第1次印刷
ISBN 978-7-5218-2290-8 定价：42.00元

序　言

越来越多的人意识到，经济增长的果实并未在劳动者之间得到充分分配，而由此产生的不公平问题威胁着社会的凝聚力。要对这些问题进行评价，需要严格评估影响职场的经济和社会趋势。尤其重要的一点是，我们要了解在全部劳动适龄人口中有多少人获得了体面的工作并充分发挥了自身的潜能。有关这些问题的有力证据应被直接纳入经济和社会政策的设计之中，以帮助各国实现包容的和可持续的发展。

国际劳工组织的研究人员和统计学家进行了广泛的数据收集和大量的建模工作，旨在制定一套新的全球估算指标，以全面展示全球劳动力市场的情况。由于失业率已无法显示劳动力利用不足的全部情况，本报告采用新的数据揭示就业机会方面存在的重大差距。此外，本报告着重指出，工作质量参差不齐的问题仍未得到解决，比如非正规就业人口和工作贫困人口的比例居高不下。由于增长不充分或缺乏包容性，非正规就业和工作贫困现象不太可能大幅改善。最后，本报告指出各劳动力市场普遍存在严重的不平等。尤其是，对全球劳动者的劳动收入占比以及劳动者之间收入分配不均问题的最新估计，为研究地区劳动力市场的不平等情况提供了一个全新的视角。本报告还探讨了农村和城市工作者在劳动力市场上的情况和就业前景，正是这条重要的分割线区分了全球劳动者不同的经济和社会前景。

国际劳工组织的年度旗舰报告《世界就业和社会展望：趋势》一如既往地从就业角度概述了全球的情况，提供了权威的观点。2020年的报告全方位探讨了全球在社会公正和体面工作方面获得的进展以及仍待解决的问题。

Guy Ryder

盖·莱德

国际劳工组织总干事

致　谢

《世界就业和社会展望2020年趋势》是国际劳工组织研究司劳动力市场趋势与政策评价处和国际劳工组织统计司数据制作与分析处广泛合作的成果。报告的主要作者包括Roger Gomis、Steven Kapsos、Stefan Kühn和Hannah Liepmann。David Mosler、Hugo Ñopo、Ken Chamuva Shawa、Pamphile Sossa和Christian Viegelahn主要负责第二章中的地区分析。Monika Matyja为我们的研究提供了重要的协助。Stefan Kühn负责领导和协调工作。国际劳工组织研究司前司长Damian Grimshaw负责总的指导、支持和监督工作。

本报告中的国际劳工组织模拟估算是由国际劳工组织统计司数据制作与分析处和国际劳工组织研究司劳动力市场趋势与政策评价处合作完成的。报告的作者在此特别感谢Roger Gomis和Cristiano Mantovani，他们的努力让我们得以在报告中呈现了更多的劳动力市场指标数据。Stefan Kühn和Monika Matyja还开发了大量模型，这对本报告中的估算提供了实质性的帮助。

国际劳工组织政策事务副总干事Deborah Greenfield、国际劳工组织政策事务副总干事专门顾问Claire Harasty和国际劳工组织总干事专门顾问James Howard为本报告提供了十分中肯的意见和建议。

国际劳工组织研究司还希望在此感谢以下同仁提出的宝贵意见和建议：Sévane Ananian、Floriana Borino、Umberto Cattaneo、Marva Corley-Coulibaly、Yacouba Diallo、Elizabeth Echeverría Manrique、Sara Elder、Adam Elsheikhi、Ekkehard Ernst、Verónica Escudero、Elisenda Estruch Puertas、Paulino Font Gilabert、Rosina Gammarano、Sajid Ghani、Angela Giannini、Tariq Haq、Akira Isawa、Aya Jaafar、Kee Beom Kim、Ali Madai Boukar、Bashar Marafie、Rossana Merola、Michael Thye Frosch、David Mosler、Bernd Mueller、Shane Niall O'higgins、Martin Ostermeier、Yves Perardel、Clemente Pignatti、Ira Postolachi、Catherine Saget、Daniel Samaan、Pelin Sekerler Richiardi、Pamphile Sossa、Velentina Stoevska、Domenico Tabasso和Christian Viegelahn。另外，Steven Tobin（劳动力市场信息理事会，加拿大）也为我们提供了十分有价值的意见。同时，还要感谢国际劳工组织地区办公室提供的诸多建议，包括非洲、阿拉伯国家、亚洲和太平洋地区、欧洲和中亚、拉丁美洲和加勒比地区办公室。此外，联合国经济和社会事务部的Dawn Holland和Julian Rodrick Slotman也提供了十分中肯的意见和建议，在此也对其表示感谢。

最后，我们还要感谢出版生产处的Judy Rafferty及其他同事，他们为本报告的出版给予了大量帮助。国际劳工组织交流与公共信息司的同事一直在协助和支持本报告的宣传工作，在此一并致以谢意。

目　录

专栏

图

表

执行摘要

工作领域存在诸多挑战，比如持续存在的不平等以及排斥现象，这使得明确了解全球就业和社会趋势变得比以往任何时候都更加重要。为此，需要批判性地反思我们的方法和理念是否足够，并在必要时进行创新，以应对当今的政策挑战。比如，我们需要对失业率是否是衡量劳动力市场表现不尽如人意的最可靠指标提出质疑。我们需要了解劳动适龄人口能否在工作中充分发挥其潜能。此外，人们越来越感受到劳动力市场并未充分分配经济增长的成果，为对此进行评估，衡量的标准至关重要。尽管相关证据表明，各国并未发生就业机会和收入增长日益集中的情况，但是我们需要更精确地了解哪些工作者群体收获颇丰，哪些工作者群体较为失意。有关这些问题的有力回答能够为经济和社会政策设计提供直接参照，从而引导社会走上包容和可持续的发展道路。

本报告旨在通过提供新的证据、见解来应对这一挑战，加深我们对全球劳动力市场表现的了解，并提供反映劳动力市场面临的长期挑战的最新数据。本报告主要强调了四个重要信息。

- 第一，对经济增长放缓的预期和包容性的缺乏很可能会削弱低收入国家摆脱贫困和改善工作条件的能力。
- 第二，对劳动适龄人口的劳动力利用不足情况进行更为全面的衡量能够揭示在获得工作机会方面的重大差距；总劳动力利用不足比率高企，远远超过失业率。
- 第三，即便有工作，就业质量仍存在显著不足。体面的工作涉及充足的工资或自雇工作者收入、工作保障权、安全健康的工作环境、获取社会保障的权利和表达自身观点的机会，同时还涉及工会、雇主组织或其他代表性机构，以及不歧视等其他基本权利。在非正规经济中，体面工作的缺乏尤其明显。从事非正规工作的劳动者的工作贫困率最高，其中，自营自雇工作者和保障不足的家庭雇员占比较高。
- 第四，在获得工作机会和就业质量方面，严重不平等问题十分普遍。这表现为根据地域（不同国家，以及城市和农村地区）、性别和年龄严格区分工作者。此外，国际劳工组织有关（包括自雇工作者在内的所有工作者）劳动收入的最新数据表明，在全球范围内，收入不平等的严重程度远远超过此前的想象。

不平等问题和体面工作的严重不足不仅会导致经济效率低，还会破坏国家的社会凝聚力。尤其值得注意的是，2019年，在全球11个次区域中有7个出现了抗议事件增多的情况，这说明大众对社会、经济或政治形势的不满程度加剧。本报告指出，在当今社会，实现充分就业和提高全球民众的生活水平这两个目标和以往一样重要。政府、工作者和雇主必须继续将能够实现上述目标的劳动力市场政策作为头等大事。

低收入国家经济增长的速度和模式会阻碍其为减少贫困和改善工作条件所做出的努力

纵观低收入国家，2018年人均国内生产总值（GDP）约为1700美元（采用基于购买力平价计算的2011年汇率），相当于人均日收入不到5美元。在过去18年间，低收入国家的人均增长速率仅为1.8%，中等偏下收入国家和中等偏上收入国家之间的差距不断扩大。就增长模式而言，结构转型、技术升级和多元化势在必行，以便将就业者从低附加值经济活动中释放出来，转而从事高附加值活动。然而，在低收入国家，这方面的进展仍极为有限。比如，2000—2018年，低收入国家的农业和初级职业（elementary occupations）的就业率降至69%，仅下降了6个百分点，而在中等偏下收入国家，下降了10个百分点，降至49%，中等偏上收入国家下降了15个百分点，降至32%。因此，本报告强调的第一个信息就是，增长的速度和模式不仅会加大低收入国家减贫的难度，还会减少增加体面工作的可能性。

劳动力利用不足总人口是失业人口的两倍多，涉及全球4.7亿多人……

本报告强调的第二个关键信息是，劳动力供应与需求错配所涉及的人口远远超过2019年全球失业人口数（1.88亿人）。除失业人口外，1.65亿人虽然拥有工作，但希望延长带薪工作时数。此外，还有约1.2亿人不属于失业人口，但处于劳动力市场的边缘，而在不久的将来可能会获得工作。在这些人中，有些称在可以工作的时候没有找工作，还有些称正在找工作，但目前无法上岗工作。换言之，全球有4.7亿多人没有充足的机会寻找有偿工作，或者无法按理想的带薪时数工作。这些发现表明，对劳动力市场利用不足的情况进行更为全面的了解，并在传统失业率衡量标准之外采用更为全面的衡量标准具有很高的价值。

……预计工作短缺的情况近期将持续存在

2019年，全球失业率达到5.4%，预计未来两年将基本保持不变。换言之，未来失业率似乎很难再现2009—2018年间持续下降的局面。此外，总劳动力利用不足率预计将保持在稍高于13%的水平。就业增长放缓的背后是全球经济活动下挫，尤其是制造业低迷。贸易与地缘政治紧张局势未来几年将对商业和消费者信心以及就业机会产生怎样的影响，这一点目前存在很大的不确定性，所以当前难以预测劳动力利用不足的各种衡量指标将如何演变。

近期全球失业率的下降在很大程度上归功于高收入国家。相较于过去十年这些国家较低的平均经济增长水平而言，其就业率增速高得惊人。这可能恰好反驳了技术变革会导致群体失业的观点。然而，高收入国家的就业率增长是以劳动生产率增速放缓为代价的，其就业机会主要来自人均附加值较低的服务业。相反，近年来遭遇经济危机的一些中等收入国家的失业率却居高不下。在全球经济前景低迷的情况下，这些国家的就业率不太可能在不久的将来再次强势增长。

有偿工作并不意味着体面工作……

本报告强调的第三个关键信息强化了我们之前的认知，即对2019年全球33亿就业人口中的许多人而言，有偿工作并不意味着体面的工作条件或充足的收入。在很多情况下，迫于生活拮据或其他资金支持的匮乏，人们不得不从事非正规、收入低、社会保障及工作权利缺失或有限的工作。这正是中等收入和低收入国家14亿自营工作者和家庭雇员的写照。他们通常从事不正规的工作，工作条件恶劣，且收入远远低于工薪工作者。即便是在高收入国家，工作条件不尽如人意的自雇工作者也在不断增多——这从其相较于工薪工作者的劳动收入溢价不断减少中便可见一斑。然而，雇员自身也经常陷于合同无保障、收入低、工作不正规的境地。总而言之，目前全球约20亿工作者正在从事非正规工作，占全球就业人口的61%。

……全球范围内极端或中等贫困工作者已超过6.3亿人

恶劣的工作条件也表现在收入低方面。2019年，全球逾6.3亿工作者（即接近1/5或19%的受雇工作者）的收入不足以让其自身或家庭摆脱极端或中等贫困；

以购买力平价衡量，他们的日均收入不到3.2美元。尽管全球的工作贫困率在不断下降，但在低收入国家，该比率却基本没有变化。在这些国家，随着低质量工作的增多，就业率预计将保持快速增长，但这意味着工作贫困人数预计将在2020—2021年小幅增加。因此，实现到2030年在全球根除极端贫困这一目标（即可持续发展目标的首个目标）将变得更加困难。低收入国家的人均经济增长低于中等收入国家，而人均经济增长不足是造成低收入国家至今仍无法切实提高诸多工作者生活水平的原因之一。

全球劳动力市场不平等情况十分严重，不同地域的劳动者在获得体面工作方面的差距显著……

本报告强调的第四个关键信息是劳动力市场普遍存在严重的不平等。首先，劳动者的地域分布在很大程度上决定了其能否找到优质的有偿工作。在低收入国家，由于许多弱势工作者被迫从事各种工作，不论其质量如何，所以这些国家的就业—人口比最高（68%）。事实上，这些国家的工作者面临恶劣的工作条件且生活贫困的可能性也最高（极端和中等贫困的总比率高达66%）。在全球11个次区域，北非以及中亚和西亚的失业率最高（分别为12%和9%），而东南亚和太平洋地区以及北美的失业率最低（分别为3%和4%）。在北美和东欧，仅约1%的工作者属于与时间相关的不充分就业（time-related unemployment），拉丁美洲和加勒比地区的这一比例为8%，而在全球范围内，低收入国家的比例高达13%。

国内的地域差异也会对就业产生影响。国际劳工组织的最新数据使研究城市和农村地区的劳动者在获得工作机会方面的差距成为可能。从全球范围来看，农村地区劳动适龄人口的就业率（59%）高于城市地区（56%）。此外，农村地区与时间相关的不充分就业率（6%）也高于城市地区（4%）。这些差距在低收入国家最为显著。未来，随着技术的变革以及相伴而来的转型，农村和城市地区之间的差距可能会加大。比如，在亚洲和太平洋地区，随着技术的进步和旨在促进创新的政策的出台，城市地区的就业机会和收入似乎将显著增加。

地域差异对劳动力市场的影响常常促使工作者进行迁移，以寻找更好的机会。从全球来看，城市地区劳动适龄人口的占比估计已从2005年的50%升至2019年的55%，这说明大量人口已从农村地区迁移至城市中心。在中等偏上收入国家，这种迁移趋势最为明显。2019年，这些国家2/3的劳动适龄人口估计都生活在城市地区，比2005年增加了10多个百分点。此外，国际迁移会给相关流动人口带来额外的挑战，因为他们通常无法享受与目的国本国国民相同的权利。

……女性与青年在劳动力市场参与方面还面临其他阻碍

当代劳动力市场仍未能消除性别不平等。2019年，女性劳动力参与率仅为47%，比男性劳动力参与率（74%）低27个百分点。不同地区在获得工作机会方面的性别不平等差距巨大。在一些地区，性别思维定式仍根深蒂固，强调女性的主要责任是照顾家人，而男性则主要负担家计。在北非和阿拉伯国家，女性劳动力利用不足的情况十分突出，涉及两个次区域约40%的广义劳动力，而在这两个地区，涉及的男性比例分别为20%和12%。除了工作机会之外，就业质量方面也依然存在性别差距，即便是在女性劳动力市场参与率相当高的地区也不例外。比如，在拉丁美洲和加勒比地区，尽管女性的平均受教育程度高于男性，但该地区女性的时薪仍比男性低17%。

年龄也是造成劳动力市场不平等的一大因素。在全球范围内，高达2.67亿的15~24岁青年（占该年龄组人口的22%）没有工作、没有接受教育或培训。此外，在拥有有偿工作的青年中，许多从事的并非体面工作。比如，在非洲，95%的青年工作者从事非正规工作。由于15~24岁年龄组的绝对人口规模预计将大幅增加，因此创造充足的体面工作机会是非洲面临的最为紧迫的挑战。欧洲和中亚的青年工作者也同样面临劳动力市场的诸多挑战，包括随着临时就业的增加，该地区青年工作者的工作质量每况愈下。

国际劳工组织的最新数据显示，全球劳动收入占比正在不断下降……

最后，由于获得体面工作的机会不平等，收入不平等问题十分严重且迟迟得不到解决。收入不平等的一个重要方面是劳动收入不平等，而劳动收入对全球约33亿工作者的生活水平至关重要。然而，由于缺乏自雇工作者（占全球劳动力的近一半）劳动收入的可靠数据，一直以来都无法对绝大多数国家的劳动收入进行可靠且具备国际可比性的估计，这个问题直到最近才得以解决。通过密集的数据采集和建模，国际劳工组织目前已能够填补这个空白，并揭示新的收入不平等趋势。

相对于资本持有者在国民收入中的占比，全球劳动收入占比已从2004年的54%跌至2017年的51%。这一跌势在欧洲、中亚和美洲最为显著。在高收入国家，与雇员相比，自雇工作者的劳动收入不断下降，这是导致总体劳动收入下降的主要推动因素。有鉴于此，国际劳工组织得出结论，劳动收入占比跌幅已超过之前的预估。这一发现恰好印证了新的工作模式正在侵蚀自雇工作者的赚钱能力这一情况。

……全球收入不平等比之前预想的更为严重

最新的数据集显示，全球劳动收入的分布严重不均。2017年，处于全球劳动收入前十分位的工作者的月平均收入达到7400美元，而处于后十分位的工作者的月平均收入仅为22美元（按购买力平价计算）。过去15年间，印度和中国等国家的平均劳动收入有所上升并导致了经济趋同，从而推动全球收入不平等程度下降，但是国家内部的不平等仍未得到改善。最新的劳动收入数据还显示，早期的研究大大低估了低收入国家内不平等问题的严重程度，这主要是因为这些国家以家庭支出代替总收入。比如，原先认为各国的中产阶层和中上阶层的总体收入占比较为接近，但事实上，在低收入国家，这一占比要小得多，而上等阶层的收入占比却较高。总而言之，全球收入不平等的严重程度超出了之前的认知。

第一章

全球就业与社会趋势

当今工作领域的一大特征是体面工作普遍不足。体面的工作体现了人们的职业抱负，其体面性体现在工作的方方面面，从获得公平收入工作的机会、工作场所的条件、平等待遇到社会保障、就业权利和自由言论权。对劳动力市场的主要参与者——政府、雇主和工作者而言，应对体面工作不足的问题是一大挑战，而技术、气候变化和人口变化的变革性力量以及全球化的多变特征更使应对这一问题变得更加复杂。除了这些与未来就业有关的挑战之外，许多国家目前可能还因经济增速普遍放缓、社会动荡、政局不稳和保护主义抬头而受到诸多制约。

本章旨在基于不同收入水平国家的数据，从社会和经济视角说明全球劳动力市场的现状。本章评估了宏观经济形势下的最新变化，并研究了影响未来工作的各种变化所蕴含的风险和机遇。第一节汇总了反映工作领域总体情况的全球数据。第二节分析了经济增速放缓和贸易保护主义对各经济体在创造更多、更优质就业机会的能力方面所产生的影响。第三节着重探讨劳动力市场准入和劳动力利用不足的情况，而后者是体面工作不足的重要特征。第四节和第五节考量体面工作不足的其他关键指标，尤其是非正规工作的泛滥、工作贫困和高技能工作的缺乏。

根据本报告强调的核心信息，本章得出四大结论。第一，经济增速放缓的预期很可能会削弱较低收入国家减少贫困、改善工作条件的能力，而在高收入国家，由于经济增长和就业增长之间的关系出现变化，失业率不可能上升。第二，在获得工作机会方面的差距十分明显，远远高于之前的认知。国际劳工组织偏好的衡量该差距的标准，即总劳动力利用不足人口，是失业人口的两倍多，2019年全球劳动力利用不足人口达4.73亿人。第三，全球大量劳动者从事的并不是体面的工作，这一点从居高不下的非正规工作者、自营工作者和家庭雇员的占比，以及大量工作贫困人口中便可见一斑。体面工作不足还意味着大量从事有偿工作的人在工作中缺乏社会保障和权利，许多工作者并未从国际劳动标准的出台中受益，特别是，他们没有集体代表他们或替他们发声。第四，本章的分析揭示了当代劳动力市场存在严重的不平等问题。贯穿本章的一个重点是地区（不同国家之间、城市与农村地区之间）、性别和年龄差异。第二章对不平等进行了补充分析，从地区维度分析了不平等的特点，而第三章则提供了关于劳动收入份额和分配的全新数据，表明劳动收入在全球收入中的占比正不断下降，总体劳动收入不平等问题的严重性远远超过之前的设想。

本章主要指出，随着全球经济增速放缓，劳动者在获得工作机会方面的巨大差距、体面工作条件的普遍缺乏，以及严重但久未解决的劳动力市场不平等可能会破坏社会之间和社会内部的凝聚力。这些重大挑战说明，我们亟须基于实证研究开展严格的评估，并据此做出必要的政策选择。

除非另有说明，本报告提供的数据均来自国际劳工组织的模拟估算，这是由劳动力市场主要指标构成的一个独特的全球面板数据集。更多细节请参见专栏1.1和附录2。为了确保表述清晰，本报告仅从国际劳工组织的模拟估算中提取了一小部分数据。对特定主题感兴趣的读者可访问国际劳工组织统计司网站（https://ilostat.ilo.org），查阅全部数据集。

▶ 专栏1.1

国际劳工组织模拟估算的数据来源及不确定性考量

国际劳工组织的模拟估算主要基于大量的国家调研数据，这些数据已根据国际劳工统计学家会议确立的定义进行了统一。针对不同国家和不同年份的模拟估算已向公众开放，请访问https://ilostat.ilo.org/进行查找。有关部分关键指标的数据，也可访问www.ilo.org/wesodata，在WESO数据查找器中查找。

“模拟”一词表明，数据集里的观察结果并不全部来自劳动力调研：缺失的观察结果是利用计量经济学技术估计得出的（关于哪些观察结果是通过该方法进行估计的，具体情况请访问https://ilostat.ilo.org/）。由于并不是所有的国家都有能力定期进行劳动力调研，因此数据缺失的情况不可避免，需要通过估算来弥合，以便对全球和地区趋势进行有意义的分析。附录2更为详细地说明了这些估算中所用到的计量经济学建模技术。

国际劳工组织的模拟估算存在一定程度的不确定性，需要对其进行以下修正：

1. 当数据采集方法发生变化，或计算指标数值所涉及的定义发生变化时，可对实际观察结果进行修正。在过去几年中，这是最主要的修正原因，国际劳工组织采取了各种方法来确保其数据集符合国际劳工统计学家会议确立的定义。

2. 对未知数值所做的任何估算都存在不确定性。国际劳工组织采用最前沿的计量经济学建模技术以最大维度地减少这种不确定性。在本报告中，国际劳工组织首次估计并公布了与失业率指标相关的不确定性，并将在今后的报告中包含更多的指标。对于2018年（采用实际观察结果的最后一年）的全球失业人口，在95%的置信水平下，置信区间为1.73亿~2.01亿。对于过去数据缺失的国家，在获得劳动力市场信息后，可进行修正。

3. 本报告主要对2019年进行了估算，因为在撰写本报告时，我们尚未获得实际数据。2018年之后的所有数值都是预估值，因此存在一定的误差。

需要注意的是，估计劳动力市场指标从某一水平发生变化所面临的不确定性小于该水平本身的不确定性，这一点至关重要。这意味着，尽管估算存在不确定性，但本报告所展示的趋势是有意义的。

2013年10月举办的第19届国际劳工统计学家会议缩小了就业的定义，仅指为获得薪酬或利润而为他人从事的活动（ILO, 2013）。本报告并未在全球劳动力市场统计数据中反映这一变化，因为到目前为止，基于新定义开展的劳动力调研并不足以让我们获得关于总量的可靠的估算。

第一节　全球劳动力市场概览

想要全面深入分析全球劳动力市场的状况，需要从多维度了解体面工作不足的情况。除了就业率和失业率之外，本节从下述三大主要维度概述了全球层面的重要结论，并将在随后几节中详细论述：

（1）劳动力供应与需求错配的指标，这些指标表明劳动适龄人口对获得更多有偿工作的需求未得到满足；

（2）就业质量以及为工作者及其家人提供充足收入、安全的工作场所和社会保障的能力；

（3）不同性别、年龄和地域的工作者在机会与待遇平等方面的情况。

劳动力利用不足总人口超过失业人口的两倍

2019年，全球15岁以上人口（即劳动适龄人口）估计达到57亿人（UN, 2019a）。在这些人中，未进入劳动力市场的有23亿人（39%），就业人口达33亿人（57%），失业人口估计为1.88亿人（见图1.1）。

然而，要评估劳动力利用不足的情况，必须在失业人口之外将另外两类人口纳入考量：有工作但希望延长有偿工作时数的人口，即“与时间相关的不充分就业”，以及待业但希望工作，却因个人情况或其他因素无法主动求职和/或无法上岗工作的人口，即“潜在劳动力”（ILO, 2018a）。[①]事实上，2019年，全球估计有1.65亿人属于与时间相关的不充分就业，而另外的1.19亿人则属于潜在劳动力。结合传统的失业人口衡量标准来看，劳动力利用不足总人口达4.73亿人，占综合劳动力的14%（有关数据的进一步分析见下文）。[②]这一数字是全球失业人口的两倍多。

2019年，在15~24岁青年中，就业者估计有4.29亿人（36%），另有5.09亿（42%）青年在接受教育或培训而没有就业（见图1.1）。未就业且未接受教育或培训的青年（NEET）比例是衡量联合国2015年通过的《2030年可持续发展议程》中的可持续发展目标8，尤其是具体目标8.6是否实现的指标，即到2020年，大幅减少未就业且未接受教育或培训的青年比例。该目标旨在让政策制定者重点关注那些未就业又不提高就业能力的年轻人。2019年，未就业且未接受教育或培训的青年人口高达2.67亿人，相当于每5个青年中就有1个，这些人未能获得未来参与劳动力市场的技能。此外，相较于成人，青年面临更大的劳动力利用不足风险。目前，劳动力利用不足的青年人口已达1.41亿人，失业青年人口达到6800万人。[③]

体面工作不足也体现在雇佣条件之中

国际劳工组织的《体面工作议程》不仅探讨了就业机会的获取，而且要求雇主提供充足的最低工资，保证员工获得各项工作权利和社会保障。然而，全球大量工作者仍未获得此等待遇。

具体而言，全球约3.6亿工作者属于家庭雇员，其中多数为女性。[④]顾名思义，这意味着他们是非正规工作者（见图1.2），无法获得有效的社会保障和收入保障。此外，在占就业人口1/3的11亿自营工作者中，有很大一部分从事的是初级工作，原因是正规行业缺乏工作机会或无法通过社会保障获得收入。这类初级工作中的大部分（85%）来自非正规行业（ILO, 2018b）。

目前全球近一半的工作者是工薪工作者，工薪工作更有可能让其获得社会保障、劳动权利和收入保障。但在全球许多地区，这并不是绝对保证，因为40%的工薪工作者从事的是非正规工作（ILO, 2018b）。目前全球共有约20亿非正规工作者（占就业人口的61%），他们获得工作权利或享受社会保障系统福利的概率非常低（ILO, 2018b）。

高报酬、高生产率工作的缺乏意味着全球超过6.3亿工作者，即全球每5个工作者中就有1个处于极端贫困（按购买力平价计算，家庭人均日收入不到1.90美元）和中等贫困（按购买力平价计算，家庭人均日收入介于1.90~3.20美元）。

---

① 图1.1的注释更加详细地界定了不同类型的劳动力利用不足。

② 失业人口、与时间相关的不充分就业和潜在劳动力的总和被称为综合劳动力利用不足人口，但本报告中有时也用劳动力利用不足总人口进行表述。综合劳动力包括总劳动力（就业人口和失业人口）和潜在劳动力。

③ 劳动力利用不足总人口包括26.2%的青年综合劳动力，但仅涉及10.8%的成年综合劳动力。对青年就业情况更加详细的探讨，请见《2020年全球青年就业趋势：技术与未来的工作》（ILO，即将出版）。

④ 表1.5提供了不同就业状态的具体数据。

图1.1

2019年全球就业机会与劳动力利用不足概览

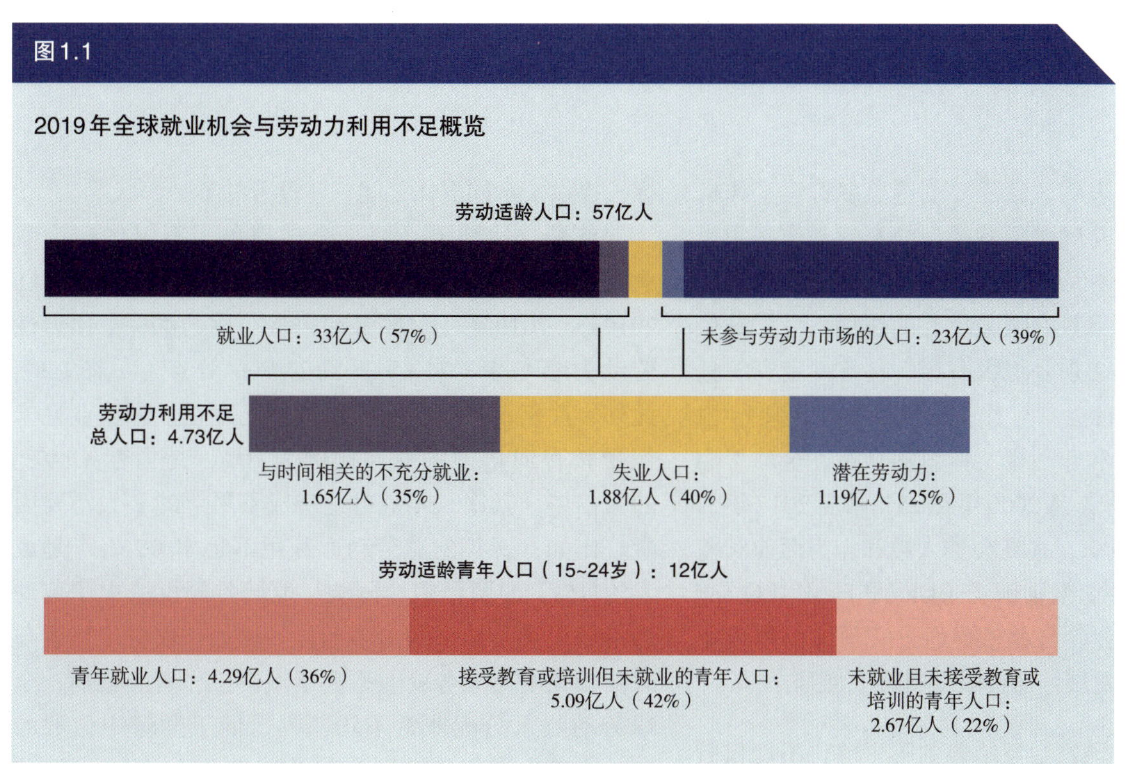

注：与时间有关的不充分就业不足指工作时间不足，但愿意且能够延长工作时间，从而达到更为理想的就业的就业人口。潜在劳动力包括无法在要求时间内，但能在比要求时间稍晚的时间上岗工作的积极求职者（无法上岗工作的求职者），或没有积极求职，但希望工作且能在要求时间内上岗工作的人员（可上岗工作的潜在求职者）。青年就业人口可能同时在职接受教育或培训。

资料来源：ILOSTAT，国际劳工组织模拟估算，2019年11月。

图1.2

2019年全球就业特点

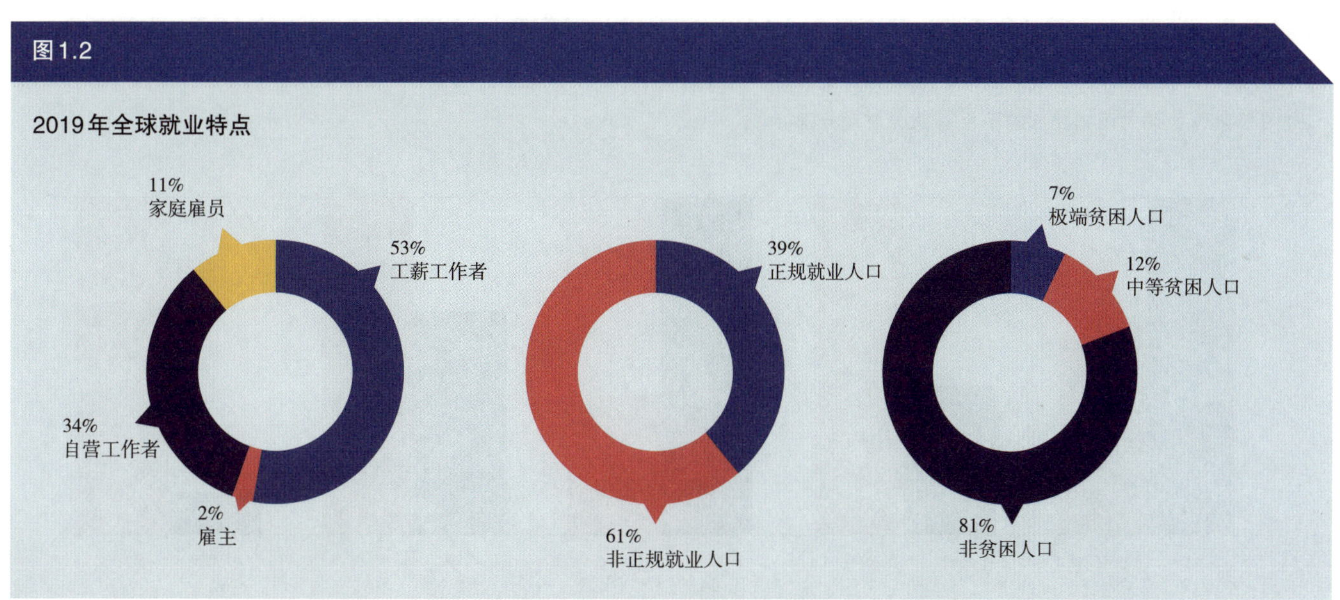

注：对非正规就业人口的估算为2016年的估算。北美、欧洲的高收入国家（包括欧盟成员国）、日本、澳大利亚和新西兰没有极端工作贫困人口（按购买力平价计算，人均日收入不到1.90美元）和中等工作贫困人口（按购买力平价计算，人均日收入介于1.90~3.20美元）。

资料来源：ILOSTAT，国际劳工组织模拟估算，2019年11月；ILO，2018b。

这些重要结论表明，除了要创造更多有偿工作机会之外，当务之急是确保所有类型的有偿工作必须也是体面工作。社会对话和三方谈判对塑造整体经济环境和劳动力市场结果具有至关重要的作用。为了确保效率，要求参与者必须是组织有序、具备一定资源且具有代表性的独立社会参与者（工会和雇主组织）。由于大量自雇工作者和非正规工作者的存在，全球工会会员比例不断下降（从2000年的25%降至2017年的17%），以及雇主组织在提高会员人数和作为商业利益集体代言人方面面临重重困难（Global Deal, ILO and OECD, 2018），社会参与者想要通过实现体面的就业关系为经济的稳定发展作出贡献变得难上加难。

想要了解劳动力市场机会与结果的不平等，不能仅看平均数

劳动力市场的机会和结果存在诸多差异，这不仅取决于个人的特性，还取决于其所处的地域和所从事的工种。图1.3基于优质的全球数据，选取一小部分指标，提供了不同群体之间一些显著的不平等状况。

首先，性别不平等是全球现象，不仅体现为就业机会的不平等，也体现为工作条件的不平等（ILO, 2019a）。2019年，女性劳动力参与率为47%，比男性劳动力参与率（74%）低约27个百分点（见图1.3）。此外，性别不平等从青年阶段便已存在，未就业且未接受教育或培训的女性比例为31%，是男性（14%）的两倍多。其次，年龄也是造成不平等的一大重要因素。比如，青年的总劳动力利用不足率（26%）是成人（11%）的两倍多。再次，地域差异也造成了劳动力市场机会与结果的诸多差异。比如，农村工作者与时间相关的不充分就业率高于城市工作者。最后，全球劳动收入分配非常不均：收入低于全球中位数的50%的工作者仅创造了全球总劳动收入的6%，而前10%的工作者则创造了总劳动收入的近一半。第三章将对严重的不平等情况进行详细探讨，并指出劳动收入分配的不平等是由国家之间以及国家内部的差异造成的。

图1.3

2019年全球劳动力市场结果的不平等状况，部分指标

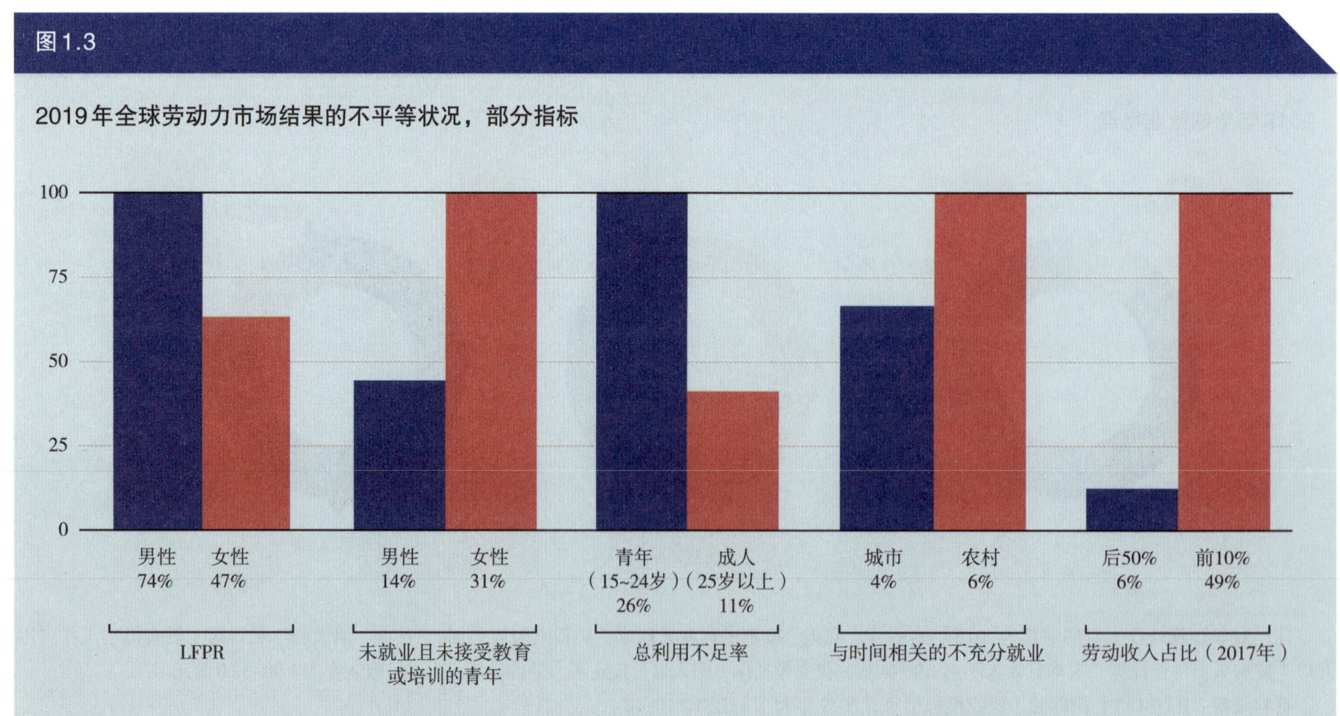

注：柱状体高度表示，每个指标中，两类群体的相对水平。数值更高的组别以100%表示。每个柱状体下方的数值为实际比率。“LFPR”指劳动力参与率。“青年”指15~24岁人口。“与时间相关的不充分就业”指标柱状下方的数值指的是在城市和农村地区属于此种情况的就业人口的占比。

资料来源：ILOSTAT，国际劳工组织模拟估算，2019年11月。

根据已引用的统计数据，我们可能已经发现，目前世界各地的劳动力市场并未涵盖所有工作者，也未能充分发挥劳动者的潜能。实现包容性增长的目标仍任重道远。

第二节　劳动力市场趋势的经济背景

短期和长期的经济和政治状况会对劳动力市场带来重大影响。与此同时，就业机会和工作条件的质量会影响经济运行和社会动荡的发生概率，从而产生显著的反馈效应。有鉴于此，本节主要审视全球经济增长趋势以及其他相关特征，比如贸易保护主义、社会对话和社会动荡，以便为详细调查劳动力市场趋势做好铺垫。

全球经济前景堪忧

在2018年后三个季度，经济活动大幅下挫，至今仍未开始复苏（IMF, 2019a）。全球经济增速估计已从2018年的3.0%降至2019年的2.3%（UN, 2020）。制造业受影响尤其严重，给企业信心和投资决策均造成了打击。此外，贸易和地缘政治紧张也挫伤了信心、抑制了GDP增长，并可能通过全球供应链对就业造成深远的影响（见专栏1.2）。尽管2020年的经济增速预计会小幅提高至2.5%，但是想要回到之前的水平，仍需数年时间（同上）。货币政策制定者已经表示他们将坚定地支持经济增长，防止陷入衰退，但是考虑到本就已经非常低的利率和各国央行仍十分庞大的资产负债表，其举措的成效仍不明朗（IMF, 2019a; Borio et al., 2018）。

由于货币政策的操作空间有限，财政政策需要发挥更大的作用，通过投资关键增长领域（如医疗、数字化和绿色经济）的基础设施，以及培养人员能力来刺激经济增长，尤其是在终身学习、性别平等、过渡期支持和社会保障等领域（IMFC, 2019）。要想实现这些目标，仅仅依靠公共部门投资是不可能的；相反，必须让私人部门也参与进来，特别是通过取缔非法财物转移、为实体经济投资提供直接激励（如通过谨慎的个性化税收优惠）等手段（IMFC，2019）。鉴于当前投资增速放缓——2019年新兴市场和发展中经济体的增速仅为2%，而2017年则为6%以上——鼓励投资显得尤为重要（IMF, 2019a）。对发展中国家而言，《亚的斯亚贝巴行动议程》（UN, 2015）为发展融资以及建设社会、实体、环境和数字化基础设施提供了一个全面的行动计划。

▶ 专栏1.2

贸易保护主义影响全球供应链

与过去数十年贸易自由化加深的总趋势相反，近年来，世界各国设置了数千条贸易限制（Global Trade Alert, 2019; WTO, 2019）。由于全球生产网络错综复杂、国际供应链绵长，贸易限制不仅会直接影响其所针对的行业，还会间接影响相关行业。库恩和维基拉恩（Kühn and Viegelahn, 2019）称，贸易限制对就业的间接影响可能与直接影响一样严重。在一个涵盖40个国家的样本①中，全球每五份工作中就有一份与国际贸易相关（ILO, 2015a），因此贸易限制的加剧会对相关国家的就业造成严重影响。相反，不受贸易限制影响的国家可能会从贸易转移中受益，因为各国会为了避免高关税而调整供应链。联合国贸易和发展会议（UNCTA，2019）估计，由于美国加征关税，中国可能会减少对美出口，而随着贸易的转移，原本出口至美国的货物中的大部分将出口至其他国家。因此，在全球层面上，双边贸易争端可能不会对就业产生如此显著的影响。但是，这未必意味着全球劳动者因此受到的影响可以忽略不计。极有可能出现的情况是，这部分贸易将转移至生产率较低、工作条件更危险且劳动收入更低的国家。②若真如此，全球劳动收入可能会出现下跌；在受到关税直接影响的国家，工作者的日子将不好过，而其他国家的工作者将因就业机会的增加而受益。

①基于2014年版的世界投入—产出数据库进行估算，该数据库涵盖40个国家（欧盟成员国、二十国集团成员国，以及其他一些高收入国家）的数据。如需了解具体内容，请访问www.wiod.org。

②贸易限制会带来无谓损失，即总附加值降低。即便因贸易转移而受益的国家可能会需要更多的工作者来生产一定数量的出口商品，但劳动生产率会降低，且总价值也会降低。这意味着，在受贸易壁垒影响的国家出现劳动收入下滑的同时，受益国家劳动收入将增加，但增幅小于前者的降幅。

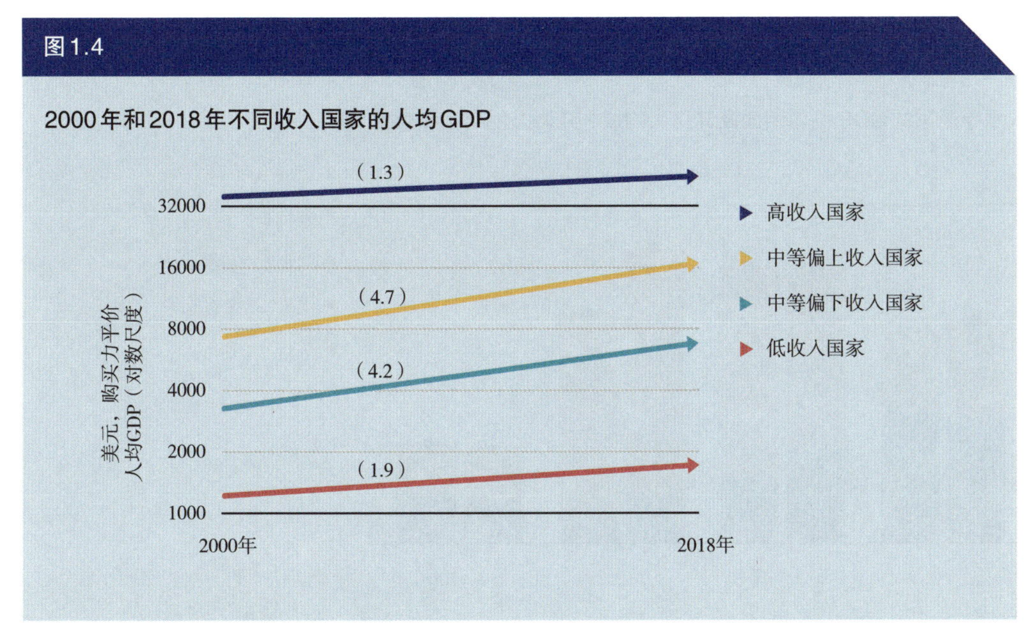

图1.4

2000年和2018年不同收入国家的人均GDP

注：GDP的总量根据购买力平价汇率计算得出。图中采用了对数尺度，因此斜线的斜度相当于年度平均增速，即括号中的数字。

资料来源：国际劳工组织基于世界银行的《世界发展指标》进行的计算。

低收入国家经济增速放缓危及减贫和改善工作条件的努力

2018年，所有低收入国家①的人均GDP约为1700美元（按2011年以来的购买力平价汇率计算），相当于人均日收入不到5美元（按购买力平价计算）。因此，即便低收入国家的所有可用资源都得到平均分配，每个人的生活水平仍将在贫困线上下徘徊。在低收入国家，减贫很大程度上依赖于该国通过连续、可持续和包容性增长来增加可用资源总量的能力（ILO, 2019b）。从目前的情况来看，低收入国家在这三个方面的表现都非常糟糕。在过去18年里，低收入国家的人均增速仅为1.9%（见图1.4）。换言之，低收入国家与中等偏下收入国家和中等偏上收入国家之间的差距在不断扩大。不平等的加剧和减贫不足说明经济增长缺乏包容性（见第三章）。实际上，在一些低收入和中等偏下收入国家，尤其是大宗商品出口国，极端贫困人口的数量有增无减（UN, 2020）。

本报告指出，增速放缓不仅增加了低收入国家的减贫难度，还阻碍了工作条件的潜在改善。比如，经济发展和结构转型将促进增长，并让工作者有机会摆脱低生产率的活动，如小农农业或初级工作，这类工作的收入得不到保障且缺乏社会保障。当通过创新和结构转型实现增长时，工作条件就有可能得到改善。此外，国际劳工组织的分析显示，经济发展与体面工作间已形成良性循环，有助于实现可持续发展目标8（ILO，2019b）。2000—2018年，低收入国家从事农业和初级职业②的工作者占比仅下降6个百分点，降至69%，而在中等偏下收入国家，这一比例下降了10个百分点，降至49%，中等偏上收入国家下降了15个百分点，降至32%。随着各国经济增速不断分化，出现这种差距不足为奇。相似的情况也发生在自营工作者和家庭雇员的占比上：低收入国家在这方面的进展远远逊色于中等收入国家，仅下降了4个百分点，而中等收入国家的降幅超过了10个百分点。

① 不同收入国家的定义参见附录1。

② 分别属于《国际标准职业分类》的第6类职业（农、林和渔业技术工作者）和第9类职业（初级职业）。《国际标准职业分类》的现行版本是2008年推出的ISCO-08版。

图1.5

1999—2019年全球和不同收入水平国家的GDP平均增速及其两大构成（劳动力生产率和就业率）

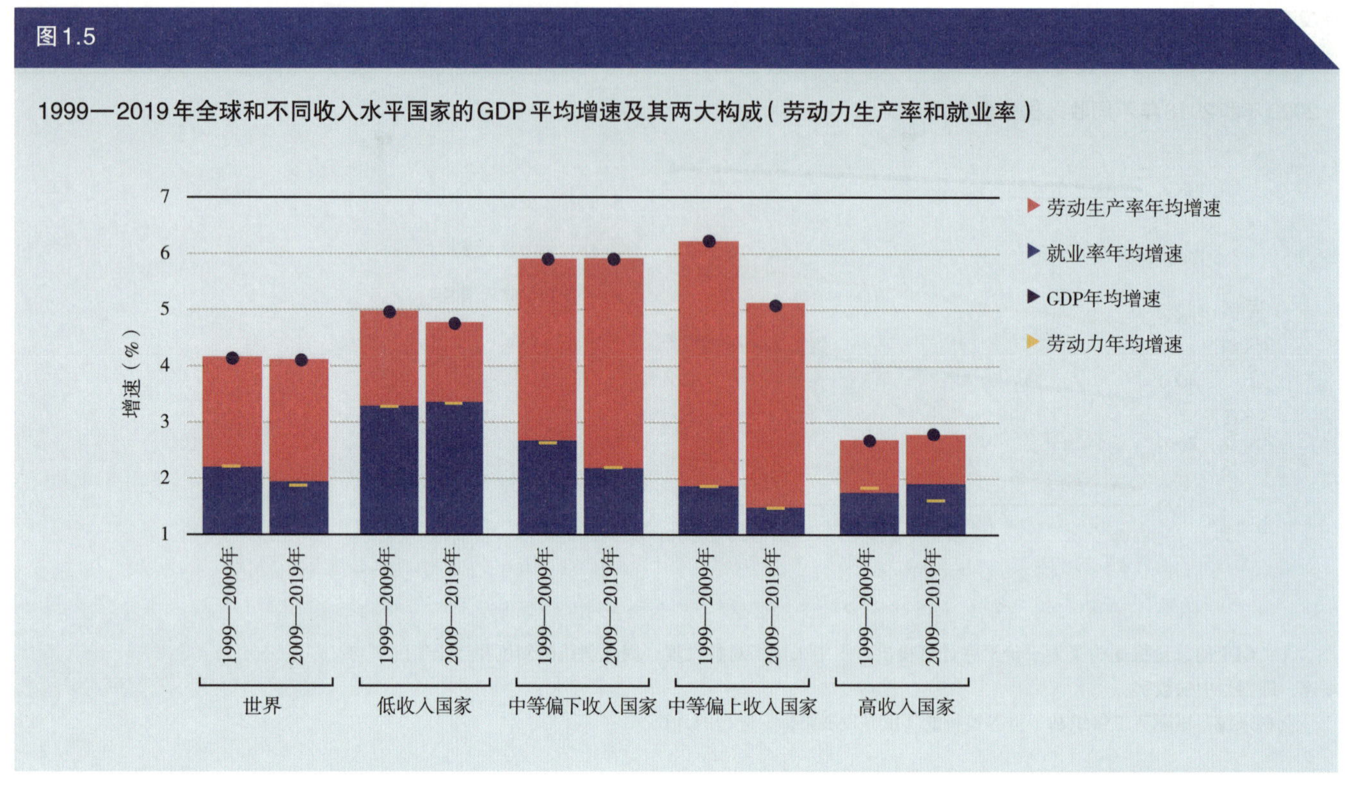

注：GDP的增长可分解为两个组成部分：就业增长和劳动生产率增长（每位工作者的产出）。GDP增速和劳动生产率增速是基于购买力平价汇率计算的相关国家增速的总和。

资料来源：国际劳工组织基于国际货币基金组织（IMF，2019a）进行的计算；ILOSTAT，国际劳工组织模拟估算，2019年11月。

经济增速太慢，无法带动就业增长？

经济增速放缓的预期以及对自动化替代人工[①]的担忧使人们对未来就业率增长不足和失业率上升忧心忡忡。经济原理假设，在其他条件不变的情况下，由于产出的增长需要更多的劳动力，因此就业率的增长与经济增长呈正相关关系。但是，随着新技术的诞生，效率得以提高，从而会减少必要的劳动力输入，这意味着如果要保持就业率和工时不变，技术进步的加快要求产出增速也加快。过去十年间，尽管经济增速相较于之前的十年有所放缓或停滞不前，但是就业率增长相对强劲，而全球失业率则不断下降（见图1.5）。这个最新趋势显示，经济增长与就业率增长之间的关系已经发生了重大转变。

中等收入和高收入国家的劳动力增速正在不断放缓，这意味着稳定失业率所需创造的工作岗位也在减少。[②]事实上，图1.5显示，2009—2019年在全球范围内以及所有不同收入水平国家，就业率增速均超过了劳动力的平均增速，说明失业率在不断降低。然而，受抚养比率上升影响最明显的中等偏上收入和高收入国家面临的一个主要问题是，需要提高劳动生产率以支持占比越来越高的非就业人口，但实际上这些国家的劳动生产率增速正不断放缓。

高收入国家的经验证据表明，就业率增长与经济增长之间的关系近年来已发生了重大变化。图1.6显示，当GDP的预期增速使就业增速等于劳动力增速时，失业率就会保持稳定。2008年以来，能保持失业率稳定的GDP增速已经大幅下降，从约3%降为2018年的负增长。同时，GDP增长所带来的就业弹性也有所下滑。这说明，近年来GDP增长率的变化对就业率增长的影响不断减小。

造成能使失业率保持稳定的GDP增长率出现下降的原因主要有三个。首先，劳动力平均增速从2009年的1.3%降至2018年的0.8%。图1.6的分析显示，如果2018年的劳动力增速提高0.5个百分点，能使失业率保持稳定的GDP增长率将提高1个百分点。其次，近

① 国际劳工组织（ILO，2019c）在报告中对自动化替代人工的预期进行了概述。

② 失业率等于1减去就业人口占劳动力人口的比率。当就业率和劳动力增速一致时，失业率将保持稳定。

图1.6

1992—2018年高收入国家预计能使失业率保持稳定的GDP增长率和劳动力增长

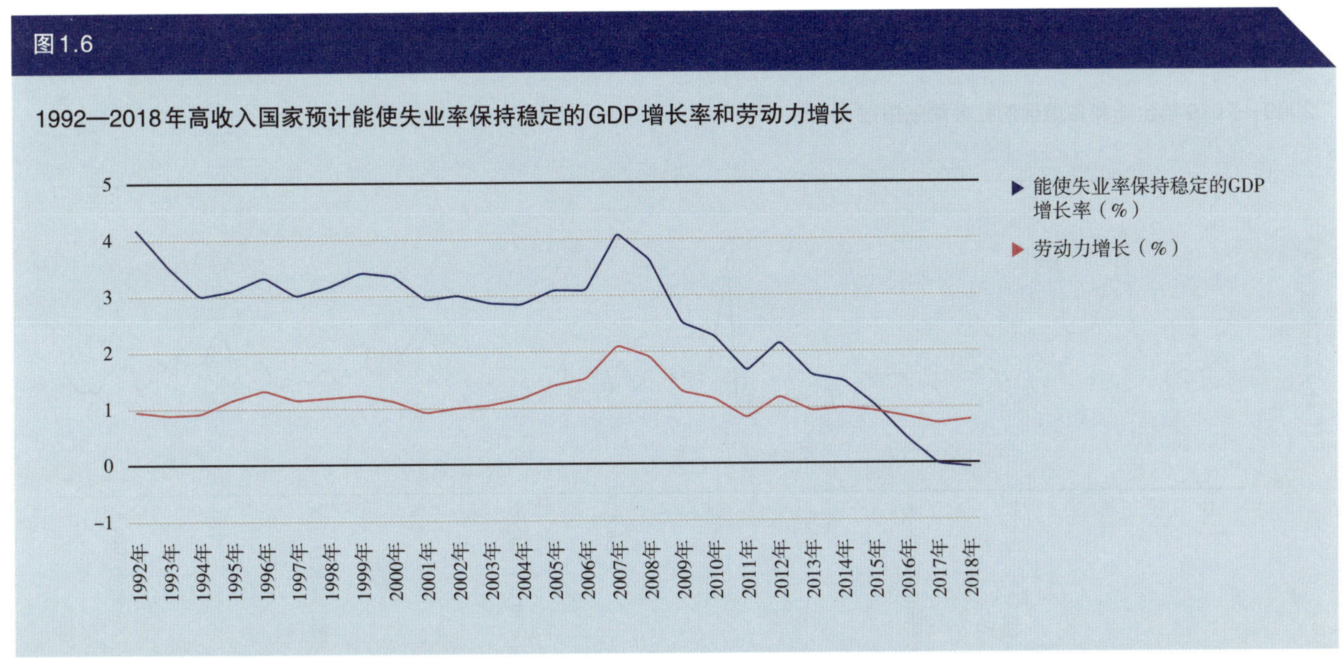

注：蓝线表示预计能带动就业率充分增长以匹配劳动力增长，从而使失业率保持稳定的GDP增长率。就业增长与GDP增长之间的关系主要采用针对51个高收入国家的非参数、局部线性均值估算，共有1241个实际观察结果。能使失业率保持稳定的GDP增长率即预计能使就业率增速与同一样本的劳动力未加权平均增速（红线）相等的增速。该方法说明，在某时间序列开始和结束时所做的估算有较大的不确定性（未显示）。

资料来源：国际劳工组织的计算。

年来高收入国家创造的大部分就业机会来自市场服务部门，2008—2019年，该部门的就业占比提高了1个百分点。这些工作的生产率相对较低，且多为兼职工作。这意味着，这些工作的出现并未大幅促进经济增长（ECB, 2016; UN, 2020）。最后，在金融危机爆发之前，金融行业利润过高，导致GDP大幅增长，但却并未创造大量工作机会。

简言之，随着就业增长与经济增长之间的关系发生转变，高收入国家的失业率有所下降，但却造成了工作两极化和生产率增长较低的问题。然而，当今全球经济的不确定性可能会削弱增长带动就业的潜能，从而使图1.6中的增长率再次提高，以稳定失业率。因此，全球经济增速放缓的预期所带来的影响将取决于增长的质量和包容性。

社会动荡再次加剧

国际劳工组织的《体面工作议程》和联合国《2030年可持续发展议程》都将民众的福祉作为经济政策制定者的头等大事。如果不能实现可持续和包容性增长，不能为民众创造体面的工作，一些人就可能会自行采取行动来推动变革。比如，失业率的不断上升会加剧社会动荡指数飙升的风险（Kühn and Sharma, 即将出版）。社会动荡指数反映了示威、罢工等社会动荡事件的发生频率，如图1.7所示。按次区域而非不同收入水平国家来调查该指数的变化情况更具指导性。2009—2019年，全球以及11个次区域中的7个次区域的社会动荡指数均出现了上升。经过几年的相对平稳之后，社会动荡指数目前又开始上升，尽管多数次区域的该指数仍未超过2011年的峰值。

造成社会动荡指数上升的具体原因很多，往往因国家不同而有所不同。然而，以“为未来而战”（Fridays for Future）运动[①]为例，该运动在2019年引发全球浪潮，全球各地的民众纷纷举行抗议，呼吁采取更多的气候行动，实现可持续的经济发展。北欧、南欧和西欧的社会动荡指数上升在很大程度上归因于该运动。在所有次区域中，北非的社会动荡指数上升幅度最大，主要是由阿尔及利亚、埃及和苏丹的抗议浪潮所致。

此外，还值得注意的是，在过去十年间，拉丁美洲和加勒比地区的社会动荡指数小幅攀升。在该次区域，许多国家都备受经济和社会危机困扰，包括玻利维亚、智利、厄瓜多尔和委内瑞拉。

① 该运动由在校学生发起，旨在通过组织示威活动来抗议气候变化行动的缺失，具体请访问www.fridaysforfuture.org。

图 1.7

2009—2019年全球和各地区的社会动荡指数

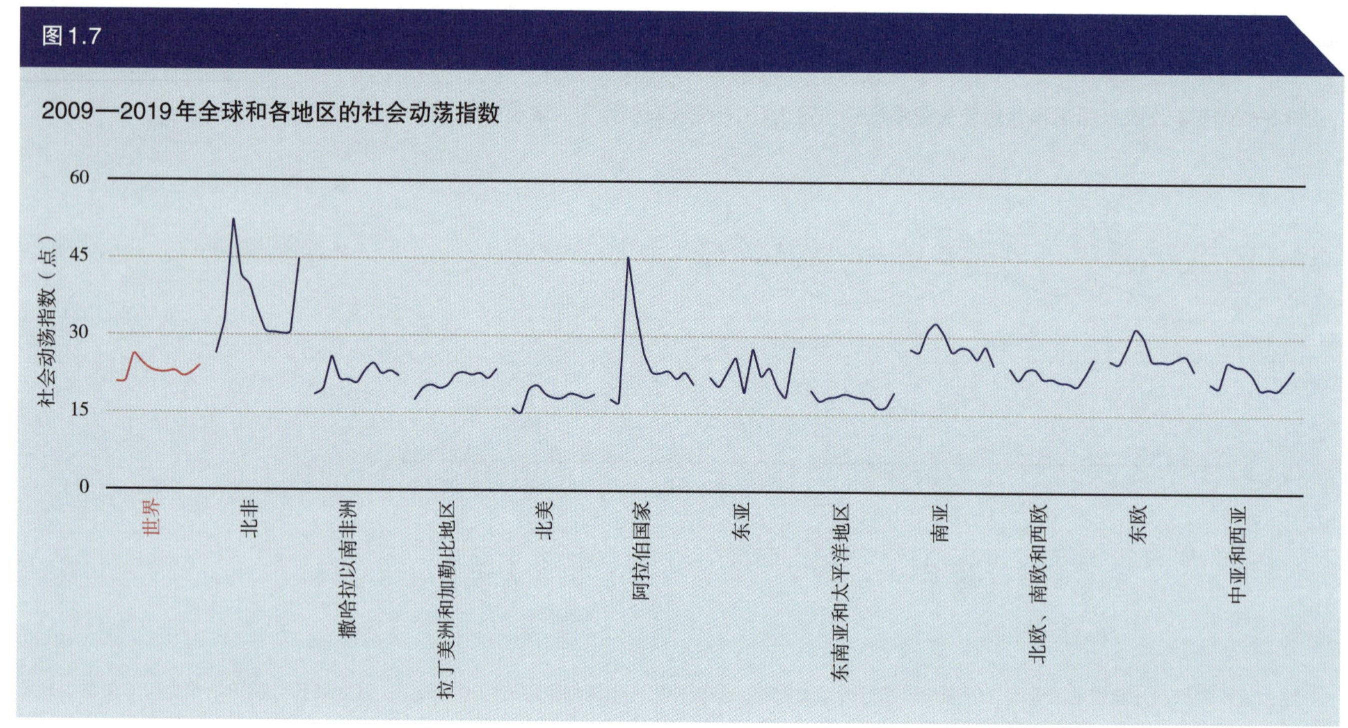

注：图中显示了2009—2019年全球和各次区域的社会动荡指数的变化情况。国际劳工组织的社会动荡指数根据全球事件、语言和语调数据库（GDELT）所记录的一国一年内的抗议数量与事件总数的比率做出，数值从0（低）到100（高）不等。有关该指数的具体信息及计算方法，请见附录2。

资料来源：国际劳工组织基于GDELT项目数据进行的计算，2019年10月。

第三节 就业机会与劳动力利用不足

可持续发展目标8呼吁实现自主择业、充分的生产性就业和人人获得体面工作。由于多数人的主要收入来源是工作收入，因此是否存在就业机会以及如何获取就业机会就成了他们的主要关切。但是，正如本章开篇所强调的，目前劳动力利用不足情况十分普遍，且许多工作者无法按理想的方式工作。劳动力需求与供给的这种错配并不仅仅体现为失业，还会导致劳动力市场的普遍低迷，而当前全球经济前景堪忧，所以这种情况不太可能得到改善。此外，人们进入劳动力市场的机会也十分不平等，这取决于性别、年龄、所在的国家以及居住地（城市或农村地区）等因素。

本节详细分析了劳动力利用不足的情况，通过对一整套指标的估算，揭示劳动力利用不足的程度，而劳动力利用不足不仅仅只涉及失业人口。指标按性别和年龄划分，以便揭示被总量所掩盖的情况。

本节首先提到的就业人口比（employment-to-population ratio，EPR）是一个很好的综合指标，既可显示就业人口的占比，还可间接揭示无收入且在多数情况下经济不独立的人口的占比。20世纪90年代中期以来就业人口比的变化显示，有收入的劳动适龄人口的占比一直在不断下降。因此，更加可能的情况是，为了使人人都过上体面生活，需要再分配的国民收入将超过家庭供养自身成员的能力。这可能会给一国公共和私人再分配系统的能力带来过大的压力（ILO, 2018c）。

了解人们未就业或工作时间少于他们愿意工作的时间的原因至关重要。就业需要的两个因素包括进入劳动力市场的决心和找到工作的能力。许多目前未参与劳动力市场的人在不久的将来可能会进入劳动力市场。因此，作为一个指标，“潜在劳动力”可以识别和反映能工作但没有找工作，或正在找工作但目前无法

表1.1

1994—2024年全球和不同收入水平国家按性别和年龄划分的就业人口比

按收入水平划分的国家类别	人口群体	占比（%）2019年	五年变化情况（百分点）					
			1994—1999年	1999—2004年	2004—2009年	2009—2014年	2014—2019年	2019—2024年
世界	总计	57.4	-0.8	-1.0	-1.0	-1.0	-0.6	-1.1
	女性	44.6	-0.5	-0.8	-1.0	-1.2	-0.5	-1.2
	男性	70.3	-1.1	-1.3	-1.1	-0.8	-0.8	-1.1
	青年	35.6	-3.8	-3.0	-2.6	-3.5	-1.8	-1.2
	成人	63.2	-0.1	-0.4	-0.8	-0.8	-0.8	-1.4
低收入	总计	67.9	-0.5	-0.3	-1.3	-1.2	-0.1	-0.3
	女性	60.7	-0.3	-0.2	-1.5	-1.1	0.5	-0.5
	男性	75.3	-0.6	-0.4	-1.1	-1.3	-0.7	-0.2
	青年	52.1	-1.2	-0.9	-1.8	-1.6	-1.0	-0.8
	成人	76.2	0.0	0.2	-1.1	-1.0	0.2	-0.5
中等偏下收入	总计	52.3	-0.7	-0.3	-1.2	-1.7	-1.2	-0.5
	女性	32.1	-0.4	-0.2	-1.3	-2.0	-0.7	-0.3
	男性	71.9	-1.0	-0.4	-1.1	-1.5	-1.7	-0.6
	青年	29.2	-1.5	-1.4	-3.4	-4.0	-2.4	-1.0
	成人	60.3	-0.5	-0.1	-0.8	-1.5	-1.3	-0.8
中等偏上收入	总计	60.3	-1.7	-2.2	-1.2	-0.8	-1.4	-2.0
	女性	50.7	-1.3	-1.9	-1.2	-0.9	-1.4	-2.1
	男性	70.0	-2.0	-2.5	-1.1	-0.6	-1.3	-1.9
	青年	36.6	-7.0	-5.9	-2.0	-4.4	-3.3	-1.9
	成人	65.1	-0.5	-1.0	-1.3	-0.9	-1.7	-2.3
高收入	总计	57.8	0.6	-0.2	-0.3	0.2	1.8	-1.2
	女性	50.4	1.4	0.7	0.8	0.4	2.0	-1.0
	男性	65.3	-0.1	-1.3	-1.4	0.0	1.6	-1.5
	青年	40.7	-0.5	-2.0	-2.6	-0.5	2.8	-1.9
	成人	60.5	0.7	0.0	0.0	0.1	1.4	-1.2

注："青年"指年龄为15~24岁的人口群体。

资料来源：ILOSTAT，国际劳工组织模拟估算，2019年11月。

上岗工作的人。此外，人们可能因为需要履行某些义务而无法参与劳动力市场，比如无报酬家庭看护工作，这主要影响女性。而无法按其愿意工作的时间工作的就业人员可能因工作时间不足而处于不充分就业的境地。本节还全面分析了劳动力参与率和劳动力利用不足的情况。地理因素是能否获得充足就业机会的一大影响因素，这也是本节按城市和农村地区对这些劳动力市场指标进行划分的原因。

各人口群体的就业人口比均在下降

目前全球约57%的劳动适龄人口属于就业人口（见表1.1）。过去25年间，全球就业人口比下降了4.4个百分点，其中中等偏上收入国家（下降了7.2个百分点）和中等偏下收入国家（下降了5.1个百分点）的降幅最为明显。相反，高收入国家的就业人口比上升了2.2个百分点，其中大部分的增长发生在过去5年，原因是劳动力市场得到了积极的发展。

表 1.2

1994年、2019年和2021年全球和不同收入水平国家按性别和年龄划分的劳动力参与率

单位：%

按收入划分的国家类别	总参与率			女性			男性			青年			性别差距
	1994年	2019年	2021年	1994年	2019年	2021年	1994年	2019年	2021年	1994年	2019年	2021年	2019年
世界	65.4	60.7	60.3	51.2	47.2	46.8	79.6	74.2	73.8	56.4	41.2	40.7	27.0
低收入	74.0	70.6	70.5	65.6	63.2	63.0	82.9	78.4	78.3	62.6	55.7	55.4	15.2
中等偏下收入	60.3	55.2	55.1	38.5	34.1	34.0	81.6	75.8	75.6	47.8	34.9	34.5	41.7
中等偏上收入	71.0	64.2	63.4	60.3	54.0	53.1	81.6	74.5	73.8	65.1	43.1	42.4	20.5
高收入	60.3	60.7	60.3	49.4	53.2	52.9	71.8	68.4	67.9	51.4	45.7	45.1	15.2

注："青年"指年龄为15~24岁的人口群体。

资料来源：ILOSTAT，国际劳工组织模拟估算，2019年11月。

就业人口比存在显著的性别差距，这些差距表明大量女性在获取工作机会方面面临阻碍。女性的就业人口比远远低于男性，2019年两者分别为44.6%和70.3%。尽管过去几十年间在全球和不同收入水平国家，性别差距已经有所收窄，但这一差距依然明显。全球层面的性别差距收窄的原因是，自1994年以来，女性的就业人口比下降了3.9个百分点，男性下降了5.1个百分点。低收入和高收入国家的性别差距最小，均保持在15个百分点左右，而在中等偏下收入国家，这一差距接近40个百分点。这些国家包括南亚（孟加拉国、印度、巴基斯坦）和北非（埃及、摩洛哥、突尼斯）地区性别差距大的多人口国家，正是这些国家拉低了平均水平。就业方面显著的性别差距不仅反映了一些地方存在反对女性就业和性别平等的文化，而且也反映了不同性别扮演的不同角色，这种对性别角色的定义强调了女性的主要责任是照顾家人，而男性则负责负担家计（也可参见第二章的地区分析部分）。在不同收入水平国家中，男性就业人口比的差异相对较小，从低收入国家的75%到高收入国家的65%不等，但女性就业人口比的差异显著，低收入国家为61%，而中等偏下收入国家仅为32%。这意味着，不同收入水平国家在整体就业人口比方面的差异在很大程度上是由女性就业人口比的差异所决定的。

低收入国家不同性别和不同年龄的就业人口比居高不下，这与这些国家的高贫困率息息相关，对于身体健全的家庭成员而言，主动寻求有偿经济活动是为了满足生存的需要，尤其是在贫困程度较高的农村地区（World Bank, 2018）。但是，性别差距小未必表明社会规范方面的进步，能够促进平等。事实上，低收入国家的女性经常从事非正规农业活动，必须兼顾有偿工作和无报酬看护责任（ILO, 2019a）。

青年的就业人口比已显著下降，自1994年以来，全球范围内的降幅高达15个百分点。中等收入国家的降幅最为明显，这在很大程度上是因为一个可喜的变化，即接受全日制教育的学生入学率不断上升。比如，在这些国家，接受高中教育的学生入学率从2000年的49%升至2018年的65%（UIS, 2019）。过去5年，在高收入国家，由于就业率的强势增长，青年能够更加容易地进入劳动力市场，而不是继续求学或待业，所以青年的就业人口比止跌反升。

劳动力参与率方面的性别差距显著

劳动力参与率指有工作或正在找工作且能立即上岗工作的人口的占比。该部分人口又被称为"经济活跃人口"。"经济不活跃人口"主要从事非市场活动，比如从事家务劳动或无报酬看护工作、接受教育或培训，或是退休人员。不同国家、不同时间的劳动力参与率（见表1.2）表现出了与就业人口比十分相似的模式，不同收入水平国家或不同人口群体之间的相对差异主要由这些群体的就业率差异所致。

就差异而言，在按收入划分的所有国家类别中，女性的劳动力参与率低于男性。女性从事无报酬工作的概率远远高于男性。尽管在计算就业率时未考虑这些无报酬工作，但其对社会、经济的繁荣作出了巨大的贡献（ILO, 2019a）。随着不同收入水平国家的劳动力参与率纷纷出现净下降，这些性别差距预计将在很大程度上保持不变。同时，青年常常会选择继续接受教育或培训，这意味着青年的劳动力参与率往往较低。

低收入和中等收入国家的男性劳动力参与率十分相似，2019年分别达到78.4%和75.8%，而高收入国家的这一比例仅为68.4%。这不仅反映了高收入国家的人口老龄化问题，也反映了这些国家的养老金福利能够覆盖更多人群，减少了退休人员成为经济活跃人口的必要性。

劳动力利用不足人口远远超过失业人口

工作涉及的第三个概念是劳动力利用不足，即人们未能充分就业的情况，这是全球劳动力市场真正让人担忧的一个问题。除了失业之外，第19届国际劳工统计学家会议（ILO, 2013）还明确，与时间相关的不充分就业和潜在劳动力是劳动力利用不足的两大表现形式。[①]与时间相关的不充分就业表明带薪工作时间不足，而失业和潜在劳动力则表明缺乏工作岗位。失业人口指的是满足正在求职和可以立即上岗工作这两个条件的人，但潜在劳动力仅满足这两个条件中的一个，换言之，他们要么“有闲但没有找工作”，要么“正在找工作但无法立即上岗工作”。因此，潜在劳动力处于劳动力市场的边缘，一旦机会出现（尽管他们找工作并不积极），或者阻碍他们上岗工作的条件发生变化（比如完成当前的教育），他们可能会进入职场。只有超出狭义的失业率看到上述其他情况时，才能充分了解劳动力利用不足所包含的其他形式。

将劳动力利用不足的其他情况纳入考量就会发现，2019年全球5.4%的失业率大大低估了劳动力利用不足的整体情况（见表1.3）。劳动力利用不足的综合指标实际为13.1%，相当于全球劳动力利用不足人口达4.73亿人。其中，1.65亿人为与时间相关的不充分就业（占就业人口的5%），1.88亿人为失业人口，1.19亿人为劳动力市场边缘人口（占综合劳动力的3.3%）。

劳动力利用不足的其他衡量指标揭示了不同人口群体和不同收入水平国家的差距。比如，在所有不同收入水平国家中，女性潜在劳动力远远多于男性，致使全球性别差距高达2.3个百分点。女性比男性更难获得工作机会，这一点更多地体现在其更容易游离于劳动力市场之外，而非体现在失业率上。[②]此外，女性也更有可能因工作时间不足而处于不充分就业的状态。在高收入国家，女性与男性在这一点上的差距尤其明显，两者占比分别为4.0%和2.3%。总而言之，女性在劳动力利用不足总人口中的占比达到45%，而在劳动力总人口中仅占39%。

在全球范围内，每4个青年中就有至少1个（26.2%）面临至少一种形式的劳动力利用不足，这一比重是成人的2倍。青年失业总人口已达近6800万人，相当于13.6%的失业率，是成人的3倍以上。同时，青年成为潜在劳动力的可能性是成人的3倍左右。但在与时间相关的不充分就业方面，差距相对较小。不同收入水平国家的青年和成人在上述方面表现出了相似的差距，但低收入国家除外。即将出版的《2020年全球青年就业趋势》报告对青年就业及其面对的劳动力市场情况进行了深入研究（ILO, 即将出版a）。

另一大主要发现是，低收入国家的劳动力利用不足综合比率异常之高，主要是因为存在大量与时间相关的不充分就业。在这些国家，该综合比率达到20.3%，远远高于中等收入和高收入国家，而其失业率仅为3.9%。这明显说明，失业率和就业人口比无法充分反映低收入国家的劳动力市场状况。这些国家普遍缺乏提供收入替代（income replacement）的社会保障体系，因此任何一种经济活动对民众的生存都至关重要（见ILO, 2019d，专栏1.1；ILO, 2019e）。

相较于不同收入水平国家，各次区域的劳动力利用不足率的差异更大（见图1.8）。在北非和阿拉伯国家，综合劳动力中近40%的女性都面临某种形式的劳动力利用不足。北非普遍面临劳动力利用不足问题，其男性劳动力利用不足率也是世界最高的，接近20%，而阿拉伯国家的男性劳动力利用不足综合比率接近全

① 如欲了解劳动力利用不足的综合性定义及其各种表现形式，请参看国际劳工组织报告（2018a）。

② 女性劳动力参与率较低，这在一定程度上也与其在劳动力市场上更难获得工作机会有关（ILO, 2017a，2019a）。

表 1.3

2019年全球和不同收入水平国家按性别和年龄划分的劳动力利用不足指标

按收入划分的国家类别	人口群体	劳动力利用不足率（%）				劳动力利用不足人口（百万人）			
		UR	TRU	PLF	CLU	UR	TRU	PLF	CLU
世界	总计	5.4	5.0	3.3	13.1	187.7	165.5	119.4	472.6
	女性	5.6	5.6	4.7	15.0	75.4	72.2	66.1	213.7
	男性	5.3	4.6	2.4	11.9	112.3	93.3	53.3	258.9
	青年	13.6	7.5	7.7	26.2	67.6	32.0	41.3	140.9
低收入	总计	3.9	13.4	4.2	20.3	11.9	39.2	13.3	64.4
	女性	3.9	14.4	5.6	22.3	5.4	19.2	8.2	32.8
	男性	4.0	12.6	3.0	18.6	6.6	20.0	5.2	31.8
	青年	6.5	14.5	6.8	25.6	5.4	11.3	6.1	22.8
中等偏下收入	总计	5.3	4.5	3.0	12.2	62.4	49.9	36.2	148.5
	女性	5.7	4.8	5.3	15.0	20.6	16.3	20.1	57.0
	男性	5.1	4.3	1.9	10.9	41.8	33.6	16.1	91.5
	青年	16.4	6.0	7.7	27.5	31.6	9.6	16.1	57.3
中等偏上收入	总计	6.1	4.5	3.6	13.6	83.8	58.5	51.9	194.2
	女性	6.1	4.8	4.5	14.7	35.6	26.4	27.6	89.6
	男性	6.0	4.3	3.0	12.7	48.2	32.1	24.3	104.6
	青年	15.1	6.2	8.6	27.3	23.7	8.3	14.8	46.8
高收入	总计	4.8	3.1	2.8	10.3	29.5	17.9	17.9	65.3
	女性	5.1	4.0	3.6	12.2	13.9	10.3	10.2	34.4
	男性	4.6	2.3	2.2	8.8	15.7	7.6	7.7	31.0
	青年	11.0	4.9	6.3	20.7	7.1	2.8	4.3	14.2

注：UR=失业率；TRU=与时间相关的不充分就业；PLF=潜在劳动力；CLU=劳动力利用不足综合比率。UR以劳动力人口为参照，TRU以就业人口为参照，PLF和CLU均以综合劳动力人口为参照。“青年”指年龄为15~24岁的人口群体。

资料来源：ILOSTAT，国际劳工组织模拟估算，2019年11月。

球平均水平。北美和东欧的就业不足综合比率为全球最低，性别差距也是全球最低。造成劳动力利用不足性别差距的最大原因是女性更有可能成为潜在劳动力。此外，造成失业、与时间相关的不充分就业、潜在劳动力这三种劳动力利用不足形式的相对原因在各次区域有所不同。比如，在撒哈拉以南非洲，与时间相关的不充分就业最为普遍，而在北非则是失业。

失业率预计将保持稳定

失业是最常见的一种劳动力利用不足形式，指人们能上岗工作但却无法找到工作。2019年，全球失业率估计达到5.4%，与2018年基本持平（见图1.9）。自2009年以来连续九年下降之后，全球失业率目前预计已达到稳定状态，2021年前甚至还会小幅上升。造成这种转变的主要原因是全球经济长期放缓（IMF, 2019a），这导致不确定性加剧，消费者和企业信心下降。①近期失业率的变化存在很多不确定性，取决于经济、金融和地缘政治风险是否发生及如何变为现实。随着劳动力的增加，失业人口预计将每年增加250万人左右，2019年估计已经达到1.88亿人。②换言之，世界经济目前创造的工作机会不足以完全吸纳新增劳动力。

① 自2018年3月达到峰值以来，经合组织消费者信心指数一直不断下降，目前已降至2015年的水平，具体请参见https://data.oecd.org/leadind/consumer-confidence-index-cci.htm。

② 专栏1.1围绕劳动力市场指标的估计值探讨了相关的不确定性。特别是，全球失业人口的点估计值在误差为1400万人的情况下，置信水平达到95%。

图 1.8

2019 年对全球和各地区按性别划分的劳动力利用不足的分解

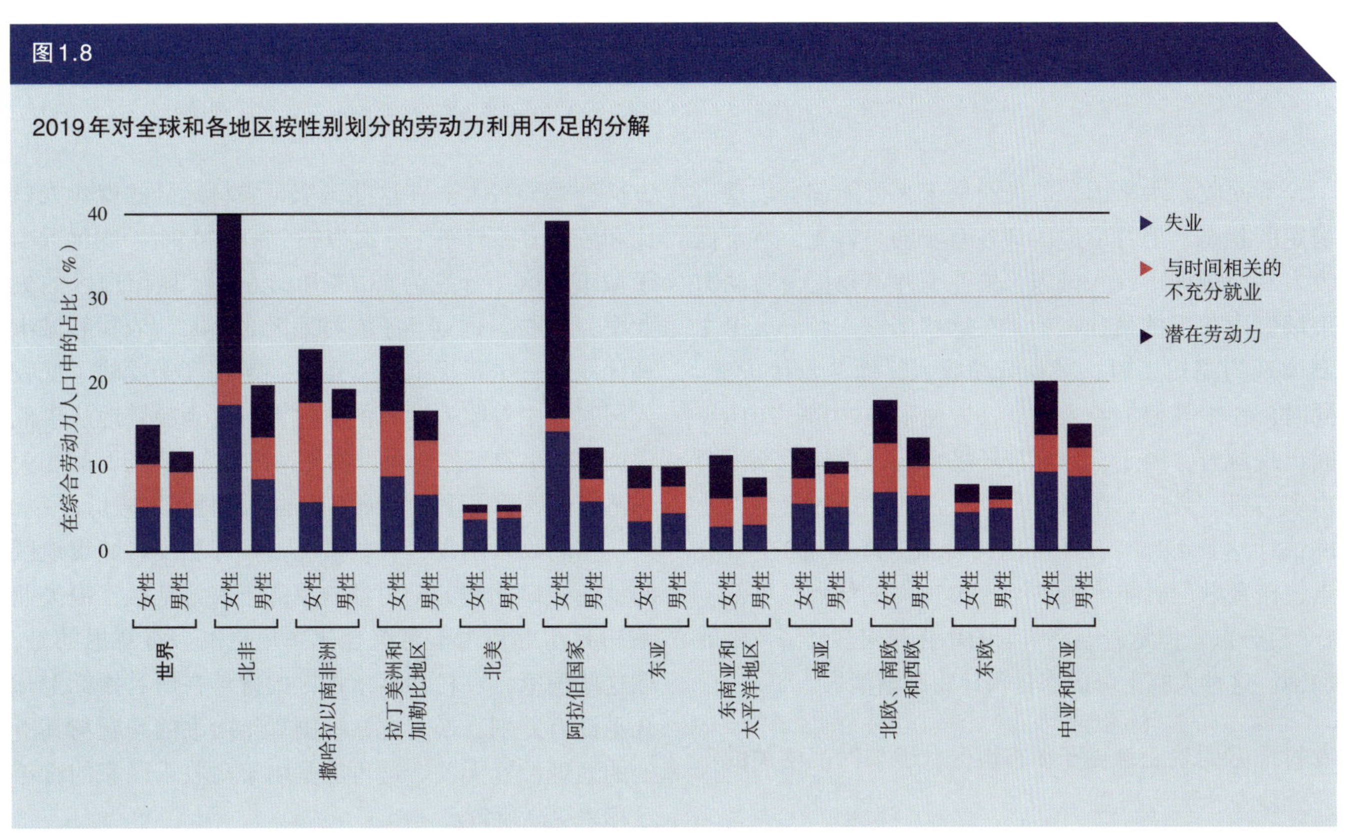

注：柱状显示的失业人口占比、与时间相关的不充分就业人口占比和潜在劳动力占比均为综合劳动力中的累计占比，即在劳动力和潜在劳动力之和中的占比。因此，这些占比并不等于失业率或与时间相关的不充分就业率，因为后两个指标不以综合劳动力为参照。

资料来源：ILOSTAT，国际劳工组织模拟估算，2019年11月。

图 1.9

2000—2021 年全球失业率

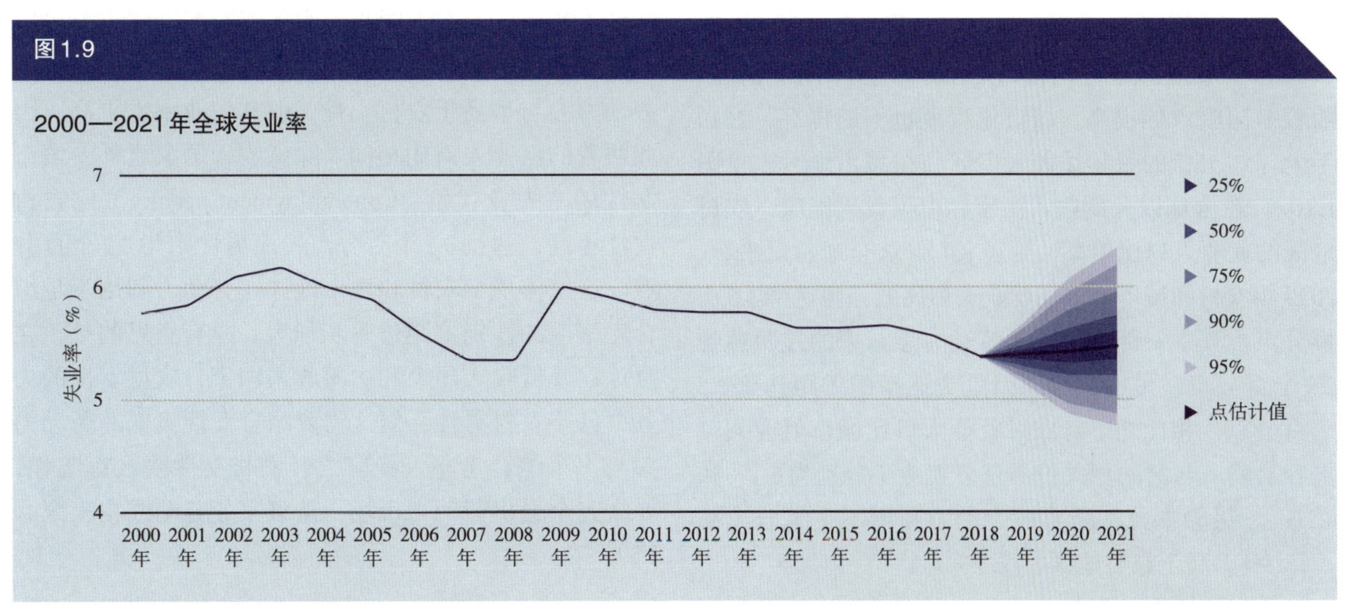

注：阴影部分代表2019—2021年失业率预测值的置信区间。实际失业率有x%的概率落在以x%的阴影为边界的范围之内。

资料来源：ILOSTAT，国际劳工组织模拟估算，2019年11月。

不同收入水平国家的失业率未来可能都会表现出稳定的状态，但背后原因却各有不同。首先，对于低收入和中等偏下收入国家，失业率并不是衡量劳动力市场健康状况的最佳指标。在这些国家，经济衰退主要体现为缩短工时、减少劳动收入，而非直接失业。同时，在中等偏上收入国家，失业率在2014—2016年间出现飙升，由于全球经济环境低迷，预计近期不会出现转机。最后，在高收入国家，尽管2019年的失业率估计达到4.8%，比十年前的峰值下降超过3个百分点，比金融危机前（2007年）的5.6%的低点整整低了1个百分点，但随着经济前景的恶化和宏观经济风险的加剧，这种大幅下降的态势预计将逐渐消失。①

农村地区的就业率高于城市地区，但与时间相关的不充分就业也更为严重

各国在劳动力利用不足方面存在差异，其中的一个重要原因是城市和农村地区之间的差距。借助最新的国际劳工组织数据，使评估城市和农村劳动力市场的差异成为可能。事实上，城市和农村之间的差距是造成就业机会不平等的另一大因素。②总而言之，把农村和城市地区进行比较，揭示了较为不同的情况。随着一国收入的提高，城镇化程度也不断提高，2019年全球约55%的劳动适龄人口居住在城市地区（见图1.10）。在全球以及低收入国家和中等收入国家，农村地区的就业人口比更高（见表1.4）。从全球总量来看，2019年农村和城市地区的就业人口比的差距达到3.5个百分点，其中一部分原因是劳动力参与率的差距达到2.1个百分点，另一部分原因是失业率的差距达到2.5个百分点。相比之下，农村就业人口比城市就业人口更容易陷入与时间相关的不充分就业（分别为6.1%和4.1%）。尽管如此，城市的劳动力利用不足综合比率（13.8%）高于农村地区（12.3%）。

低收入国家的农村和城市地区在劳动力市场指标方面的差异最大。在这些国家，农村地区的就业人口比和劳动力参与率（分别为73.2%和74.9%）均远远高于城市地区（分别为56.7%和61.6%）。城市地区的失业率为8.0%，远远高于农村地区的2.4%。农村和城市地区在这三个指标上的差距从一定程度上反映了低收入国家和中等收入国家的农村人口更为频繁地从事低生产率的小农工作（也可参见第二章），且与时间相关的不充分就业率更高，而失业的可能性相对较低。

在高收入国家，有些情况却截然相反。城市地区的就业人口比和劳动力参与率高于农村地区，但失业率和劳动力利用不足综合比率也更高。有意思的是，在这些国家，农村和城市地区的青年在所有指标上却几乎没有差别。换言之，一国青年面临的问题与其所处的地理位置无关。这可能是由于高收入国家的青年迁移率更高所致。

在全球范围内，女性就业人口比方面不存在农村和城市的差别，而男性却不一样，农村和城市的男性就业人口比的差距高达约7个百分点。这意味着，城市就业人口比的性别差距（22.3%）小于农村地区（29.9%），而不同收入水平国家在这一点上可能都不同程度地表现出了相同的倾向。尽管城市女性的劳动力参与率高于农村女性，但其失业率也更高，因此两者的就业人口比相同。除高收入国家之外，城市女性的“失业代价”（unemployment penalty）比农村女性更高，达到3.1个百分点，而男性则为2.2个百分点。这也体现了农村和城市地区在劳动力利用不足综合比率上的性别差距进一步加大。颇有意思的是，在全球以及低收入国家和中等收入国家，农村女性的失业率低于农村男性，但这需要结合女性极低的劳动力参与率来综合考量。换言之，农村女性要么有工作，要么完全退出劳动力市场，从事家务劳动或在家照顾家人。

---

① 附录4中的表格显示了不同收入水平国家和各次区域的失业率变化情况。

② 农村和城市之间的差异因国家的不同而不同。具体请访问https://www.ilo.org/wcmsp5/groups/public/---dgreports/---stat/documents/genericdocument/wcms_389373.pdf，查看国际劳工组织对与农村/城市地区相关的国家层面的统计学官方定义目录。

图1.10

2005年和2019年全球和不同收入水平国家城市地区的劳动适龄人口占比

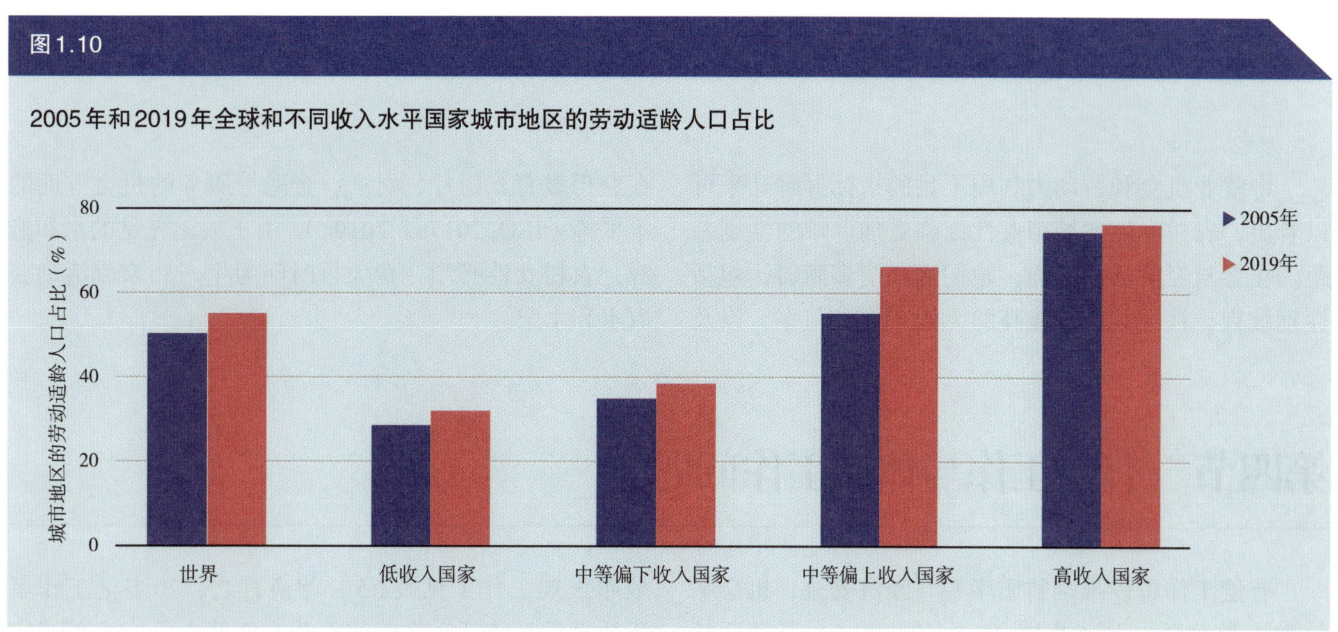

资料来源：ILOSTAT，国际劳工组织模拟估算，2019年11月。

表1.4

2019年全球和不同收入水平国家城市和农村地区按性别和年龄划分的就业人口比、劳动力参与率和劳动力利用不足率

按收入划分的国家类别	人口群体	就业人口比（%）		劳动力参与率（%）		失业率（%）		与时间相关的不充分就业（%）		劳动力利用不足综合比率（%）	
		城市	农村	城市	农村	城市	农村	城市	农村	城市	农村
世界	总计	55.9	59.4	59.8	61.9	6.5	4.0	4.1	6.1	13.8	12.3
	女性	44.8	44.3	48.1	46.0	6.9	3.8	4.7	6.8	16.0	13.8
	男性	67.1	74.2	71.6	77.4	6.3	4.1	3.6	5.7	12.2	11.5
	青年	32.7	38.5	39.3	43.1	16.8	10.7	5.9	8.8	28.8	23.7
低收入	总计	56.7	73.2	61.6	74.9	8.0	2.4	10.8	14.4	23.4	19.0
	女性	48.5	66.5	53.1	68.0	8.6	2.1	12.1	15.1	27.4	20.2
	男性	65.2	80.0	70.4	82.2	7.4	2.6	9.7	13.7	20.0	18.0
	青年	35.8	59.9	41.9	62.3	14.6	3.8	11.9	15.4	33.3	22.9
中等偏下收入	总计	50.3	53.6	54.1	55.9	7.1	4.2	3.7	4.9	14.2	11.0
	女性	31.4	32.6	34.3	33.9	8.5	3.9	4.3	5.1	19.0	12.4
	男性	68.9	73.8	73.7	77.1	6.4	4.3	3.4	4.8	11.9	10.4
	青年	26.8	30.6	33.6	35.7	20.1	14.3	5.1	6.4	31.7	24.9
中等偏上收入	总计	57.7	65.5	62.0	68.5	7.0	4.5	4.2	5.1	14.3	12.2
	女性	48.6	54.7	52.3	57.2	7.1	4.3	4.6	5.3	15.6	12.9
	男性	66.9	76.0	71.8	79.7	6.9	4.6	3.9	5.0	13.3	11.8
	青年	33.7	42.4	40.9	47.5	17.6	10.8	5.8	6.9	29.5	23.4
高收入	总计	58.3	56.1	61.4	58.4	5.0	4.1	3.1	3.0	10.6	9.4
	女性	51.1	48.4	53.9	50.6	5.3	4.5	3.9	4.1	12.3	11.5
	男性	65.8	63.7	69.1	66.2	4.8	3.8	2.3	2.2	9.1	7.8
	青年	40.5	41.5	45.6	46.1	11.2	10.0	4.8	4.7	20.9	19.2

注：负责劳动力调研的各国统计局根据各国的标准定义城市和农村地区。“青年”指年龄为15~24岁的人口群体。

资料来源：ILOSTAT，国际劳工组织模拟估算，2019年11月。

将就业机会和劳动力利用不足的指标拆解开来可以看出，农村女性比城市女性面临更加严峻的性别差距。在参与经济活动方面，她们面临诸多障碍，包括性别歧视、社会规范、极高的无偿工作参与率，以及在获得教育、医疗、财产、金融等服务的机会方面的不平等（ILO, 2017b，2019a）。由于缺乏充足的水和能源，农村女性必须花费大量时间为生产和家庭活动获取水和木柴。

第四节　有偿工作与体面工作问题

有偿工作可以推动物质幸福、经济安全、机会平等和人类发展。上一节指出，2019年每5个劳动适龄人口中就有3个（57.4%）拥有工作（见表1.1）。然而，在这些就业人口中，很大一部分从事的并不是优质工作。常见的情况是，为了满足基本需求，尤其是在农村地区，人们对任何一种形式的工作都来者不拒。这些工作往往都是非正规工作，收入低且没有保障，同时提供的社会保障和在工作中的权利也十分有限。在本节中，我们通过一些重要指标来强调世界各地工作条件的诸多不足。

就主要发现而言，在全球多数地区，自营工作和家庭雇员工作通常意味着不正规、收入不稳定和缺乏社会保障。而全球45%的就业人口从事的是这种工作，这令人忧心忡忡。在低收入和中等偏下收入国家，尽管在过去25年里有明显的改善，但是与低生产率农业活动相关的职业或极低收入的职业仍广泛存在。目前，约6.3亿人仍生活在极端或中等贫困之中，他们的人均日收入不到3.20美元（按购买力平价计算）。在这些工作者中，很多人在工作中缺乏权利，且无法获得社会保障。

自雇与非正规工作仍十分普遍

目前全球多数工作者（2016年为61.2%）从事的是非正规工作（见表1.5）。[①]换言之，20多亿工作者所从事的经济活动在法律上或在实践上没有全部或完全没有被纳入正规安排之中（ILO, 2018b）。非正规工作在自雇工作者中尤其普遍，85%的自营工作者以及全部家庭雇员都被视为非正规工作者。这些工作者和经济部门以及由非正规雇主经营的企业往往不受法律认可，不遵守财务义务（fiscal obligations），同时也难以签订商业合同。非正规工作者陷入贫困的概率远远高于正规工作者（ILO，2018b）。此外，正如第三章所指出的，在印度等国家，自营工作者和家庭雇员的收入仅为工薪工作者的1/5左右。由此可见，就业状态的分布趋势是对工作条件的一种反映。

令人担忧的是，在这种情况下，全球45%的就业人口属于自营工作者或家庭雇员，其中男性更可能从事自营工作，而女性则更可能成为家庭雇员。过去25年间，这两类工作的综合占比下降了8.5个百分点，主要原因是庞大的女性家庭雇员的占比有所下降。因此，在全球范围内，就业状态方面的性别差距已经大幅缩小，尽管目前这一差距仍很大。截至2019年，全球超过一半的工作者是工薪工作者；当然，其中40%的工作者仍从事非正规工作（ILO，2018b），这说明带薪工作并非完全等同于体面工作。

① 根据《国际劳工组织关于从非正规经济向正规经济转型的第204号建议》，非正规经济是指：（1）工作者和经济部门从事的所有经济活动，但是无论从法律上还是从实际上来看，这些经济活动都没有全部或完全没有被纳入正规安排之中；（2）不包括非法活动，尤其是提供法律禁止的服务，或生产、销售、拥有或使用法律禁止的商品，包括相关国际协定禁止的非法生产和毒品交易、非法制造和交易枪炮、人口贩运、洗钱。

表 1.5

2016年和2019年全球和不同收入水平国家按性别和年龄划分的非正规工作和就业状态，以及1994—2019年的变化　单位：%

按收入划分的国家类别	性别	非正规工作者占比，2016年	工薪工作者		雇主		自营工作者		家庭雇员	
			2019年占比	1994—2019年的变化	2019年占比	1994—2019年的变化	2019年占比	1994—2019年的变化	2019年占比	1994—2019年的变化
世界	总计	61.2	52.8	8.6	2.6	0.0	33.7	-0.7	10.9	-7.9
	女性	58.1	53.2	11.3	1.4	0.1	27.5	1.1	17.9	-12.5
	男性	63.0	52.5	6.9	3.4	-0.2	37.6	-2.0	6.5	-4.8
低收入	总计	89.8	17.9	4.1	1.8	0.3	51.2	-1.7	29.1	-2.8
	女性	92.1	11.2	3.4	0.9	0.4	45.2	-0.2	42.7	-3.6
	男性	87.5	23.6	4.7	2.5	0.3	56.3	-2.8	17.6	-2.2
中等偏下收入	总计	83.7	36.0	10.5	2.8	0.4	48.7	-2.0	12.5	-8.8
	女性	84.5	33.6	12.6	1.2	0.1	41.1	0.6	24.1	-13.3
	男性	83.4	37.0	9.5	3.4	0.4	52.0	-3.4	7.5	-6.5
中等偏上收入	总计	52.6	59.4	15.1	2.3	0.2	28.3	-3.1	10.0	-12.2
	女性	50.4	58.1	19.0	1.3	0.4	24.8	0.2	15.8	-19.6
	男性	54.0	60.3	12.2	3.1	-0.1	30.8	-5.5	5.8	-6.6
高收入	总计	18.3	87.7	4.5	3.4	-1.2	8.0	-1.5	0.9	-1.8
	女性	17.6	90.2	4.8	2.1	-0.5	6.3	-0.8	1.4	-3.5
	男性	18.9	85.8	4.1	4.5	-1.5	9.3	-1.8	0.4	-0.7

资料来源：ILOSTAT，国际劳工组织模拟估算，2019年11月；ILO，2018b。

一般而言，随着国民收入的提高，自营工作和家庭雇员工作的比例将下降；在高收入国家，几乎不存在家庭雇员。由此产生的向从事带薪工作的转变对女性尤其重要，过去25年间工薪就业中的性别差距也因此不断缩小。在高收入国家，自雇工作者，尤其是自雇雇主，可以从事正规行业中的营利性企业活动。尽管从事这些活动的女性不足暗示了性别不平等问题，但鉴于高收入国家90.2%的女性从事的是工薪职业，这些国家内的性别不平等又与低收入国家和中等收入国家的情况有所不同。

低技能职业仍广泛存在

职业的分配情况提供了另一个评判就业质量的途径。在低收入和中等收入国家，从事农、林和渔业技术职业和初级职业的工作者很可能是低技能劳动者，收入低且只签订了临时劳动合同或完全没有签订劳动合同。这些是劳动力市场上表现最差的职业类别。[①]2008年版《国际标准职业分类（ISCO-08）》将自给农业纳入农业技术工类别之中。尽管对自给务农的具体分类缺乏足够的数据，且这类工作者有时会被错误分类，但我们可以注意到，在可获得数据的低收入国家，超过80%的农业技术工作者从事的是自给务农活动。农场工人、街道服务和销售人员、清洁工、帮工等工作都属于初级职业。因此，在低收入和中等收入国家，农、林、渔业技术职业和初级职业在总就业中的占比相当于低技能、低收入且工作条件恶劣的工作者的占比。

① 高收入国家几乎不存在自给农业，这意味着在这些国家，农、林、渔业技术人员并非处于不利地位。

图1.11

1994年和2019年全球和不同收入水平国家按性别划分的初级职业以及农、林、渔业技术职业就业人口占总就业人口的比例

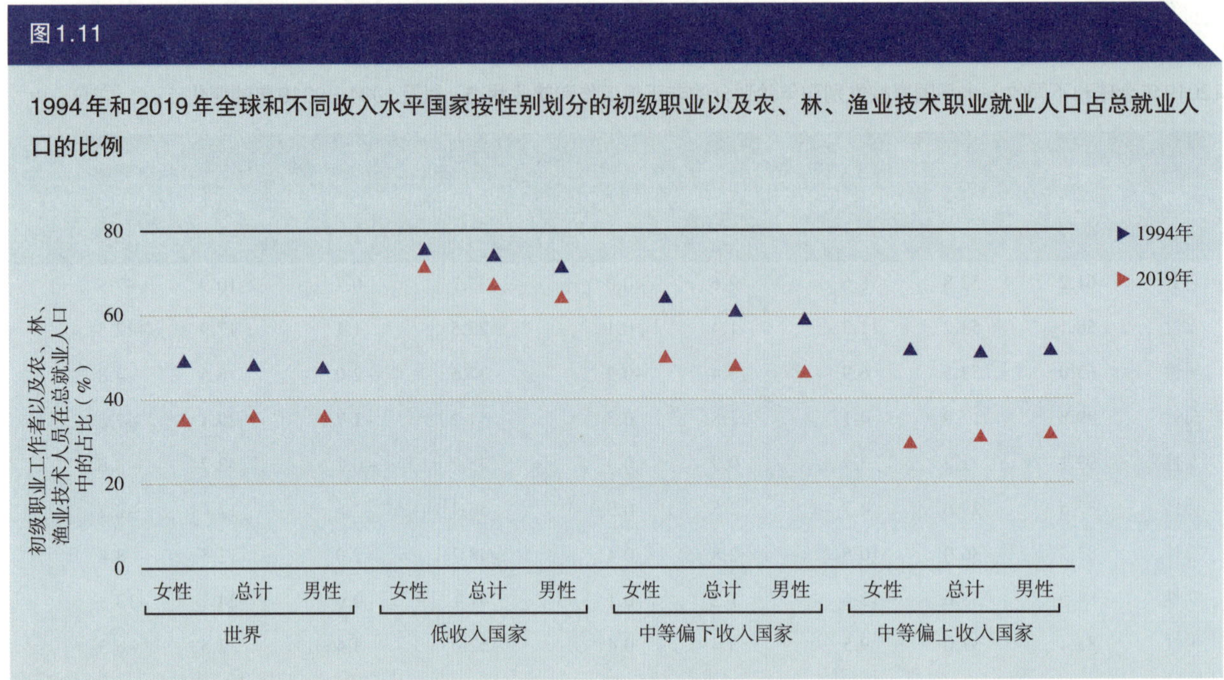

注：图中显示了2008年版《国际标准职业分类（ISCO-08）》中定义的第6类（农、林、渔业技术人员）和第9类职业（初级职业工作者）的就业人口占比之和。

资料来源：ILOSTAT，国际劳工组织模拟估算，2019年11月。

我们的分析显示，1994—2019年低技能工作者的占比大幅下降，在全球范围内，上述两类职业的就业人口占比之和下降超过10个百分点（见图1.11）。其中，中等偏上收入国家的降幅最大，达到20个百分点。然而，重要的是，低收入国家的进展较为有限，仅下降了6个百分点。从全球来看，在上述两类职业中，女性就业人口占比的降幅超过了男性，2019年从事这些职业的女性人口占比比男性低1.6个百分点。尽管如此，在收入可能更低和工作条件可能更为恶劣的低收入和中等偏下收入国家，女性从事这些职业的可能性高于男性。在中等偏下收入国家，这些职业的性别差距达到3.4个百分点，低收入国家的这一差距为7.2个百分点（自1994年以来，这类国家的性别差距增加了3个百分点）。如果想要创造充分的工作机会，并为每个人，尤其是农村人口提供体面的工作条件，必须加大力度实现更具包容性的结构转型。

尽管工作贫困率不断下降，但目前仍有超过6.3亿工作者生活在贫困之中

全球极端贫困的就业人口（即按购买力平价计算，日均收入不到1.90美元）的占比已从1994年的31.6%降至2019年的7.1%（见表1.6）。在此期间，中等贫困工作者（按购买力平价计算，日均收入为1.90~3.20美元）的占比从21.2%降至12.2%。尽管如此，2019年每5名工作者中仍有近1名工作者（19.3%）生活在极端或中等贫困之中。从绝对数量来看，依靠工作收入不足以摆脱贫困的工作者仍超过6.3亿人。未来五年，极端和中等贫困工作者预计将分别下降11%和10%，但这一速度仍然太慢，不足以保证实现到2030年消除极端贫困的可持续发展目标。此外，在低收入国家，由于无法创造充足且收入超过贫困线的工作机会，工作贫困人口预计还将增加。

在全球范围内，极端贫困的女性工作者占比略高于男性，但中等贫困的女性工作者占比却显著低于男性。一种可能的解释是，贫困主要以家庭为单位进行衡量，而一个家庭通常既包括男性，也包括女性。对于一个极端贫困的家庭，所有家庭成员，包括女性，都要从事经济活动。

相反，在收入超过极端贫困线的家庭中，女性参与劳动力市场的可能性相对较低，这意味着她们未被计入中等贫困工作者。因此，表1.6中的数据并不说明女性生活在极端或中等贫困家庭的概率普遍低于男性，而仅仅说明女性的工作贫困率低于男性。青年工作者生活在贫困家庭的概率远远高于成年工作者。

表1.6

1994年、2019年和2024年全球和不同收入水平国家按性别和年龄划分的工作贫困

按收入划分的国家类别	人口群体	极端工作贫困（按购买力平价计算，日均收入不到1.9美元）						中等工作贫困（按购买力平价计算，日均收入介于1.90~3.20美元）					
		%			百万人			%			百万人		
		1994年	2019年	2024年	1994年	2019年	2024年	1994年	2019年	2024年	1994年	2019年	2024年
世界	总计	31.6	7.1	6.1	753.0	234.4	209.2	21.2	12.2	10.7	504.7	402.3	366.0
	女性	33.3	7.5	6.7	311.7	95.5	88.6	19.6	10.3	9.4	183.4	132.3	123.7
	男性	30.5	6.9	5.7	441.3	138.9	120.6	22.2	13.4	11.5	321.4	270.0	242.2
	青年	37.3	12.8	11.9	192.9	55.0	50.5	24.4	16.6	15.3	126.4	71.1	65.0
低收入	总计	61.9	38.2	34.0	93.3	111.8	115.7	20.1	27.8	27.7	30.4	81.4	94.3
	女性	64.4	39.1	34.9	44.1	52.2	53.9	19.8	27.9	28.0	13.6	37.4	43.3
	男性	59.8	37.5	33.2	49.2	59.6	61.8	20.4	27.7	27.4	16.8	44.1	51.0
	青年	63.4	40.6	37.0	27.5	31.5	32.1	20.7	29.1	29.1	9.0	22.6	25.2
中等偏下收入	总计	39.7	10.0	7.1	286.2	112.1	85.9	32.4	24.1	19.4	233.0	270.1	234.4
	女性	42.7	11.4	8.6	96.8	38.5	31.2	29.8	22.1	18.1	67.7	74.8	66.2
	男性	38.4	9.4	6.5	189.4	73.6	54.6	33.5	25.0	20.0	165.3	195.2	168.2
	青年	42.0	13.7	10.9	68.6	22.0	17.5	34.4	26.4	22.2	56.2	42.5	35.7
中等偏上收入	总计	35.4	0.8	0.6	373.1	10.5	7.6	22.8	3.9	2.9	240.4	50.6	37.1
	女性	38.0	0.9	0.6	170.6	4.8	3.5	22.7	3.7	2.6	101.8	20.0	14.2
	男性	33.5	0.8	0.5	202.5	5.7	4.1	22.9	4.1	3.0	138.6	30.6	23.0
	青年	39.5	1.1	0.8	96.7	1.4	0.9	24.9	4.5	3.3	61.0	6.0	4.1

注：国际劳工组织未对多数高收入国家的极端和中等工作贫困占比进行估计，因为这些国家的估值将非常接近于零。在计算世界总占比时，假设高收入国家的工作贫困为零。

资料来源：ILOSTAT，国际劳工组织模拟估算，2019年11月。

工作贫困率与一国的收入水平息息相关（见图1.12）。这正是中等偏上收入国家的就业人口极端贫困率基本为零，中等偏下收入国家约为10%，而低收入国家接近40%的原因所在。

对1994年以来中等偏下收入国家和中等偏上收入国家工作贫困率的变化进行比较，我们发现，这两类国家一开始的工作贫困率较为相似，但随着时间的推移，中等偏上收入国家工作贫困率的降幅显著大于中等偏下收入国家。这在一定程度上归因于划分标准，因为2019年中等偏上收入国家之所以被列为中等偏上收入国家是因为其人均增长率高于中等偏下收入国家。然而，仅人均GDP增加还无法保证贫困人口的减少，包容性增长也十分重要。图1.12中圆点的横向分布说明，就通过经济增长减少就业人口的极端贫困率而言，各国的差距显著。该图显示，在工作贫困率达到约40%的国家，人均GDP从不到1000美元至5000美元以上（按购买力平价计算）不等。而在冈比亚，其2015年的人均GDP为1500美元（按购买力平价计算），但是就业人口的极端贫困率仅为7.3%。这说明，即便人均GDP不高，一国也可以成功地减少最贫困人口。

图1.12

人均GDP与极端工作贫困率之间的关系，可获得最新数据的年份

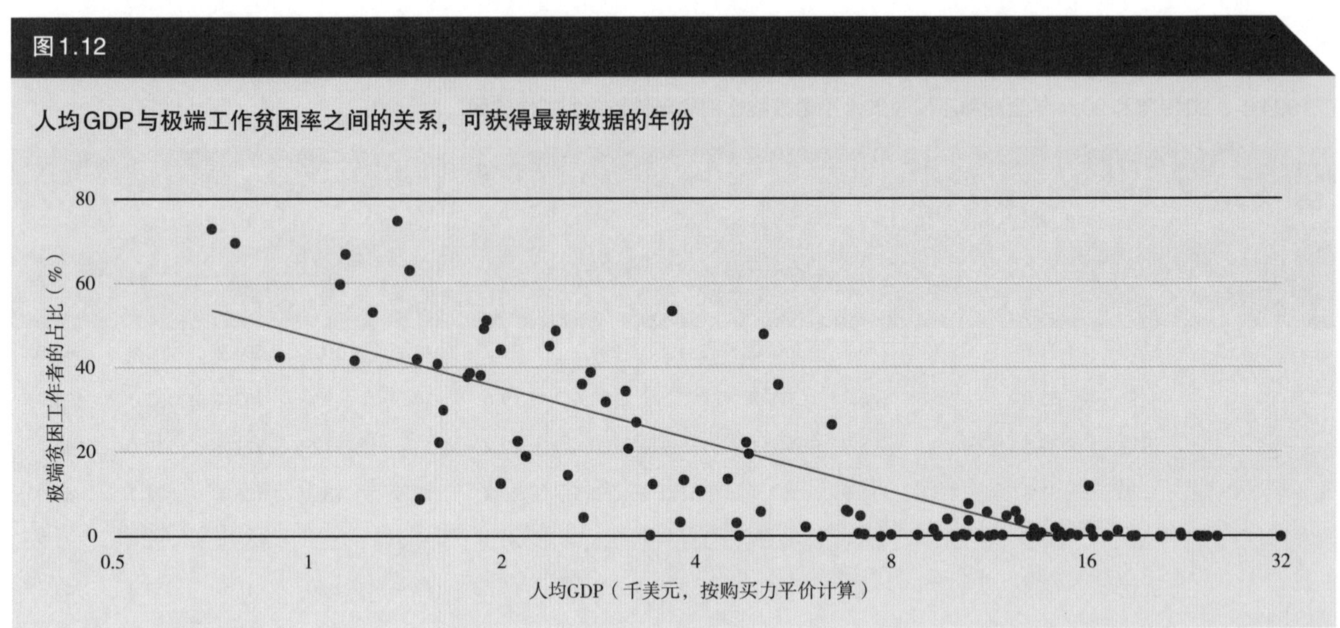

注：极端工作贫困指生活在家庭人均日收入不到1.90美元（按购买力平价计算）的工作者。图中每个圆点代表一个国家，红线是趋势线。图中仅包括在2010年及以后年份可获得实际观察结果的或基于PovcalNet数据库进行估算的国家。

资料来源：国际劳工组织基于ILOSTAT的计算，国际劳工组织模拟估算，2019年11月。

第五节　小结

对劳动力利用不足和失业分别加以考虑可知，劳动力利用不足涉及全球4.73亿人，是失业人口的两倍多。上述劳动力利用不足包括与时间相关的不充分就业，以及因个人或制度性原因而未进入劳动力市场的潜在劳动力。仅失业率一个指标，无法充分衡量劳动力市场的低迷情况，尤其是在低收入国家。在许多情况下，弱势工作者没有选择，只能接受任何现有的工作，不论工作的质量如何，还有大量工作者因工作时间不足而处于不充分就业的状态。此外，即便是有工作的人，想要获得体面的工作条件也依然困难重重。这一点不仅体现在居高不下的非正规就业率上，更表现为全球6.3亿多工作者的工作收入不足以使自身及其家庭摆脱贫困。

在获得体面工作机会和成果方面存在严重不平等仍是目前劳动力市场的一个长期特征。这些不平等与性别、年龄、居住地（农村或城市地区），以及一国的收入水平有关。因此，在劳动力市场上，许多人都无法按照自己的喜好选择工作，也无法充分发挥自己的潜能。这一情况不仅导致经济无效率，而且正在破坏社会的凝聚力，这一点从近年来社会动荡水平不断加剧中便可见一斑。

第二章

地区就业与社会趋势

第一章着重探讨全球的社会与经济趋势，并针对全球和不同经济发展水平的国家，提供了对劳动力市场关键指标的估计。本章从地区入手，研究影响全球五大地区劳动力市场的最新经济与社会趋势。这五大地区分别是：非洲、美洲、阿拉伯国家、亚洲和太平洋地区，以及欧洲和中亚。

对每一个地区，我们均提供了关键劳动力市场指标的最新数据，并对整体经济发展水平进行了评估。同时，我们也针对各个地区，分别探讨了一两个有关劳动力市场的关键主题，这些主题由地区专家选择，旨在反映当前各地区与体面工作相关的最迫切的问题。对于非洲以及欧洲和中亚地区，我们将重点放在青年工作者面临的重大劳动力市场挑战方面。对于北美地区，我们重点探讨了技能错配与地区差异，而对于拉丁美洲和加勒比地区，劳动力市场的性别差距问题是重中之重。对于阿拉伯国家，我们重点分析了群体内部的不平等（性别、移民或难民状态）。最后，对于亚洲和太平洋地区，我们将重点放在了技术发展模式和城乡差异上。

在每一节中，我们都进行了完整的地区分析，因此各节都能独立阅读。各节都考量了各自区域劳动力市场的重要变化和体面工作不足的问题，这成为各节内容的主线。与第一章一样，除非另有说明，本章提供的所有数据均是最近更新的国际劳工组织模拟估算（见第一章专栏1.1）。国内生产总值的增长数据源自国际货币基金组织的世界经济展望数据库（2019年10月），而人均国内生产总值的数据则来自世界银行的世界发展指标数据库。

第一节 非洲

经济发展概况和劳动力市场重要指标

非洲当前面临的主要挑战均与体面工作不足和贫困有关，截至目前，该地区的人均GDP为全球最低。[①] 在非洲，53.9%的工作者生活在贫困之中，即家庭人均日收入不到3.20美元（按购买力平价计算），这反映了该地区财富水平低且严重分配不均的事实（见表2.1）。相比较而言，亚洲和太平洋地区的工作贫困率则低得多，仅为18.8%（见表2.4）。非洲的非正规工作者占比估计达到85.8%（ILO, 2018b）。这意味着这些人普遍都只能获得有限的社会保障且基本或完全没有工作权利，他们一般受雇从事低生产率工作，收入微薄。此外，58.0%的非洲工作者从事的是生产率普遍较低的低技能职业，比如小农农业。仅12.3%的工作者从事高技能职业。[②] 在未来几年，随着劳动适龄人口大幅增加，非洲的劳动力市场将面临更为严峻的挑战（详见下文的分析）。

在这种情况下，无论是从经济增长速度还是从模式来看，非洲的经济都未得到充分的增长。当然，GDP的增长预期出现了可喜的变化，从2019年的2.8%提高至2020年的3.7%，而其中的推动因素主要是私人消费增加、对基础设施的持续投资以及不断提高的石油产量（UN, 2019b）。尽管如此，经济增长仍太过有限，无法大幅改善民生，也无法推动该地区与世界其他地区的经济融合。由于人口增长强劲，该地区的人均GDP 2019年仅增长了0.3%，而2020年的预期增速也仅为1.2%。就增长模式而言，亟须进行结构化转型、技术升级和多元化发展，以使就业人口从低附加值活动转向较高附加值的活动。这种转变需要大

① 2019年，按购买力平价计算，非洲的人均GDP达到4700美元。而在排名倒数第二的亚洲和太平洋地区的人均GDP却高达1.3万美元（按购买力平价计算），远高于非洲。

② 低技能职业指2008年版《国际标准职业分类》中的第9类（初级职业）和第6类职业（农、林和渔业技术工作者）；高技能职业指其中的第1类（管理人员）、第2类（专业人员）和第3类职业（技术人员和助理专业人员）。

表2.1

2008—2021年非洲各地区及其次区域的失业、劳动力利用不足、未就业且未受教育或培训的青年、就业和劳动生产率增长以及工作贫困的趋势与预测

地区/次区域	失业率，2008—2021年（%）					失业人口，2008—2021年（百万人）			
	2008—2017年	2018年	2019年	2020年	2021年	2018年	2019年	2020年	2021年
非洲		**6.9**	**6.8**	**6.8**	**6.7**	**32.7**	**33.5**	**34.1**	**34.8**
北非		12.5	12.1	11.9	11.7	9.2	9.0	9.0	9.0
撒哈拉以南非洲		5.8	5.9	5.9	5.9	23.5	24.4	25.1	25.8

地区/次区域	总劳动力利用不足率（LU4），2008—2021年（%）					劳动力利用不足总人口（LU4），2018—2021年（百万人）			
	2008—2017年	2018年	2019年	2020年	2021年	2018年	2019年	2020年	2021年
非洲		**22.1**	**22.1**	**22.0**	**22.0**	**111.6**	**114.6**	**117.5**	**120.5**
北非		25.7	25.3	24.9	24.7	20.8	20.8	20.9	21.1
撒哈拉以南非洲		21.4	21.5	21.5	21.5	90.8	93.8	96.6	99.4

地区/次区域	未就业且未接受教育或培训的青年占比，2008—2021年（%）					未就业且未接受教育或培训的青年人口，2008—2021年（百万人）			
	2008—2017年	2018年	2019年	2020年	2021年	2018年	2019年	2020年	2021年
非洲		**20.1**	**20.2**	**20.3**	**20.3**	**49.4**	**50.9**	**52.3**	**53.8**
北非		26.9	26.9	26.9	27.0	10.8	10.9	10.9	11.1
撒哈拉以南非洲		18.8	19.0	19.0	19.1	38.6	40.1	41.4	42.7

地区/次区域	就业增长，2008—2021年（%）					劳动生产率增长，2008—2021年（%）			
	2008—2017年	2018年	2019年	2020年	2021年	2018年	2019年	2020年	2021年
非洲		**2.9**	**2.9**	**2.9**	**2.9**	**0.3**	**-0.1**	**0.7**	**0.9**
北非		1.9	2.3	2.1	2.0	1.7	0.0	1.7	1.8
撒哈拉以南非洲		3.1	3.0	3.1	3.0	0.0	0.1	0.5	0.7

地区/次区域	极端工作贫困率，2008—2021年（%）					极端工作贫困人口，2008—2021年（百万人）			
	2008—2017年	2018年	2019年	2020年	2021年	2018年	2019年	2020年	2021年
非洲		**31.6**	**30.9**	**30.2**	**29.5**	**140.2**	**141.0**	**141.6**	**142.3**
北非		1.2	1.2	1.1	1.1	0.8	0.8	0.8	0.7
撒哈拉以南非洲		36.7	35.9	35.0	34.1	139.4	140.2	140.9	141.6

地区/次区域	中等工作贫困率，2008—2021年（%）					中等工作贫困人口，2008—2021年（百万人）			
	2008—2017年	2018年	2019年	2020年	2021年	2018年	2019年	2020年	2021年
非洲		**23.0**	**23.0**	**23.0**	**23.0**	**101.9**	**104.9**	**108.0**	**110.9**
北非		8.5	8.3	8.1	7.8	5.5	5.4	5.4	5.3
撒哈拉以南非洲		25.4	25.4	25.5	25.4	96.4	99.5	102.6	105.6

注：中等和极端工作贫困率分别指家庭人均日收入或日消费介于1.90~3.20美元和不足1.90美元（均按购买力平价计算）的工作者的占比。
资料来源：ILOSTAT，国际劳工组织模拟估算，2019年11月。

量的公共和私人投资。然而，恩迪库马纳和鲍伊思（Ndikumana and Boyce，2018）指出，自1970年以来，非洲的资本流出总额达到1.4万亿美元，其中多数从前五大石油生产国流出。这说明，大量有助于提高生产率、改善工作条件的潜在资源仍尚未得到开发。

北非的劳动力市场状况与撒哈拉以南非洲迥然不同。在全球所有次区域中，北非的失业率最高，2019年为12.1%，就业人口比最低，为40.1%。相较而言，撒哈拉以南非洲的失业率为5.9%，接近全球平均水平，而其就业人口比则排名全球第二，达到63.7%。但是，工作贫困却在撒哈拉以南非洲十分普遍（见表2.1和附录4）。上述两种迥然不同的劳动力市场状况会在下文分别进行探讨。鉴于这两个次区域的青年劳动力增长迅速而体面工作又严重不足，以下还将以青年工作者在劳动力市场面临的挑战为主题，探讨整个非洲的情况。

北非

北非劳动力市场的主要特征是劳动力利用不足率异常之高。[①]2019年，在每4个综合劳动力中就有1个（相当于25.3%的综合劳动力）处于某种形式的劳动力利用不足。造成这一现象的一大重要因素是相对较高的失业率（2019年为12.1%）。另外两种形式的劳动力利用不足率也很高，其中，5.8%的工作者希望延长有偿工时，9.7%的劳动适龄人口为潜在劳动力（见第一章，图1.8）。正如下文所述，低迷的劳动力市场对青年的影响最大。

北非的劳动力利用不足情况还存在显著的性别差距。事实上，从劳动力市场的任意一个维度来看，北非都是性别差距最大的地区之一（ILO, 2019a）。每6个劳动适龄女性中仅有1个（17.4%）属于就业人口，而男性则为每6个人中接近4个（63.1%）。造成这一情况的部分原因是女性失业的概率远远高于男性（女性失业率为21.5%，而男性为9.1%）。更为重要的一个原因是，女性劳动力参与率仅为22.1%，而男性为69.5%。整体而言，在综合劳动力中，面临劳动力利用不足的女性占比高达40.1%，而男性为19.7%。

女性劳动力利用不足率高企反映了女性在私人部门谋职的难度。从事“非市场服务”的女性过多，这些服务包括医疗和教育行业的公共行政及其他服务性工作。[②]正因如此，女性在非市场服务工作者中的占比达到37.0%，而在总就业人口中的占比仅为约1/5。此外，从事农业工作的女性也过多。然而，受雇于私人部门[③]非农企业（包括自营工作）的女性雇员仅占全部女性人口的26.5%，而男性的这一比例达到61.0%。这使得提高女性就业参与率变得异常困难。

相对于严重的劳动力利用不足和性别不平等，北非在正规工作者占比和工作贫困率方面的表现相对较好。非正规就业人口约占67.3%，远远低于撒哈拉以南非洲（ILO, 2018b）。每3个工作者中近2个（62.5%）为工薪工作者，而自营工作者和家庭雇员的占比为30.5%。最后，北非的工作贫困率——1.2%的极端工作贫困率和8.3%的中等工作贫困率——低于非洲整体水平（见表2.1和附录4）。

撒哈拉以南非洲

撒哈拉以南非洲的劳动力市场与北非存在明显差异。该次区域的就业人口普遍从事生产率较低的小农农业。这也是造成该次区域在2019年有35.9%的工作者处于极端贫困，25.4%的工作者处于中等贫困的主要原因。该次区域的工作贫困总人口已达2.4亿人（见表2.1），全球2.34亿极端贫困的工作者中有1.4亿居住在撒哈拉以南非洲（相当于59.8%）。由于该次区域的减贫进展慢于其他地区，因此该比例预计还会进一步上升。在该次区域，非正规就业是常态，89.2%的工作者从事非正规工作。即便排除农业工作者，该次区域的非正规就业率仍高达76.8%（ILO, 2018b）。

由于家庭收入极低，社会保障普遍缺失，人们为了生存，不得不从事任何经济活动。这是该次区域多

① 劳动力利用不足人口不仅包括失业人口，还包括希望延长有偿工时的工作者和处于劳动力市场边缘的人口（也可参见第一章）。

② 属于非市场活动类别的完整职业清单，请参见www.ilo.org/ilostat-files/Documents/description_ECO_EN.pdf。

③ 此处引用的数据涵盖制造业、市场服务、建筑、采矿和公用事业行业，这些行业中的多数为私营实体。

图2.1

1990—2030年撒哈拉以南非洲和北非15~24岁人口的估算和预测

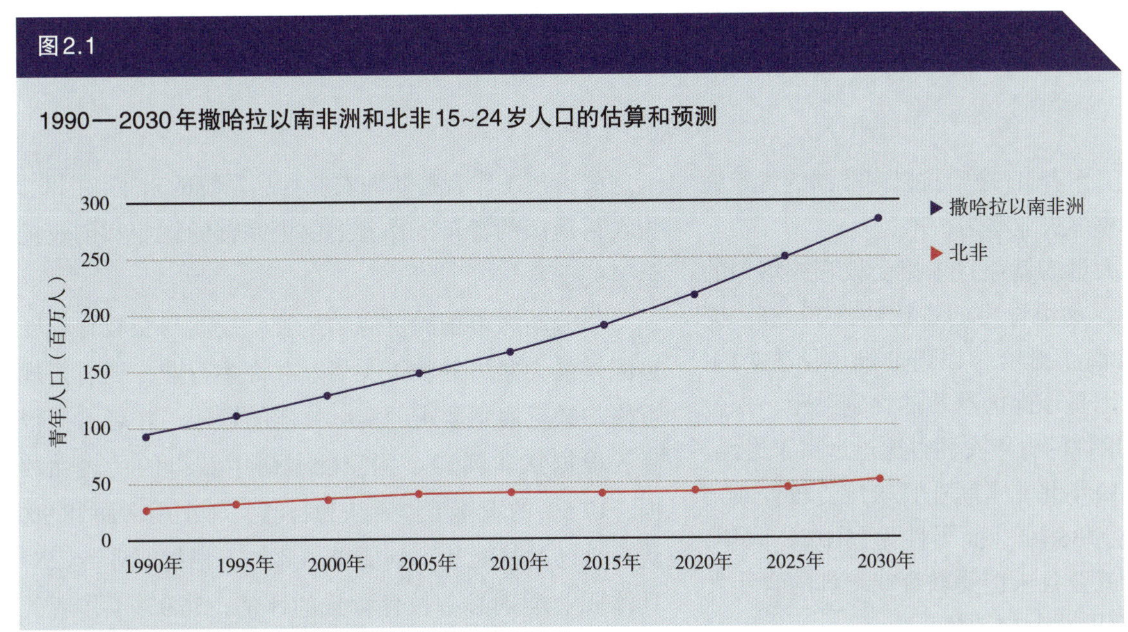

注：对未来人口增长的预测是基于中位变差情景（比如，假设当前出生率高的国家未来的生育率将下降）。具体细节请参见联合国的报告（UN，2019c），第5页。

资料来源：国际劳工组织基于联合国数据（2019a）进行的整理。

数国家失业率相对较低的原因（ILO, 2019d，2019e）。近半数国家的失业率估计不到5%，但也有一些国家（尤其是南非）的失业率高于20%。总体而言，2019年该次区域的整体失业率估计达到5.9%，预计2020—2021年的失业率将几乎保持不变。

尽管失业率相对较低，但是该次区域的劳动力利用不足综合比率却很高，2019年达到21.5%。事实上，撒哈拉以南非洲是失业率和总劳动力利用不足率差异最大的次区域，后者是前者的至少3倍。劳动力利用不足总人口中的一半处于与时间相关的不充分就业状态，表明该次区域的工作质量往往较差。自营工作者和家庭雇员的总占比居高不下（2019年达到74%），也表明该次区域缺乏体面工作。

体面工作机会的普遍缺乏对撒哈拉以南非洲的男性和女性均有影响，尽管该次区域的性别差距一般低于北非。然而，这并不说明女性不处于劣势、不遭受歧视。事实恰恰相反，在该次区域，非正规行业的性别差距达到6个百分点（女性占比达92.1%，而男性为86.4%），男性的劳动力利用不足综合比率（19.2%）低于女性（23.9%）。近1/3的女性（30.0%）是家庭雇员，而男性的这一比例仅为13.6%。这些情况表明，在该次区域，财产权更多地为男性所有，男性是主要的土地所有者（Doss et al., 2015）。

青年工作者面临的劳动力市场挑战

随着非洲青年绝对人口强劲增长，在不远的将来，上文所述的劳动力市场挑战预计将进一步加剧（见ILO, 2017c，即将出版b）。除了非洲大陆总人口增长强劲之外，到2030年，仅撒哈拉以南非洲一个地区的15~24岁青年人口预计将达到2.83亿人。这意味着，到2030年，该年龄组的绝对人口规模将是1990年的3倍。事实上，该地区人口的快速增长也是全球人口预期增长的主要原因（图2.1；另请参见UN, 2019c的探讨）。北非的青年绝对人口也在大幅上升。到2030年，15~24岁的青年人口预计将达到5100万人，是1990年该群体绝对人口规模的近2倍。

随着每年大量的青年进入非洲的劳动力市场，创造就业机会变得更加紧迫。当前非洲工作机会的可获得性和工作质量已表明，青年工作者面临着根深蒂固的体面工作不足。首先，到目前为止，非正规就业是非洲青年最主要的就业模式，涉及94.9%的青年工作者。尽管各次区域的青年非正规就业率有所差异，但都居高不下，从南非的56.4%到西非的97.9%不等（ILO, 2018b）。

尽管全球各地的青年都比成人面临更高的失业风险，但这种情况在非洲尤其明显。2019年，北非的青年失业率为30.2%，而其整体失业率为12.1%（即针对

15岁及以上的所有工作者）；撒哈拉以南非洲的青年失业率为8.7%，而其整体失业率为5.9%。

此外，非洲有大量未就业且未接受教育或培训的青年人口。2019年，这类青年的占比达到20.2%，而且北非的比例显著高于撒哈拉以南非洲（见表2.1）。造成这一问题的原因是该地区严重的性别差距，未就业且未接受教育或培训的青年女性占比远远高于男性。特别是在北非，2019年北非未就业且未接受教育或培训的青年女性占比为36.1%，而男性为18.1%。同年，撒哈拉以南非洲未就业且未接受教育或培训的青年女性占比为23.5%，而男性为14.5%。

大量青年工作者的存在对劳动力市场的供需产生了影响。就需求而言，需要创造更多的工作岗位，并且这些工作应提供体面的工作条件。这就要求实现更为强劲的经济增长，且经济的增长模式能促进更为复杂的经济生产。然而，在非洲，工作者只是从从事农业活动转向从事低技能的服务工作，而非高附加值的制造活动。因此，非洲需要进行结构转型，从资源开采和农业转向附加值更高的行业，包括制造业和知识密集型服务行业（AfDB, 2019）。

此外，在非洲不断增长的青年人口中，很大一部分居住在农村地区，而这些地区的生产率相对较低，就业和创业机会有限（Sedik, 2018; IFAD, 2019）。再加上这些青年工作者是非洲农业食品系统的未来，因此，为农村地区的青年工作者提供更完善的就业和创业机会至关重要。

从劳动力市场的供应端来看，技能与受教育程度错配是最为紧迫的政策关切。在许多行业，拥有正规资格却缺乏雇主要求的实际技能的青年工作者占比很高。根据从非洲10个国家的调研中获得的代表性数据，17.5%的青年工作者认为自己大材小用，而28.9%认为自己的技能达不到要求。此外，根据职业专家对具体职业类别必备教育背景的评估，56.9%工作者的受教育程度过低，8.3%则过高（Morsy and Mukasa, 2019）。这种普遍的错配说明，技能发展应成为国家在制定政策过程中的核心考量。

总体而言，青年工作者面临的劳动力市场挑战表明，必须完善公共就业服务，建立专门针对青年工作者及其潜在雇主需求的技术和职业培训体系。同样，针对青年男女的技能提高培训项目（见Borino and Saget, 即将出版）和积极的劳动力市场政策（O' higgins, 2017; Kluve et al., 2019）也能发挥积极的作用，但前提是这些项目和政策设计良好。最后，培养软技能的需求近年来也被一再被强调（参见，如IDRC, INCLUDE and ILO, 2016）。

第二节 美洲

北美

经济发展概况和劳动力市场重要指标

加拿大和美国的经济运行较好。2019年美国的GDP增长预期为2.4%，这在国际上属于较高水平，但低于2018年的2.9%。GDP增速的放缓可能在一定程度上反映了2018年减税所产生的短期经济刺激效应正在消退。加拿大的经济增速低于美国，预计2019年约为1.5%，但2020年将有所上升（IMF, 2018, 2019a）。

从劳动力市场主要指标来看，北美的表现也较好。2019年，该次区域的整体失业率为3.9%（见表2.2）。自2007—2008年金融危机引发经济大衰退以来，加拿大和美国的失业率双双稳步下降。继两国的失业率（尤其是美国）在2008—2010年飙升之后，两国用了近10年的时间让失业率回归至危机前的水平（见图2.2）。

正如第一章所述，失业率并不能体现劳动力利用不足的全部情况。相较于其他次区域，失业率之外的其他劳动力利用不足形式在北美较为少见（见第一章，图1.8）。2019年，该次区域的整体劳动力利用不足人口在综合劳动力中的占比达到5.5%。此外，660万15~24岁青年（相当于每10个青年中就有至少1个）处于未就业且未受教育或培训的状态（见表2.2）。同时，北美16%的工作者工作时间长（每周工作超过48小时），高于欧洲国家的平均水平（ILO, 2018d）。

美国的劳动力市场表现还有另一个特征，即2015—2019年工资增长缓慢，仅为5.9%。[①]此外，工资增长也不均衡，差距不断加大，尤其是大学毕业生之间的差距。事实上，自2015年以来，黑人大学毕业生的工资下降了0.3%，而白人大学毕业生的工资却增长了6.6%（Gould and Wilson, 2019）。缓慢而不平等的工资增长与劳动力的供需模式并不匹配。根据供需模式预测，在其他条件不变的情况下，工资将随着失业率的下降和劳动力需求的增加而增长。这说明，工资的增长受到了其他因素的影响，包括工作者的工资谈判能力不断下降、工作结构两极分化，以及歧视问题。而不同种族的失业率差距，特别是黑人和白人工作者之间的差距，又进一步加剧了这些问题。2018年第四季度，黑人工作者的失业概率是白人工作者的2倍以上（Wilson, 2019）。

相较而言，从2018年8月至2019年8月，加拿大民众的实际收入获得了可喜的增长，非农业工薪雇员的周收入增长达到2.9%。这表明，自2014年以来，相对于社会发展，收入的增长更快（Patterson, Hazel and Saunders, 2019; Statistics Canada, 2019）。就不同人口子群体的显著变化而言，2014—2018年，加拿大移民的就业增长率高于当地人，因此这两类人口群体的就业差距有所缩小。此外，同一时期女性的就业率也得到了提高，包括移民和当地女性在内（Patterson, Hazel and Saunders, 2019）。

技能错配与地域差异

随着就业率保持在相对高位，当前北美的政策争论是对劳动力短缺和技能错配的担忧日益加深。某些行业和地域的雇主难以找到并留住工作者。此外，求职者可能会因为缺乏必要的技能而被拒绝，比如缺乏人际交往和分析能力。提升现有劳动力的技能可能成为应对劳动力短缺和技能不足的政策措施，而劳动力短缺和技能不足可能会对企业的生产率和竞争力带来负面影响。由于上述问题往往与具体地域有关，因

图2.2

1991—2021年加拿大和美国的失业率

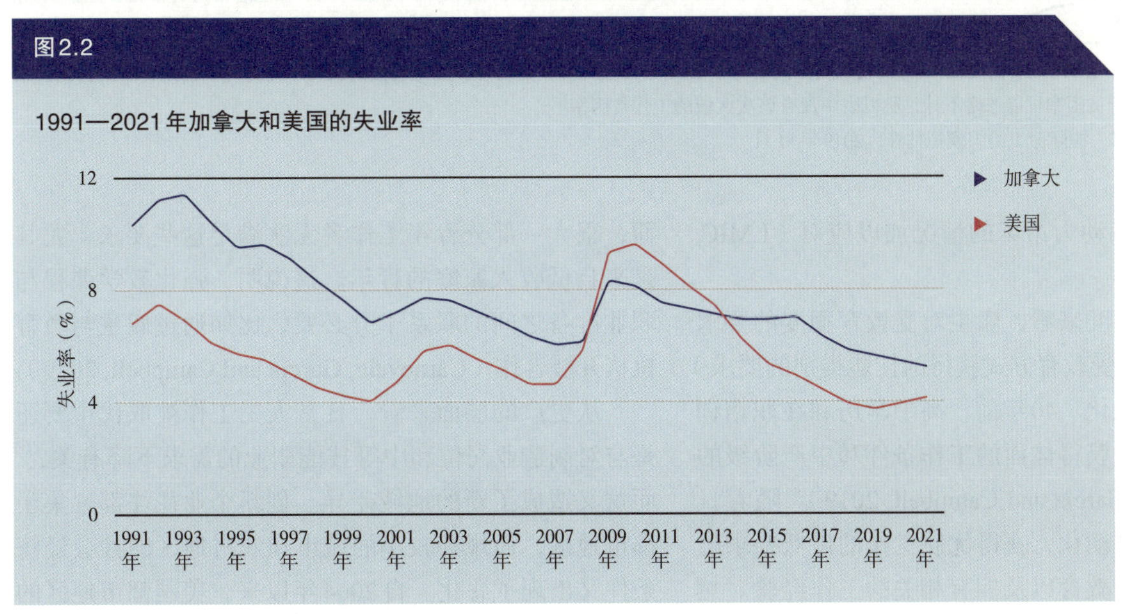

资料来源：ILOSTAT，国际劳工组织模拟估算，2019年11月。

① 相比较而言，20世纪90年代末的工资增速为8.9%，而当时的全国失业率与当前几乎一样低（Gould and Wilson, 2019）。

表2.2

2008—2021年北美、拉丁美洲和加勒比地区的失业、劳动力利用不足、未就业且未受教育或培训的青年、就业和劳动生产率增长以及工作贫困的趋势与预测

次区域	失业率，2008—2021年（%）					失业人口，2008—2021年（百万人）			
	2008—2017年	2018年	2019年	2020年	2021年	2018年	2019年	2020年	2021年
北美		4.1	3.9	4.0	4.2	7.6	7.3	7.6	7.9
拉丁美洲和加勒比地区		7.9	8.1	8.1	8.2	24.6	25.3	25.8	26.4
	总劳动力利用不足率（LU4），2008—2021年（%）					劳动力利用不足总人口（LU4），2018—2021年（百万人）			
	2008—2017年	2018年	2019年	2020年	2021年	2018年	2019年	2020年	2021年
北美		5.7	5.5	5.7	5.9	10.8	10.3	10.7	11.2
拉丁美洲和加勒比地区		19.8	19.9	20.0	20.1	64.8	66.0	67.1	68.2
	未就业且未接受教育或培训的青年占比，2008—2021年（%）					未就业且未接受教育或培训的青年人口，2008—2021年（百万人）			
	2008—2017年	2018年	2019年	2020年	2021年	2018年	2019年	2020年	2021年
北美		13.6	13.7	14.0	14.2	6.6	6.6	6.7	6.8
拉丁美洲和加勒比地区		21.6	21.6	21.7	21.8	23.4	23.3	23.2	23.3
	就业增长，2008—2021年（%）					劳动生产率增长，2008—2021年（%）			
	2008—2017年	2018年	2019年	2020年	2021年	2018年	2019年	2020年	2021年
北美		1.3	0.6	0.3	0.2	1.4	1.7	1.8	1.6
拉丁美洲和加勒比地区		1.8	1.2	1.2	1.1	-0.9	-1.4	0.5	1.3
	极端和中等工作贫困率，2008—2021年（%）					极端和中等工作贫困人口，2008—2021年（百万人）			
	2008—2017年	2018年	2019年	2020年	2021年	2018年	2019年	2020年	2021年
拉丁美洲和加勒比地区		7.1	6.8	6.4	6.1	20.1	19.5	18.7	18.1

注：中等和极端工作贫困率分别指家庭人均日收入或日消费介于1.90~3.20美元和不足1.90美元（均按购买力平价计算）的工作者的占比。根据上述定义，北美的工作贫困率可以忽略不计，所以表中没有该次区域的工作贫困率。

资料来源：ILOSTAT，国际劳工组织模拟估算，2019年11月。

此需要根据当地劳动力市场的情况加以应对（LMIC, 2018）。

从工作者的角度来看，雇主对受教育程度的要求（以及对通过各种受教育方式获得的技能类别的要求）已经发生了巨大变化。40年前，高中学历和在职培训往往足以让工作者获得体面的工作条件和中产阶级的收入（Carnevale, Garcia and Campbell, 2019）。随着日常人工工作实现自动化，获得优质工作的最低要求已转变为接受过高等教育以及拥有相关的工作经验。然而，很大一部分青年工作者无法满足这些要求，尤其是来自低收入家庭的青年。这说明，强化教学课程与职业准备之间的联系十分必要，比如通过雇主与教育机构开展合作（Carnevale, Garcia and Campbell, 2019）。

从更广的层面来看，日常人工工作被取代主要还是与对制造业岗位和中等技能职业的需求下降有关，①而这又造成了新的地域差异。创新企业往往都聚集于都市地区，而规模较小的城市和农村地区的社会经济条件又出现了恶化。自2004年以来，美国都市地区的

① 1991年，美国的中等技能职业在总就业岗位中的占比为50.9%，2020年这一比例预计将降至42.1%。这种下降是缓慢的。2020年，加拿大的中等技能职业占比预计将从1991年的49.4%降至45.8%，降幅仅为美国的一半，这主要是因为加拿大的这一跌势在1996—2004年出现了短暂的扭转。

就业岗位的集中度不断提高，但这种提高以四个最大的都市地区为主导，即纽约、芝加哥、旧金山和西雅图（Muro and Whiton, 2018; Shearer, Vey and Kim, 2019）。这表明，随着时间的推移，就业和经济机会的地域分布变得更加不均。同时，这也说明落后地区难以吸引创新企业和技术工作者。

加拿大和美国的地区劳动力市场尽管存在诸多共性，但又有着巨大的差异（Albouy et al., 2019）。加拿大的地区劳动力市场对劳动力需求变化的反应普遍较为温和，尤其是对因来自中国进口产品的竞争而导致的变化。此外，加拿大各地区之间和地区内部的工资不平等也不太明显。这符合该国更为慷慨的再分配计划，包括通过地区均衡计划进行个人社会保险支付和政府转移支付（Albouy et al., 2019）。

拉丁美洲和加勒比地区

经济发展概况和劳动力市场重要指标

拉丁美洲和加勒比地区的经济增长在2018年和2019年放缓：预计2019年的GDP增速为0.2%，而前一年为1.0%。2020年的经济增长预期更为乐观，该次区域的总体GDP增速预计将攀升至1.8%。

然而，具体来看，该次区域内不同的地方的情况又有所不同。首先，除了墨西哥之外，中美洲2019年的经济增长相对稳定，保持在2.7%；而在墨西哥，由于投资和私人消费疲软，经济增长明显放缓，预计2019年仅为0.4%。其次，加勒比地区的GDP增长乏力，但2019年仍维持在3.3%的水平。最后，南美洲的经济增长最为缓慢，2019年预计出现负增长，为–0.2%。在南美洲各国，阿根廷、厄瓜多尔和委内瑞拉的GDP出现了负增长，而其他各国的GDP增长则普遍停滞（例如，2019年巴西的GDP增长预计为0.9%）。委内瑞拉的情况最为棘手，由于社会经济危机，该国2019年的GDP预计下降了35%（IMF, 2019a）。

拉丁美洲和加勒比地区2019年的总失业率估计达到8.1%。近年来，该次区域的失业率相对稳定（见表2.2）。然而，其他指标显示，失业率仅体现了该次区域劳动力市场面临的部分挑战。尤其是，失业率远远不能体现总体劳动力利用不足的严重性（2019年，劳动力利用不足率为19.9%，劳动力利用不足人口达到6600万人）。另一方面，就业率增长从2018年的1.8%下滑至2021年预计的1.1%。此外，该次区域有1950万工作者的收入不足以使自身及其家庭摆脱贫困。在这个拥有许多中等收入国家的次区域，这一数字对于其经济发展水平而言显然较高。

同样，与上述情况密切相关的非正规就业的程度和持续性也比根据其经济发展水平所做的预期更为严重。2019年，非正规就业率达到53.1%，且大量非正规工作者从事的是生产率低、工资较低的工作。在不到5人的微型企业、生活服务业以及自雇工作者和家庭雇员中，非正规就业十分普遍（Salazar-Xirinachs and Chacaltana, 2018; ILO, 2018b）。与此相对的是大型正规企业（如交通运输、电力、金融和采矿业），此类企业不仅生产率高，而且对GDP的贡献大。但是，在该次区域，仅有很小一部分工作者供职于这些大企业，这些企业往往与其他行业脱节，因此无法促进能改善整体劳动力市场条件的经济增长模式（Infante, 即将出版）。由于多数拉丁美洲国家仍未实现经济多元化，许多工作者依然容易受到外部冲击的影响，比如低迷的外部需求和原材料价格的变化（Salazar-Xirinachs and Chacaltana, 2018）。

拉丁美洲和加勒比地区的青年工作者尤其值得被关注。2019年，青年失业率达到17.9%，远远高于总体劳动适龄人口的平均水平。2019年，每5个青年工作者中就有超过1个是未就业且未接受教育或培训的青年，共有约2330万人（见表2.2），其中2/3是青年女性。同样值得注意的是，大部分（62.4%）15~24岁的工作者是非正规就业者（Salazar-Xirinachs and Chacaltana, 2018）。这些数据表明，帮助青年实现从学校向优质岗位的有效过渡势在必行。

劳动力利用不足和非正规就业的严重性以及青年的处境表明，在拉丁美洲和加勒比地区，大量工作者缺乏体面的工作机会。2019年席卷该次区域的群众抗议浪潮突显了解决这些长期问题已迫在眉睫（参见第一章，图1.7，该图显示拉丁美洲和加勒比地区的社会动荡指数不断上升）。

拉丁美洲和加勒比地区的女性在劳动力市场上依

然面临重重阻碍。首先，2019年，女性劳动力参与率仅为52.0%，低于男性的76.7%。在数十年前，女性劳动力参与率曾强势上升，但在21世纪，增长开始放缓。其中，更为弱势的女性群体的劳动力参与率放缓最为明显，而她们的劳动力参与率从一开始就比较低。这些群体包括受教育程度低、生活在农村地区、孩子不到6岁以及配偶收入相对较低的女性（Gasparini and Marchionni, 2017）。其次，女性失业率（2019年估计达到9.6%）高于男性（6.9%），而且女性从事工作条件恶劣的低技能职业的概率高于男性（ILO, 2019a）。最后，职业隔离仍是该次区域劳动力市场的突出特点：大量女性从事家政工作，而采矿和一些工程职业则几乎不见女性的身影（ILO, 2019g）。因此，接下来我们将主要探讨女性在劳动力市场上的处境。

劳动力市场的性别差距

拉丁美洲和加勒比地区的女性在劳动力市场上的境况令人喜忧参半。女性在受教育程度方面的情况大幅改善，但却依然难以获得体面的工作。这些阻碍是造成性别工资差距始终存在的原因。①

该次区域的总体教育水平有所提升，女性在这方面的表现优于男性（ILO, 2019g）。对于出生于1955年左右的人口群体而言，女性完成高等教育（即至少接受13年的正规教育）的可能性一直高于男性。在出生于1990年的人口群体中，完成高等教育的女性达40%，而男性仅有25%。随着社会的发展，仅接受过6年甚至不到6年教育的人口群体在总人口中的占比持续下跌，而从这一趋势中受益更多的仍然是女性，而非男性。

男女在受教育程度方面的这些变化与家庭结构的变化有关。在所有可获得数据的国家，即玻利维亚、哥伦比亚、危地马拉、洪都拉斯、尼加拉瓜、秘鲁，女性的平均生育年龄提高，与此同时，其平均生育子女的数量也在下降（ILO, 2019g）。此外，女性是一家之主的家庭的比例有所上升。比如，在巴西和乌拉圭，超过30%的家庭是如此。由此可见，目前女性的收入在社会上发挥着重要作用。造成这一变化的原因是同居、单身、分居、离婚的现象越来越多，而有配偶且自认为是一家之主的女性比例提高也是原因之一（Liu, Esteve and Treviño, 2017）。

就工资而言，国际劳工组织在最新的研究中，基于拉丁美洲和加勒比地区17个国家的数据（涵盖了该次区域85%的人口），对该次区域的男女工资差距进行了分解。研究发现，将年龄、受教育水平、居住地（城市或农村地区）、工种和家庭结构纳入考量之后，女性每一小时工作时间的平均收入比男性低17%。如果将每周的工作时间也考虑在内，性别工资差距甚至高达25%（ILO, 2019g）。

男女工资差距在最低收入工作者之间最为显著。其中的一个原因是从事非正规工作的女性太多，而雇主也不遵守最低工资规定（另请参见ILO, 2018e）。这一发现继而引发了对女性陷入工作贫困的担忧。由此可见，该次区域面对的三大严峻挑战之间存在重要的关联，这三大挑战分别是性别差距、减贫和非正规就业。因此，任何一项旨在应对其中一个问题的政策措施都会对其他两个产生溢出效应。

在收入分配百分位的中间部分，性别差距较小，但从中位数（第50个百分位）向上，差距逐渐增大。这说明其中可能存在“玻璃天花板”，即女性想要获得管理及其他高薪职位会遇到特殊困难（ILO, 2019g）。

造成上述性别差距的原因可能是直接歧视，但从更广泛的情况来看，性别差距也与男权制文化规范、家庭性别差距，以及造成无意识性别偏见的各种原因有关。事实上，使女性地位难以得到改善的许多原因都来自家庭。男女在家务的分配上仍存在严重的不平等。女性要承担80%的家务，这限制了她们的有效劳动力参与率（ECLAC, 2019; ILO, 2019a and 2019g）。因此，政策工具需要修改，以进一步强调工作与生活的平衡。同时，提高民众的意识也有助于逐渐取消阻碍，让女性能够在职场上与男性平起平坐。

① 本节大量引用了国际劳工组织的相关资料（ILO，2019g），其中包含很多详细的内容。

第三节　阿拉伯国家

经济发展概况和劳动力市场重要指标

在评估阿拉伯国家的总体经济发展状况和劳动力市场主要趋势时，需要记住的一点是，这是一个两极分化十分严重的地区。一方面，该地区的石油出口国的人均GDP高，这些国家都是海湾合作委员会（GCC）的成员国，包括巴林、科威特、阿曼、卡塔尔、沙特阿拉伯和阿联酋。另一方面，除了上述国家之外，该地区还包括目前深陷或近期刚摆脱冲突或战争的非海湾合作委员会成员国（伊拉克、巴勒斯坦被占领土、叙利亚和也门），以及存在大批难民涌入的国家（约旦和黎巴嫩）。总而言之，该地区的非海湾合作委员会成员国深受严重贫困的困扰。

对石油出口的高度依赖使海湾合作委员会成员国的GDP增长对油价的波动十分敏感。这些波动在近期可能难以消除。对石油出口的依赖抑制了科威特、阿曼和沙特阿拉伯2019年的GDP增长，尽管非石油经济增长似乎有所上升。然而，虽然对油价敏感使GDP增长变得十分困难，但预计上述各国2020年的GDP增速将再次加快（见IMF, 2019a，2019b）。

在非海湾合作委员会成员国中，一些国家的国内冲突造成了大量人员的伤亡。这些冲突也破坏了经济前景。尤其是，冲突的经济成本引发了严重的衰退、恶性通货膨胀以及高昂的财政赤字。生产场所、建筑物和公共基础设施被破坏，以及对体制的长期损坏意味着这些国家将长期面临着严峻的重建挑战。此外，随着贸易遭到破坏、大批难民涌入（其规模前所未有），[①]该地区其他未受冲突直接影响的国家也将受到波及（Rother et al., 2016; Devarajan and Mottaghi, 2017; UNDP, ILO and WFP, 2017）。

冲突严重影响了该地区的劳动力市场，导致工作的数量和质量双双下滑。因此，从劳动力市场指标便可见冲突和战争给社会经济造成的影响。这是导致非海湾合作委员会成员国的失业率、劳动力利用不足总人口、未就业且未接受教育或培训的青年占比，以及极端和中等工作贫困率远高于海湾合作委员会成员国的原因之一（见表2.3）。尽管这些国家的数据很难获得，但估计叙利亚和也门有大量极端工作贫困人口，而约旦、巴勒斯坦被占领土和也门的劳动力利用不足总人口估计也很多。

海湾合作委员会成员国和非海湾合作委员会成员国之间的差异在一定程度上也是因为对前者的估计包括移民，而移民在这些国家的人口中占比很高。大部分移民不仅参与劳动力市场，而且有工作（具体请见下文的分析）。相较而言，海湾合作委员会成员国本国公民的劳动力利用不足率却高很多。以沙特阿拉伯为例，2019年第二季度，该国本国公民的失业率高达12.3%，而同一时期移民的失业率仅为0.3%（General Authority for Statistics, 2019）。

不同人口群体之间的不平等

除了国家之间的不平等，阿拉伯各个国家内部也存在十分严重的不平等（有关最新分析，请见Alvaredo, Assouad and Piketty, 即将出版）。其中的一个重要原因是不同人口群体之间的不平等，包括与移民或难民有关的差异以及性别差距。

就移民而言，在过去20年间，海湾合作委员会成员国在海外出生的工作者占比已经显著提高。在巴林、阿曼、沙特阿拉伯，本土出生的居民在总人口中的占比仍超过50%，而在科威特、卡塔尔和阿联酋，本土出生的居民目前仅占少数（同上；Kapiszewski, 2006）。总体而言，阿拉伯国家是全球范围内对海外出生的工作者依赖最严重的地区。比如，该地区移民的劳动力参与率（75.4%）比本土居民（42.2%）高30多个百分点。移民工作者在该地区总就业人口中的占比高达40.8%（ILO, 2018f）。

移民工作者既包括低技能工作者（如从事建筑和家政服务工作），也包括高技能专业人士。大量低技能工作者处于弱势地位。尤其是，根据卡法拉制（*Kafala* System），为了让移民获得居住许可，雇主的角色是移民工作者的赞助人，这可能会带来剥削

① “难民”指由于生命或自由遭到威胁而离开祖国的人；“国内流离失所者”指被迫在国内迁徙的人。“流动人口”指主动选择迁移的人，比如，为了寻找就业机会而迁移的人（见UNHCR, 2019等）。

表2.3

2008—2021年不同类别的阿拉伯国家的失业、劳动力利用不足、未就业且未受教育或培训的青年、就业和劳动生产率增长以及工作贫困的趋势与预测

地区/国家类别	失业率，2008—2021年(%)					失业人口，2008—2021年(百万人)			
	2008—2017年	2018年	2019年	2020年	2021年	2018年	2019年	2020年	2021年
阿拉伯国家		**8.0**	**8.0**	**8.0**	**8.1**	**4.6**	**4.7**	**4.8**	**4.9**
GCC成员国		3.9	3.9	3.9	3.9	1.1	1.1	1.2	1.2
非GCC成员国		12.3	12.3	12.3	12.3	3.5	3.5	3.6	3.7
	总劳动力利用不足率(LU4)，2008—2021年(%)					劳动力利用不足总人口(LU4)，2018—2021年(百万人)			
	2008—2017年	2018年	2019年	2020年	2021年	2018年	2019年	2020年	2021年
阿拉伯国家		**17.3**	**17.3**	**17.3**	**17.4**	**10.6**	**10.9**	**11.2**	**11.5**
GCC成员国		9.7	9.6	9.6	9.7	2.9	3.0	3.0	3.1
非GCC成员国		24.6	24.6	24.6	24.7	7.7	7.9	8.1	8.4
	未就业且未接受教育或培训的青年占比，2008—2021年(%)					未就业且未接受教育或培训的青年人口，2008—2021年(百万人)			
	2008—2017年	2018年	2019年	2020年	2021年	2018年	2019年	2020年	2021年
阿拉伯国家		**34.0**	**34.2**	**34.3**	**34.5**	**9.7**	**9.8**	**9.8**	**10.0**
GCC成员国		15.9	16.0	16.2	16.2	1.2	1.2	1.2	1.2
非GCC成员国		40.6	40.5	40.4	40.7	8.5	8.6	8.7	8.8
	就业增长，2008—2021年(%)					劳动生产率增长，2008—2021年(%)			
	2008—2017年	2018年	2019年	2020年	2021年	2018年	2019年	2020年	2021年
阿拉伯国家		**2.2**	**2.4**	**2.4**	**1.9**	**−0.6**	**−1.2**	**0.4**	**1.1**
GCC成员国		1.8	2.4	2.1	0.8	0.1	−1.7	0.3	1.7
非GCC成员国		2.7	2.4	2.6	3.0	−2.2	0.4	1.2	1.2
	极端和中等工作贫困率，2008—2021年(%)					极端和中等工作贫困人口，2008—2021年(百万人)			
	2008—2017年	2018年	2019年	2020年	2021年	2018年	2019年	2020年	2021年
阿拉伯国家		**15.4**	**15.4**	**15.2**	**15.2**	**8.1**	**8.3**	**8.3**	**8.5**
GCC成员国		0.2	0.2	0.2	0.2	0.1	0.1	0.1	0.1
非GCC成员国		32.5	32.6	32.0	31.7	8.0	8.2	8.3	8.5

注：中等和极端工作贫困率分别指家庭人均日收入或日消费介于1.90~3.20美元和不足1.90美元（均按购买力平价计算）的工作者的占比。“GCC成员国”指海湾合作委员会成员国，包括巴林、科威特、阿曼、卡塔尔、沙特阿拉伯和阿联酋。“非GCC成员国”包括伊拉克、约旦、黎巴嫩、巴勒斯坦被占领土、叙利亚和也门。

资料来源：ILOSTAT，国际劳工组织模拟估算，2019年11月。

性的安排（Alvaredo, Assouad and Piketty, forthcoming; Kapiszewski, 2006; ILO, 2016b）。值得注意的是，卡塔尔已宣布将改变立法，不再在其国内实行卡法拉制，并加强了移民工作者的权利（ILO, 2019h）。

阿拉伯国家也是全球难民人口和国内流离失所者最多的地区。比如，约旦、黎巴嫩和巴勒斯坦被占领土目前的难民超过100万人（ESCWA, 2019a）。这给医疗和教育体系、社会保障计划以及基础设施带来了沉重的压力。在一些国家，大量难民从事的大都是本土工作者不愿做的低报酬非正规工作（如在约旦的叙利亚难民）。在其他情况中，随着劳动力供应的增加，本土工作者和难民的工作条件均会出现恶化（如在黎巴嫩；具体请见ESCWA, 2018）。

关于女性的处境，由于其极低的劳动力参与率，导致该地区的整体劳动力参与率比全球其他地区要低。尽管随着时间的推移，女性劳动力参与率已经得到了提高，但是这种变化过于缓慢，无法弥合巨大的性别差距（ILO, 2017a）。2019年，该地区的女性劳动力参与率仅为18.0%，比男性低59.6个百分点。值得注意的是，根据盖洛普的调查数据，阿拉伯国家63.2%的女性都更愿意工作，这表明即便女性希望获得有偿工作，但又由于重重阻碍而无法工作（ILO, 2019a）。

该地区的教育水平有所提高，尤其是女性的受教育程度，目前完成高等教育的女性比例已经上升（ESCWA, 2019a; ADP, 2019）。然而，该地区存在严重的技能错配问题，这在一定程度上是因为该地区的结构转型力度不够，私人部门提供的高附加值工作有限，而后者对受教育程度越来越高的女性颇具吸引力。另一方面，公共部门的工作尽管对女性依然有较大的吸引力，但这种机会正变得越来越少。其他阻碍因素还包括行动受限、人身安全问题，以及对女性就业和在劳动力市场及社会其他领域实现性别平等的文化阻力（ESCWA, 2019a; ILO, 2019a）。

2019年，阿拉伯国家未就业且未接受教育或培训的青年占比依然居高不下：在海湾合作委员会成员国中，该比例为16.0%，而在非海湾合作委员会成员国中，该比例高达40.5%。根据国际劳工组织预测，未来两年，这类青年的占比不会发生重大变化。这说明了一个严重问题，即该地区未能为不断增加的青年劳动力创造足够的工作机会（ESCWA, 2019a）。然而，这些总量数据却掩盖了严重的性别差距问题。2019年，该地区未就业且未接受教育或培训的青年女性占51.9%，而同类男性青年仅占17.8%。造成女性劳动力参与率有限的一个主要原因是无报酬看护工作的分配严重不均。在男女扮演的角色方面，该地区强调女性主要负责照料家人，而男性主要负责赚钱养家。事实上，阿拉伯国家是全球女性全职从事无报酬看护工作比例最高的地区，达到59.9%（具体探讨见ILO, 2019a）。而相关公共服务的缺乏以及照护经济（care economy）的不发达使女性更加难以实现其职业梦想（ESCWA, 2019b）。

第四节　亚洲和太平洋地区

经济发展概况和劳动力市场重要指标

贸易紧张和政治不确定性的加剧，以及外部需求的进一步疲软，给亚洲和太平洋地区的经济增长带来了不利影响，经济增速从2018年的5.1%降至2019年的4.6%。尽管如此，亚洲和太平洋地区仍是全球增长最快的地区。在不远的将来，地区内部和地区之间持续的贸易紧张预计将使所有次区域的经济增长预期远远低于过去十年的平均水平。由于结构性因素的影响，中国的经济增长预计将进一步放缓，从而抑制对该地区其他国家工业生产资料的进口需求。随着欧洲和北美一些发达经济体的经济增速也开始放缓（或进一步放缓），对亚洲和太平洋地区的商品和服务的外部需求将出现回落，这将对该地区的经济活动带来不利影响。

除此之外，亚洲和太平洋地区的失业率普遍保持平稳。2019年的失业率为4.4%，仅比上年略有上升（见表2.4）。从次区域来看，南亚的失业率最高（5.4%），[①]其次是东亚（4.1%）、东南亚和太平洋地区（3.1%）。该地区的劳动力利用不足率保持稳定，2019年为10.3%，预计未来不会出现变化。该地区的就业人口比仍位列全球第一，而劳动适龄人口虽正向增长，但增速却不断放缓。预计未来该地区的就业增长率将大致与其劳动适龄人口增长率保持一致。

① 该数字包含对印度的失业率估算，而该估算与之前的估算存在巨大差异，造成差异的原因是采用了2017/2018年引入的新调研方法论。

和世界其他地区一样，亚洲和太平洋地区的青年同样面临就业难的问题。2019年，该地区未就业且未接受教育或培训的青年占比达到24.3%，而2018年为23.9%（见表2.4），位居世界前列，造成如此高占比的主要原因是南亚。在南亚，青年女性上大学或就业的机会仍有限：在该次区域，未就业且未接受教育或培训的青年女性超过8100万人，占比达48.8%。在整个地区，未就业且未接受教育或培训的青年男女接近1.61亿人。未来，在该地区所有次区域，未就业且未接受教育或培训的青年占比将进一步上升。

由于缺乏充足的社会保障和完善且积极的劳动力市场政策，该地区的工作者不得不接受任何可从事的工作，而不考虑自己能否在岗位上充分发挥自己的禀赋和技能（另请参见ILO, 2018g）。该地区以每个工作者的产出衡量的劳动生产率增速从2018年的4.3%降至2019年的3.9%。这主要是由东南亚和太平洋地区以及南亚国家造成的，包括印度和东盟的部分成员国，这些国家的GDP增长均出现回落。

工作质量差、非正规就业率高仍是亚洲和太平洋地区面临的一大挑战，亟待政府、雇主组织和工作者组织合力解决。尽管该地区的经济在过去数十年取得了快速发展，但2019年该地区的极端工作贫困人口仍达到7910万人，占比为4.2%，而中等工作贫困人口达到2.77亿人，占比为14.6%。尽管工作贫困人口在不断减少，但是那些摆脱贫困的人仍十分容易受到经济冲击的不利影响，从而很有可能再度陷入贫困。[①]优质工作机会的不足使当前的收入与财富不平等进一步恶化（Huang, Morgan and Yoshino, 2019）。

科技进步与城乡差异

全球化、气候变化、科技进步以及人口变化都将影响未来的就业，尤其是在亚洲和太平洋地区。其中，科技进步正在快速改变该地区整体或部分的劳动力市场。许多国家的政府都将与工业4.0和数字化相关的新科技视为未来经济发展的重要支柱，[②]而该地区的民众也往往怀有相同的美好期待（ILO, 2019i）。然而，人们担心当前的数字鸿沟是否会加剧，继而让新科技带来的经济回报仅惠及部分人口。

数字鸿沟可能会发生在多个维度，尤其是在农村和城市之间（Trendov, Varas and Zeng, 2019）。在该地区的部分国家，信息与通信技术基础设施不足，尤其是在农村地区，常常会阻碍新科技的普及（ITU, 2019）。此外，新科技（以及政府扶持政策）会给一些行业和职业带来就业机会和收入，但对其他行业和职业而言却不是这样。由于农村和城市地区行业和职业的分布不同（如高科技生产与服务仍集中在城市地区），新科技的普及对农村和城市劳动力市场产生的效应也不同。

过去数十年，由于内部劳动力迁移的推动，亚洲和太平洋地区经历了快速的结构转型。受高附加值行业和薪水更高职业的就业机会吸引，数百万工作者从农村来到城市。该地区的城市劳动力占比从2005年的36.4%一路稳步增至2019年的47.2%。但是，并不是所有城市移民都能立即找到工作，这一点从2019年5.2%的城市失业率上便可看出，而同年农村的失业率为3.6%，总失业率为4.4%。

亚洲和太平洋地区的农村劳动力市场仍主要由农业主导。2019年，农业就业人口在农村总就业人口中的占比达到51.3%，而其在城市总就业人口中的占比仅为7.0%（见图2.3）。服务业就业人口在农村就业人口中的占比为28.8%，但在城市就业人口中的占比高达60.7%。农村的工业就业率为19.9%，而城市则为32.3%。在该地区所有三个次区域中，农村和城市地区在上述方面的差异十分相似。

在该地区，中等技能和高技能工作者主要集中在城市地区（见图2.3）。2019年，高技能职业工作者在城市就业人口中的占比达到26.0%，而农村仅为8.8%。中等技能职业工作者的占比在农村和城市之间也存在显著差异，分别为55.3%和30.0%。农村地区的大部分就业人口（61.2%）是农、林、渔业技术人员和从事初级职业的工作者。

① 另请参见国际劳工组织《2018年亚太地区就业和社会展望》（ILO, 2018g），而更为具体的分析则可参见2020年的报告（ILO, 即将出版c）。

② 正如国际劳工组织在其报告（ILO, 2019k）中所阐述，“第四次工业革命”或“工业4.0”指新科技，尤其是智能技术在工业行业中的应用。

表2.4

2008—2021年亚洲和太平洋地区及其次区域的失业、劳动力利用不足、未就业且未受教育或培训的青年、就业和劳动生产率增长以及工作贫困的趋势与预测

地区/次区域	失业率，2008—2021年（%）2008—2017年	2018年	2019年	2020年	2021年	失业人口，2008—2021年（百万人）2018年	2019年	2020年	2021年
亚洲和太平洋地区		**4.3**	**4.4**	**4.4**	**4.5**	**85.7**	**87.0**	**88.7**	**90.1**
东亚		4.1	4.1	4.2	4.2	38.2	38.5	39.0	39.4
东南亚和太平洋地区		3.0	3.1	3.2	3.2	10.5	10.9	11.3	11.6
南亚		5.3	5.4	5.4	5.4	37.0	37.7	38.4	39.0
	总劳动力利用不足率（LU4），2008—2021年（%）2008—2017年	2018年	2019年	2020年	2021年	劳动力利用不足总人口（LU4），2018—2021年（百万人）2018年	2019年	2020年	2021年
亚洲和太平洋地区		**10.3**	**10.3**	**10.3**	**10.3**	**207.9**	**209.5**	**211.5**	**213.2**
东亚		10.0	10.0	10.1	10.1	95.6	95.7	95.9	96.0
东南亚和太平洋地区		9.7	9.8	9.9	10.0	35.1	35.9	36.7	37.5
南亚		10.9	10.9	10.8	10.8	77.1	78.0	78.9	79.6
	未就业且未接受教育或培训的青年占比，2008—2021年（%）2008—2017年	2018年	2019年	2020年	2021年	未就业且未接受教育或培训的青年人口，2008—2021年（百万人）2018年	2019年	2020年	2021年
亚洲和太平洋地区		**23.9**	**24.3**	**24.5**	**24.7**	**158.9**	**160.9**	**162.1**	**163.2**
东亚		16.6	16.7	16.9	17.0	33.2	33.0	32.9	32.8
东南亚和太平洋地区		17.9	18.2	18.4	18.5	20.8	21.1	21.3	21.5
南亚		30.1	30.5	30.7	30.9	104.9	106.9	107.9	108.9
	就业增长，2008—2021年（%）2008—2017年	2018年	2019年	2020年	2021年	劳动生产率增长，2008—2021年（%）2018年	2019年	2020年	2021年
亚洲和太平洋地区		**0.8**	**0.6**	**0.6**	**0.6**	**4.3**	**3.9**	**4.3**	**4.6**
东亚		0.2	－0.2	－0.3	－0.3	5.0	5.1	4.9	5.1
东南亚和太平洋地区		1.6	1.2	1.1	1.1	3.1	2.9	3.2	3.5
南亚		1.2	1.5	1.5	1.4	4.1	2.6	4.3	5.0
	极端工作贫困率，2008—2021年（%）2008—2017年	2018年	2019年	2020年	2021年	极端工作贫困人口，2008—2021年（百万人）2018年	2019年	2020年	2021年
亚洲和太平洋地区		**4.6**	**4.2**	**3.8**	**3.5**	**86.3**	**79.1**	**72.4**	**66.7**
东亚		0.8	0.7	0.7	0.6	7.3	6.7	6.1	5.7
东南亚和太平洋地区		3.4	2.9	2.5	2.2	11.4	10.0	8.8	7.7
南亚		10.3	9.4	8.5	7.8	67.6	62.4	57.5	53.3
	中等工作贫困率，2008—2021年（%）2008—2017年	2018年	2019年	2020年	2021年	中等工作贫困人口，2008—2021年（百万人）2018年	2019年	2020年	2021年
亚洲和太平洋地区		**15.2**	**14.6**	**13.9**	**13.3**	**287.5**	**277.1**	**266.8**	**256.8**
东亚		5.0	4.6	4.3	4.0	44.5	41.1	38.2	35.6
东南亚和太平洋地区		12.6	11.6	10.7	9.9	42.6	39.8	37.1	34.6
南亚		30.6	29.5	28.3	27.2	200.5	196.3	191.5	186.6

注：中等和极端工作贫困率分别指家庭人均日收入或日消费介于1.90~3.20美元和不足1.90美元（均按购买力平价计算）的工作者的占比。

资料来源：ILOSTAT，国际劳工组织模拟估算，2019年11月。

图2.3

2019年亚洲和太平洋地区农村和城市不同行业和技能水平的就业分布

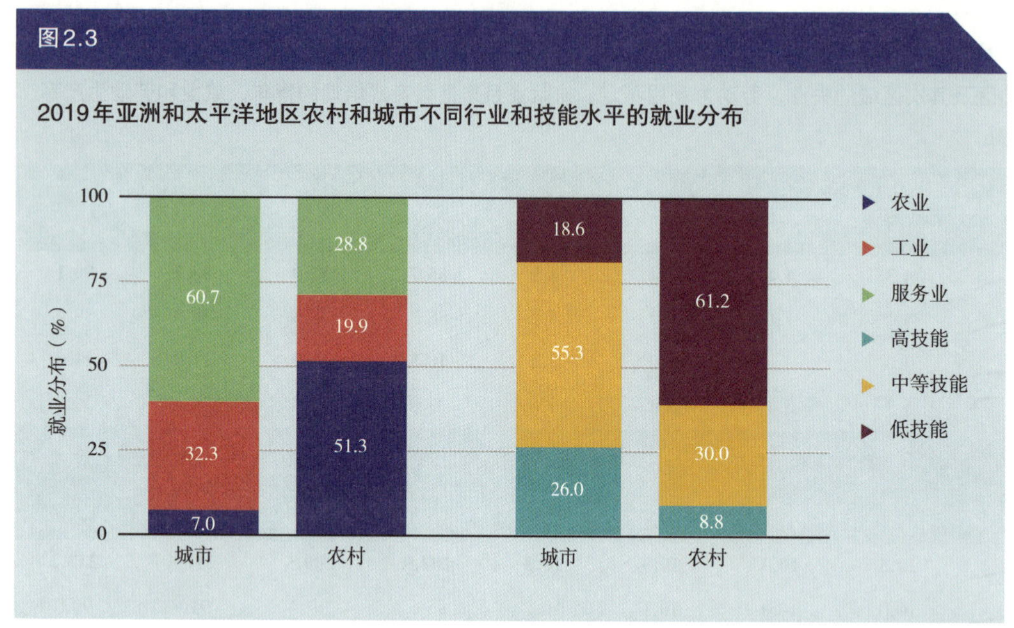

注：高技能职业包括管理人员、专业人员、技术人员和助理专业人员（《国际标准职业分类》中的第1~3大类）。中等技能职业包括文书支持人员、服务和销售人员、手工业者及相关行业工作者、工厂和机器操作员（《国际标准职业分类》第4、5、7、8大类）。低技能职业包括农、林、渔业技术人员和初级职业（《国际标准职业分类》第6、9大类）。

资料来源：ILOSTAT，国际劳工组织模拟估算，2019年11月。

为了让国内劳动力市场为智能技术在工业和服务业的应用做好准备，亚洲和太平洋地区各国政府纷纷将政策和计划的重心放在发展技能（即技术升级）和培育“创新生态系统”上（ILO, 2019i）。该地区多数国家都强调通过现代化的职业教育和培训项目、为具体行业制定“技能路线图”，以及建立技能再培训和技能提升机制来打造高技能劳动力。

上述政策和计划主要针对高技能或至少是中等技能工作者，以及制造业和相关服务业的工作者。这些工作者多数居住在城市地区（见图2.3）。由于农村和城市地区的收入差异，因此从推动科技进步应用的政策中受益最大的主要是生活水平原本就较好的工作者（World Bank, 2013）。培养能够适应第四次工业革命的高技能劳动力是一个富有价值的政策目标。然而，这些政策实际可能会加剧而非减少不平等，特别是农村和城市之间的不平等（ESCAP, 2018）。

新科技带来了新的工作形式，比如数字化劳动力平台，该平台已在该地区许多国家普及。一方面，数字化平台因为高工作强度、低工资以及缺乏明确的雇佣关系而受人诟病。另一方面，这些平台又带来了全新且灵活的创收和就业机会，能够为正在向劳动力市场过渡、无法获得充足社会保障的工作者提供缓冲（Berg et al., 2018）。

然而，通过数字化平台提供的就业机会分布仍不均衡。在该地区的许多国家，农村和城市地区在信息和通信技术基础设施的发展方面存在巨大差异（Salemink, Strijker and Bosworth, 2017）。此外，更为强大的数字化劳动力平台按地区划分就业机会，通常将运输、配送、住宿或其他服务业的就业机会分配给特定地区的工作者，而因为这些平台的属性，这些特定地区往往是人口更为密集的城市地区。尽管这些平台可能会因此有助于降低亚洲和太平洋城市地区的失业率和减少贫困，但是城市工作者比农村工作者更容易通过这些平台获得就业机会的事实意味着，这些平台不太可能为减少该地区因地理位置造成的收入和财富不平等助力。

新科技也可能会造成不同行业工作者之间的差距，因为一些制造业的自动化程度更高。然而，也应注意到，如果产品需求上升或有更多外资生产企业进入该地区，对工作者的需求会因此增加，新增的岗位可能会缓解因自动化造成的岗位流失。

在过去三年，就在总就业人口中的占比而言，机动车和其他交通运输设备已跻身增长最快的行业之列（见图2.4）。电子行业就业人口占比基本保持稳

图2.4

2015—2018年亚洲和太平洋地区制造业子行业就业人口占比变化

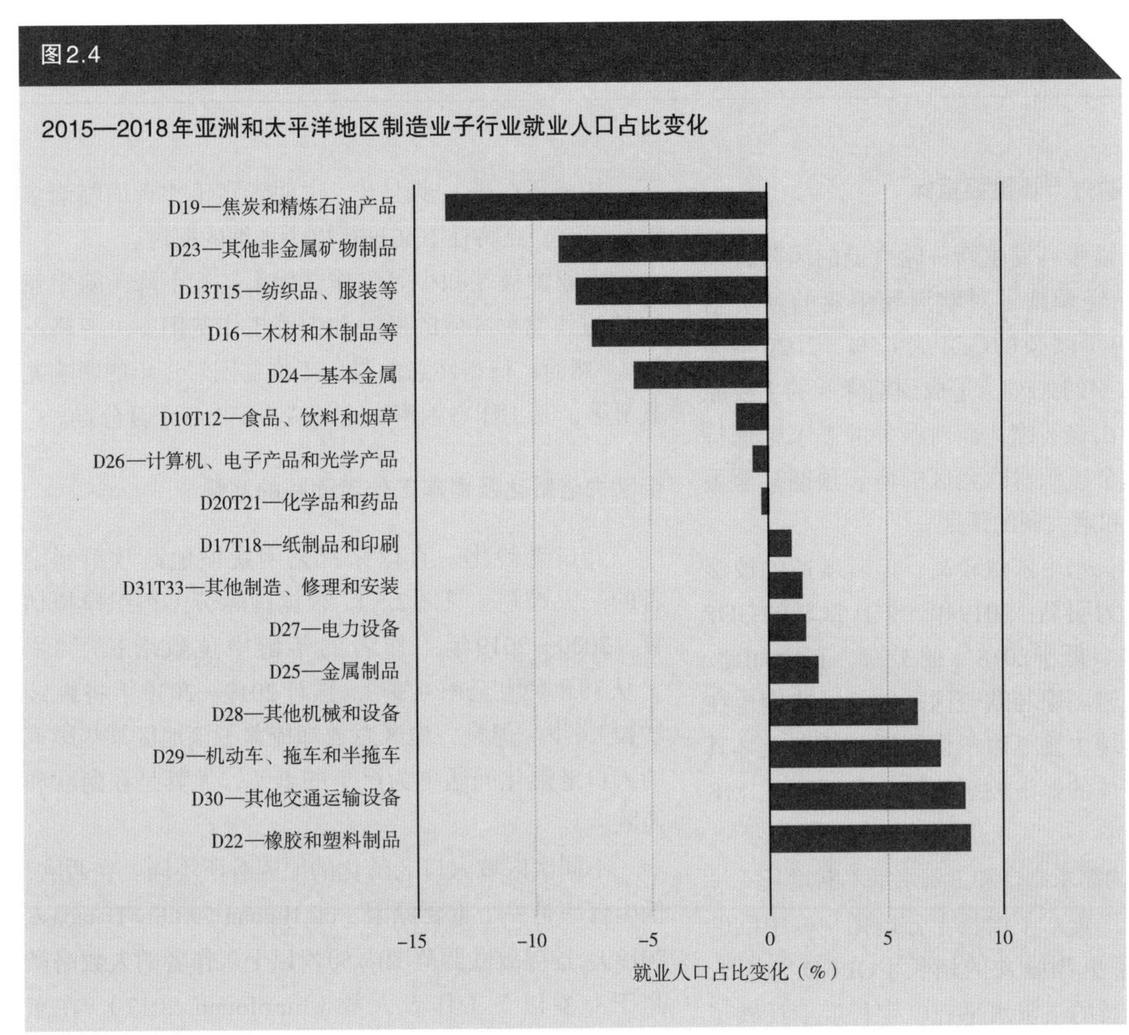

注：具体请见附录3。本图基于《国际标准行业分类》修订本第4版。

资料来源：国际劳工组织基于其微观数据集（Harmonized Microdata collection，https://ilostat.ilo.org）的估算。

定。这些行业的机器人使用率普遍较高（AfDB et al., 2018）。由此可见，技术转型和创新似乎在帮助这些行业提高运营效率，而（暂）未取代劳动力。另外一种解释是，对电子、汽车、火车及其他交通运输设备不断增长的需求足以维持就业人口的增加，即便越来越多的生产相关任务由机器人处理。

在不断萎缩的行业中，纺织品和服装行业是该地区制造业就业人口最多的行业（2018年占总就业人口的3.4%）。到目前为止，机器人在该行业的使用率仍然较低，因为在很多情况下，缝纫机操作员当前的成本结构仍对雇主更加有利。然而，该行业的自动化水平未来是否会提高并使其在总就业人口中的占比持续下降，仍需拭目以待。该行业在2015—2018年间出现萎缩主要是由中国和印度推动的，而在东盟国家，该行业的就业人口占比仍在不断增长。

为了确保科技进步带来的收益能得到更加公平的分配，政策制定者需要平衡其科技和创新战略，重点着眼于改善农村地区的基础设施、增加就业机会、增加投资以及丰富知识。同时，还需采取政策措施和计划，以减轻新科技可能对工作流失或收入不平等造成的负面影响，包括农村和城市之间的差距。

第五节 欧洲和中亚

经济发展概况和劳动力市场重要指标

鉴于全球贸易紧张和发生新一轮衰退的风险，国际货币基金组织已经调低了对欧洲和中亚的经济增长预期。预计2019年欧盟的GDP为1.5%，2020年为1.6%，均低于2018年的2.2%。造成预期降低的主要原因是制造业放缓和出口萎缩，而对服务的需求则保持稳定。国际货币基金组织对欧元区的增长预期甚至更低，尤其是对德国和意大利的预期。

尽管东欧的增长水平依然较高，但其增速的放缓却比其他次区域更为明显：2019年，该次区域的GDP增长预计达到2.2%，低于2018年的3.1%。正因如此，中欧和东欧的非欧盟国家与欧盟国家的趋同速度也在放缓。东欧增长放缓主要是由于俄罗斯联邦、土耳其以及多数欧盟经济体的经济放缓所致（另请参见IMF, 2019a）。

同时，随着国内需求高企和工资水平不断增长——尤其是在匈牙利，工资水平增长十分迅猛——中欧的欧盟成员国实现了更为强劲的增长（OECD, 2019a, 2019b）。而不断增长的工资水平在一定程度上反映了各行业因人口变化（即人口老龄化和低生育率）和向海外移民的双重压力而出现的劳动力短缺。从长期来看，上述变化可能会阻碍增长（Mosler and Calori, 即将出版）。

北欧、南欧和西欧以及东欧的失业率持续下降（见表2.5）。由于德国和荷兰等国的劳动力市场日益收紧，以及不确定性增加、经济增长普遍放缓，就业率的增长正在回落，因此，这一下降趋势预计不久将趋向平稳。该地区就业率增长的扭转说明，危机后的追赶效应正在消散。因此，经济抚养比可能会再次上升（中亚除外）。然而，南欧的就业率增长预计将延续得更久一点。此外，延迟退休也有利于促进就业进一步增长，至少在欧盟是如此（SPC, 2018）。

总劳动力利用不足率远远超过失业率，这一点在北欧、南欧和西欧尤其明显，该次区域2019年的劳动力利用不足率估计达到15.4%。同时，中亚和西亚的失业率不断上升，2019年达到9.4%。在这两个次区域和东欧，未就业且未受教育或培训的青年占比居高不下，甚至还在进一步上升，说明青年工作者面临诸多挑战，这一点将在下文进行更为详细的探讨。

中亚的极端和中等工作贫困率持续下降（除中亚之外的其他次区域的极端和中等工作贫困率可忽略不计）。然而，值得注意的是，工作贫困对青年的影响尤其显著，其工作贫困率一直比成人高1~3个百分点。

劳动力老龄化及青年工作者面临的问题

人口老龄化一直以来都是困扰该地区政策制定者的一大难题（见图2.5）。根据国际劳工组织模拟估算，2000—2019年工作者的年龄中位数增长了3岁（从38.4岁增至41.4岁），预计2019—2030年将继续增长1.6岁。但是，地区总数却掩盖了该地区某些国家的人口老龄化问题更为严重的事实，尤其是在南欧和西欧。

不同次区域人口老龄化的原因有所不同。在西欧，低生育率是一个重要原因（cf. Human Fertility Database, 2019）。这导致欧盟范围内50岁以上工作者的人数略微高于35岁以下工作者人数（Eurofound, 2017）。在东欧，移居海外是一大原因，该次区域移居海外的青年工作者比率十分高。造成移民的原因不仅仅在于来源国和目的国之间的工资差异，还在于对自身职业前景的担忧、自己国家存在不公正和腐败现象、不尽如人意的公共服务，以及移民网络（早期移民为后来的移民提供帮助）（EBRD, 2018）。在南欧，2007年后的经济危机同样促使青年工作者移居海外；同时，南欧各国的人口老龄化率也是最高的。但在中亚，人口趋势却完全不同。2000—2019年，该次区域的劳动力年龄中位数相对稳定（见图2.5）。随着当前大量青年进入劳动力市场，中亚各国在未来数十年将面临更为严峻的劳动力老龄化问题（近期进入劳动力市场的庞大的青年群体堪比西欧的“婴儿潮”一代）。因此，2030年，中亚劳动力的年龄中位数预计将达到39.2岁，比2019年增加了2.6岁。

人口老龄化和经济抚养比的相应上升至少会带来四大挑战。第一，由于养老金领取者人数和养老金平均领取年限都在增长，保证充足的养老金储备正变得日益困难。在欧盟国家，享受退休生活的时间已经达到工作年限的51%，且预计还将进一步增长（SPC，2018）。第二，随着养老金支出的持续增加和劳动力的不断萎缩，单位劳动力成本必将增加，从而带来更为沉重的工资压力，并可能削弱国际竞争力。第三，对竞争力的拖累可能会抑制内需，降低养老金金额，进而进一步破坏经济增长。第四，人口的快速老龄化会催生为老年人提供看护和其他服务相关的经济转型新需求，这同时也能带来就业增长的新机会（另请参见Harasty and Ostermeier，即将出版）。

表2.5

2008—2021年欧洲和中亚各次区域的失业、劳动力利用不足、未就业且未受教育或培训的青年、就业和劳动生产率增长以及工作贫困的趋势与预测

次区域	失业率，2008—2021年（%）					失业人口，2008—2021年（百万人）			
	2008—2017年	2018年	2019年	2020年	2021年	2018年	2019年	2020年	2021年
北欧、南欧和西欧		7.6	7.0	6.9	6.9	16.8	15.6	15.3	15.4
东欧		5.1	4.9	4.7	4.8	7.4	7.0	6.7	6.7
中亚和西亚		8.2	9.4	9.2	9.3	6.4	7.4	7.3	7.5
	总劳动力利用不足率（LU4），2008—2021年（%）					劳动力利用不足总人口（LU4），2018—2021年（百万人）			
	2008—2017年	2018年	2019年	2020年	2021年	2018年	2019年	2020年	2021年
北欧、南欧和西欧		16.0	15.4	15.3	15.4	37.3	35.9	35.6	35.8
东欧		7.9	7.7	7.6	7.6	11.7	11.3	11.0	11.0
中亚和西亚		15.9	17.0	16.9	17.0	12.9	14.0	14.0	14.3
	未就业且未接受教育或培训的青年占比，2008—2021年（%）					未就业且未接受教育或培训的青年人口，2008—2021年（百万人）			
	2008—2017年	2018年	2019年	2020年	2021年	2018年	2019年	2020年	2021年
北欧、南欧和西欧		10.8	10.5	10.6	10.8	5.3	5.2	5.2	5.3
东欧		13.6	14.2	14.8	15.4	3.9	4.0	4.1	4.3
中亚和西亚		21.2	22.2	22.0	22.1	6.1	6.3	6.2	6.3
	就业增长，2008—2021年（%）					劳动生产率增长，2008—2021年（%）			
	2008—2017年	2018年	2019年	2020年	2021年	2018年	2019年	2020年	2021年
北欧、南欧和西欧		1.5	0.7	0.2	-0.2	0.4	0.5	1.3	1.7
东欧		0.3	-0.7	-0.8	-1.0	2.8	2.9	3.1	3.4
中亚和西亚		1.9	0.0	1.3	0.8	1.2	1.8	2.1	2.6
	极端和中等工作贫困率，2008—2021年（%）					极端和中等工作贫困人口，2008—2021年（百万）			
	2008—2017年	2018年	2019年	2020年	2021年	2018年	2019年	2020年	2021年
中亚和西亚		10.0	9.6	9.0	8.5	7.1	6.8	6.5	6.2

注：中等和极端工作贫困率分别指家庭人均日收入或日消费介于1.90~3.20美元和不足1.90美元（均按购买力平价计算）的工作者的占比。根据上述定义，北欧、南欧和西欧以及东欧的工作贫困率可以忽略不计，因此表中没有这两个次区域的工作贫困率。

资料来源：ILOSTAT，国际劳工组织模拟估算，2019年11月。

图2.5

2000年、2019年和2030年欧洲和中亚各次区域的劳动力年龄中位数估算及预测

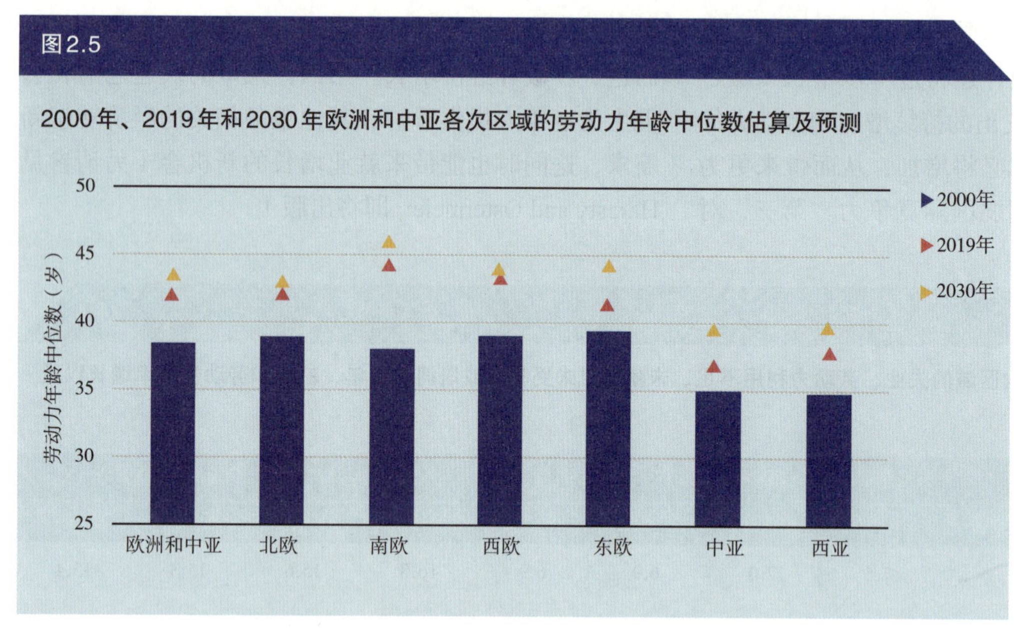

资料来源：ILOSTAT，国际劳工组织模拟估算，2019年11月。

人口的变化意味着青年工作者在社会和经济方面正扮演着越来越重要的角色——比如，他们缴纳社保。然而，大量青年在劳动力市场仍面临困境。相关经济社会的不确定性影响了他们对生活的选择和消费模式，甚至也影响了社会凝聚力和经济的长期运行。2007—2008年的金融危机加剧了青年在劳动力市场的不利地位，增加了其从学校向社会过渡的难度，降低了提供给青年的工作质量，并推高了青年失业率（Elder et al., 2015）。

青年工作者的不安全感一部分源自向非标准就业形式的大规模转移。尽管标准雇佣关系①仍是整体就业人口的主要选择，但自危机以来，其在该地区多数国家的相对重要性已然下降，究其原因，也与21世纪早期以来的技术和劳动力市场监管的变革息息相关。这种转移深深影响了青年工作者，而他们从事临时工作、随传随到临时工作、隐蔽性自雇和兼职工作的比例极高（Eurofound, 2017; ILO, 2017c; O' higgins, 2017）。

尤其是临时性就业给大量青年造成了很大影响，特别是北欧、南欧和西欧地区的青年。就整个欧盟地区而言，青年工作者的临时性就业率已从2007年的41.4%上升至2018年的43.5%。有些国家的增幅尤甚：在意大利，15~24岁青年的临时性就业率从2007年的42.2%飙升至2018年 的64.0%（OECD, 2019c）。此外，2000—2018年，青年工作者的临时性就业率增长了6.9个百分点，而在正值壮年的工作者中（25~54岁），该比率同期仅增长了2.7个百分点（2018年为12.1%，远低于青年）。

目前尚未获得按年龄划分的青年工作者（15~24岁）的数据，但针对25~39岁工作者的现有数据表明，自2011年以来，在多数欧盟国家，这些工作者从临时性就业过渡至长期就业的可能性均已下降，这种情况在一些波罗的海国家和中欧国家尤其明显（Eurostat, 2019）。此外，根据欧洲改善生活和工作条件基金会（Eurofound, 2017）的研究，每5个青年临时工作者中就有1个担心在未来6个月内失去工作。尽管东欧和中亚的临时性就业问题不太严重，但这在一定程度上是因为这些次区域的就业保障法律普遍不太严谨，模糊了长期就业与临时性就业之间的区别，进而掩盖了工作保障问题。

上述变化令人担忧，因为相对于长期工作者，处于非标准就业形式的工作者面临诸多不利，比如收入更不稳定、时薪更低，存款微薄的工作者将因此面临更大的经济和社会风险（ILO, 2016c; Rokicka and Kłobuszewska, 2016）。此外，随着不稳定情况的日益加重，其负面后果可能会波及那些并未受到直接影响的人。通常雇主可以通过长期合同吸引和留住人才，

① 非标准就业包括临时性就业（如固定期限或基于项目的合同）、兼职和随传随到临时工作、劳务派遣工作和其他多方雇佣关系、隐蔽性就业，以及依赖性自雇就业（具体内容请参见ILO, 2019j）。

从而提高生产率、降低人才流失率和培训成本。如果可以留住员工，雇主也更有可能从培训投入中获得回报（OECD, 2019d）。当然，应该注意的是，长期合同的好处并不会自动产生：能从中受益的往往是具备长期业务前景的行业，比如制造业（ILO, 2015b）。

除了就业质量以外，还须审视未就业且未接受教育或培训的青年占比，这一点也十分重要。尽管在整个地区层面，未就业且未接受教育或培训的青年占比已经下降，但各次区域之间却相差甚大。在北欧、西欧和东欧，劳动力市场的完善是推动这一比例下降的主要原因。相比较而言，在南欧，2019年未就业且未接受教育或培训的青年占比达到16.4%，高于2007年的15.7%。在中亚，每5个青年中就有近1个青年处于未就业且未接受教育或培训的状态。

经济不活跃人口与未就业且未接受教育或培训的青年占比居高不下，反映了该地区多数国家的青年从学校向社会过渡的质量在不断恶化（如可参见Hadjivassiliou et al., 2016）。这一问题甚至影响到该地区那些接近充分就业的国家，比如维谢格拉德集团四国（捷克、匈牙利、波兰、斯洛伐克），在这些国家，未被发掘的青年劳动力可以大大缓解劳动力短缺的问题，而劳动力短缺已经给经济增长带来了阻碍（Mosler and Calori, forthcoming）。造成上述情况的主要原因，一方面是技能差距与错配，另一方面是工作条件的吸引力不足，特别是初级工作。此外，地域错配也是原因之一（EU, 2015）。

第三章

通过劳动收入评估不平等

劳动收入是人们通过工作（包括提供有偿劳动或自雇工作）赚得的收入。经济学家将其与资本收入进行了区分，后者是资产（如土地、机器、建筑物或专利）所有者从其财产中获取的回报。2019年，全球15岁以上就业人口占比达到57.4%，其中多数人的主要收入来源是通过工作赚得的收入。因此，劳动收入影响着全球约33亿工作者（及其家庭）的生活水平。

从宏观经济层面来看，一个重要的相关指标是劳动收入占比，即劳动收入在国民收入中的占比（其余归资本持有者所有）。考虑到资本收入大部分归富人所有，作为衡量不平等指标的劳动收入占比受到广泛关注，因为其反映了工作者共享本国经济发展成果的程度（ILO, 2018h）。该指标也可衡量联合国可持续发展目标10“减少国家内部及国家之间的不平等”的进展，因为其为评估全球劳动力市场发展状况与不平等趋势之间的关系提供了一种方法。

尽管该指标及其用途引发了各界的广泛兴趣，但直到最近我们才获得了对大多数国家劳动收入占比的可靠且国际间可比的估算。导致数据长期不足的主要原因是劳动收入并不全是员工的收入。既定国家的劳动总收入不仅包括员工工资这一相对容易计算的部分，还包括自雇工作者的部分收入，而后者的收入既包括直接劳动所得，也包括所持资本的回报。自雇工作者的劳动收入可以根据有关工作者收入及其他特征的微观数据进行估算，这个过程需要大量的数据，所以导致其迟迟得不到应用。

在国际劳工组织推出最新且富有创新意义的方法论之前，全球可持续发展目标指标数据库中的劳动收入占比估值主要是高收入国家的数据。此外，由于数据不足，早期的研究要么忽略自雇工作者的收入，导致劳动收入占比常常被显著低估，要么基于笼统且往往未经测试的经验法则对自雇工作者的收入进行估算（见专栏3.1）。由于全球工作者中近一半是自雇工作者，且多数低收入国家的该比例远高于这一水平，不把自雇工作者的劳动收入计算在内大大降低了该指标在国际对比和全球监控中的作用。在过去一年，国际劳工组织投入了大量精力进行数据的收集和建模工作，终于成功弥补了劳动收入占比指标的诸多缺陷。值得一提的是，自雇工作者的劳动收入目前根据微观数据进行估算。有学者（Young，1995）率先进行了方法论延伸研究，基于特征相似的雇员的工资，对自雇工作者的劳动收入进行估算。①

该方法论也首次使对劳动收入分配进行估算成为可能。有关总收入分配的数据，尤其是中等收入和高收入国家的数据，最近引发了广泛的关注（Piketty, Saez and Zucman, 2018）。同样地，支出分配数据也被用于估算发展中国家的贫困水平（Chen and Ravallion, 2010）。相较于劳动收入占比，国际研究往往忽略对劳动收入分配的探索。本报告中的国际劳工组织最新估算以劳动收入而非总收入（资本和劳动收入之和）或支出为核心，此举弥补了上述不足。该方法有两大优点。第一，揭示了关于不平等和贫困的许多争论与工作领域息息相关，比如工作两极化、最低工资、新的工作形式和“零工经济”等主题。直接从劳动收入的分配入手，可以使对上述主题的分析变得更加简单。比如，评估零工经济的影响时，强调自雇工作者的劳动收入比强调整体经济不平等更具指导意义。第二，劳动收入分配的最新估算采用了此前尚未开发的数据来源，这在全球不平等研究中尚属首次，即劳动力调查微观数据。②该数据的来源合理地覆盖了所有类别的国家，而不像其他数据来源那样没有充分覆盖低收入国家（就总收入数据而言）或高收入国家（就支出数据而言）。

本章提供了国际劳工组织对劳动收入占比和劳动收入分配的最新数据，并进行了分析。通过分析，不仅指出了工作领域的重要变化，还揭示了我们当前对不平等的理解中所存在的盲点。重要的分析结果如下文所述。

全球劳动收入占比在2004—2017年大幅下跌，但2008—2009年这一跌势暂时得到扭转，因为在经济衰退中，工作者的薪酬往往比资本收入下降得更慢。上述趋势主要由欧洲、中亚和美洲地区所推动。由于最新估算的时间跨度相对较短，本报告中的劳动收入占

① 有关该方法论的全部信息，请参见国际劳工组织（ILO，2019k）。

② 劳动力调查微观数据包括来自劳动力调查的微观数据，以及来自使用劳动力模块的家庭调查的微观数据。

比跌幅较小，但对经济的影响甚大。此外，在高收入国家，劳动收入占比下降的一个主要原因是自雇工作者的平均劳动收入不断下降。这与新工作形式破坏自雇工作者挣钱能力的情景相一致。

全球劳动收入分配严重不均。2017年，位于前十分位的工作者的月收入为7475美元（按购买力平价计算），而位于后十分位工作者的月收入仅为22美元（按购买力平价计算）。此外，在工资级别最低的工作者中，近半数工作者的平均月薪为198美元（按购买力平价计算）。但令人鼓舞的是，在过去13年，受中印两国推动，经济趋同使全球劳动收入不平等情况有所缓解，即便这两个国家国内的不平等状况并未有效改善。此外，同期各国国内的劳动收入不平等情况普遍没有变化。

劳动收入分配可以有效替代总收入分配，成为研究低收入国家不平等状况的新工具。但这些国家并非都有收入分配数据，这意味着对不平等的早期研究必须用支出数据替代。从这一分析中，我们获得了两个新发现。第一，该数据说明，尽管普遍认为中产阶层和中上阶层的收入占比较稳定，不受所在国平均收入的影响（Palma, 2011），但在低收入国家，这些群体的收入占比可能远远低于更为发达的经济体。第二，用低收入国家的支出分配数据替代收入分配（国际不平等研究中的常用方法）会严重低估不平等的严重性。因此，全球收入的不平等状况可能比之前假设的情况更为严重。

本章的结构划分如下：首先概述有关劳动收入占比和分配的国际劳工组织新数据集，并强调将自雇工作者的劳动收入纳入考量的重要性；之后提供国际劳工组织对全球和地区劳动收入占比及分配的估算；最后研究基于新数据集的劳动收入不平等估算，并将早期研究对低收入国家不平等状况的低估程度纳入考量。

第一节　基于国际劳工组织微观数据集的劳动收入占比和分配估算

自葛林（Gollin，2002）的研究以来，人们便清楚地认识到正确估算劳动收入占比并非易事。其中主要的问题在于如何衡量自雇工作者的劳动收入。由于自雇工作者在总就业人口中的占比和国民收入水平呈负相关关系，上述衡量问题在发展中国家尤其棘手。然而，即便是在高收入国家，必须将自雇工作者纳入考量已成为共识，而随着自动化水平的提高和零工经济的扩张，这一共识更加深入人心。在国际劳工组织推出新数据集之前，对劳动收入占比的估算要么忽略自雇工作者的收入（即工资占比估算），要么采用经验法则法（见专栏3.1）。

国际劳工组织的劳动收入占比和分配数据集以全新的方法论为基础，具体可见国际劳工组织相关报告（ILO，2019k）。该方法论以G3方法（见专栏3.1）为基石，但并未假设自雇工作者相对于雇员的平均劳动收入，而是基于微观数据对其相对收入进行了估算。在实证文献中，基于微观数据估算自雇工作者的劳动收入常常被视为最佳实践，除非数据不足，尤其是缺乏足够多国家的一致且可比的劳动力调查微观数据，从而无法在国际层面进行估算。杨（Young，1995）基于雇员的工资创建了一个相对工资，并根据经济活动、性别、年龄和受教育程度，对中国香港、韩国和新加坡这三个经济体的自雇工作者的收入进行估算。尽管这项研究意义重大，但对劳动收入占比的其他所有国际估算仍采用的是经验法则法。就在三年前，有学者在认可世界缺乏基于全球微观数据的自雇工作者相对工资估算这一观点的基础上发现，“理论上最令人信服的方法就是基于对各国微观数据记录的匹配的程序”（Cho, Hwang and Schreyer, 2017, p. 12）。

专栏3.1

采用经验法则法估算劳动收入占比

基于国民账户体系（SNA）的数据，很容易计算得出工资占比：

$$\text{工资占比}=\frac{\text{雇员报酬}}{GDP}$$

“雇员报酬”指雇员在一定的会计期间从其为生产所付出的贡献中获得的总收入，包括工资和薪酬以及工资和薪酬的补充收入。为避免自雇工作者的劳动收入被排除在工资占比之外，常见的做法是基于经验法则，对自雇工作者的收入进行假设。最常见的经验法则分为两类：葛林第一方法（G1）和葛林第三方法（G3）。

G1方法根据国民账户体系的数据来修正工资占比。最常见的方法是根据混合收入，即非公司组织企业的收入，来衡量自雇工作者的收入：

$$G1\text{劳动收入占比}=\frac{\text{雇员报酬}+\theta\times\text{混合收入}}{GDP}$$

系数θ代表自雇工作者的劳动收入占比。针对θ的大小，目前已提出了几个值，包括2/3，或能使占比等于雇员占比的值：

$$\theta=\frac{\text{雇员报酬}}{GDP-\text{混合收入}}$$

ONS（2018）、卡拉巴波尼斯和尼曼（Karabarbounis and Neiman，2014），以及费恩斯特拉、英科拉尔和提马尔（Feenstra, Inklaar and Timmer，2015）等普遍采用G1方法。

与G1方法不同的是，G3方法根据自雇工作者人数（或自雇工作者子集）来修正工资占比：

$$G3\text{劳动收入占比}=\frac{\text{雇员报酬}}{GDP}\times\frac{\text{雇员占比}+\gamma\times\text{自雇工作者占比}}{\text{雇员占比}}$$

系数γ代表自雇工作者的劳动收入与雇员的劳动收入之间的平均比率。该系数通常假设为1，但也有人针对发展中经济体提出了更低的值。欧盟委员会年度宏观经济（AMECO）数据库、国际货币基金组织（IMF，2017）以及范·特雷克（van Treeck，2017）采用的是G3方法。

经验法则运算简便，可以用来估算多数国家的情况。然而，估算结果在很大程度上取决于所做的假设，而这些假设不考虑不同国家的重要国情，尤其是θ或γ的值。

基于国际劳工组织的微观数据集（ILO Harmonized Microdata Collection），可以对调整后的劳动收入占比进行可靠的国际估算[①]。这一微观数据集包括150多个国家的劳动力调查微观数据，这些数据都根据国际劳动统计学家大会确立的标准经过了系统化处理。借鉴这些数据，国际劳工组织（ILO，2019k）采用杨（Young，1995）的方法论，考虑到自雇工作者的可观测特征及其与雇员之间的对比，估算自雇工作者的相对劳动收入。同时，还利用回归分析估算相关变量对雇员劳动收入的影响，比如经济部门、职业、教育和年龄。根据对雇员劳动收入与解释变量间的相互关系的估算，推算出自雇工作者的劳动收入。同时，国际劳工组织还对杨（Young，1995）的方法进行了延伸，在国际劳工组织的报告（ILO，2019k）中，通过修正步骤减少选择性偏差对自雇工作者劳动收入的影响（有关该方法论的具体说明，请参见该报告）。最后，将雇员和自雇工作者（即全部从业者）的劳动收入相加，得出总劳动收入。

国际劳工组织直接估算了95个国家的劳动收入占比，并推导出了另外94个国家的劳动收入占比。因此，除了2004—2017年间地区和全球总数之外，目前共有189个国家的相关数据[②]。而就国际劳工组织这一新数据集中的直接估算而言，其涵盖的国家数量是之前可持续发展目标指标全球数据库中国家数目的近两倍。此外，对国际劳工组织最新估算的分析显示，之前的估算存在严重偏差。

从两个差异甚大的国家（印度和美国）入手，考量估算结果具有指导意义。图3.1呈现了衡量劳动收入占比（工资占比）的一个未经调整的指标，以及三个调整后的指标：其中一个由葛林（Gollin，2002）提出，该指标假设自雇工作者的平均收入与雇员的平均收入持平；第二个指标由范·特雷克（van Treeck，2017）提出，该指标假设自雇工作者与雇员的相对工资比例固定，为雇员工资的2/3；第三个指标由国际劳工组织（ILO，2019k）提出。

从图3.1中可以获得几个重要的发现。图3.1中的左图清晰地显示，即便是在美国这样的发达国家，G3方法所做的假设也与国际劳工组织（ILO，2019k）从微观数据中获得的证据不符。G3方法假设，自雇工作者与雇员的相对工资比例为1，然而证据却显示前者明显高于后者。比如，2016年，未经调整的劳动收入占比为53.7%，G3方法得出的占比是57.3%，而基于微观数据得出的占比是59.0%。这一点与高收入国家的总体观察结果相符，即自雇工作者的相对工资高于雇员。换言之，存在“自雇工作溢价”（van Treeck, 2017）。自雇工作者包括有雇员和无雇员的企业家，以及高技能专业人员，其工资往往高于雇员。同时，自雇工作者还包括处境相对不利的群体，比如零工经济中的部分工作者。尽管如此，在高收入国家，自雇工作的平均溢价仍十分可观，正如其对经过调整的劳动收入占比的影响所示。该溢价的额外影响导致在G3方法的估算结果中有大约一半需要调整，说明估算高收入国家的相对工资至关重要。此外，就劳动收入占比在时间维度上的变化而言，该影响也十分重要。2005—2016年，G3方法和国际劳工组织指标之间的差距缩小了约20%，说明美国的劳动收入占比降幅比通常所报道的降幅要大。

国际劳工组织对劳动收入占比的估算表明，美国的自雇工作者相对于雇员的收入溢价一直在缩水。这与自雇工作者相对于雇员的劳动收入逐步下降是一致的。

由于其本身设计的原因，经验法则方法未能考虑这种动态变化，而这种动态变化在经历劳动力市场转型的国家中非常普遍，比如包括零工工作在内的新就业形式的出现。尽管不断下降的自雇工作溢价在短期内产生的影响较小，但是在较长的时间跨度内，该趋势会带来严重影响。有证据表明，当前用于发达国家的经验法则方法对劳动收入占比的水平和变化的估算均存在偏差。

① 请见https://ilostat.ilo.org/about/data-collection-and-production/和国际劳工组织（ILO, 2018i）。卢森堡收入研究中心为国际劳工组织的微观数据集补充了两个国家的数据，即德国和美国的数据。

② 要想获得上述全部估算，请见https://ilostat.ilo.org/topics/labour-income/。

图3.1

2005—2016年美国和印度调整前的劳动收入占比和考虑自雇工作者劳动收入的调整后的劳动收入占比

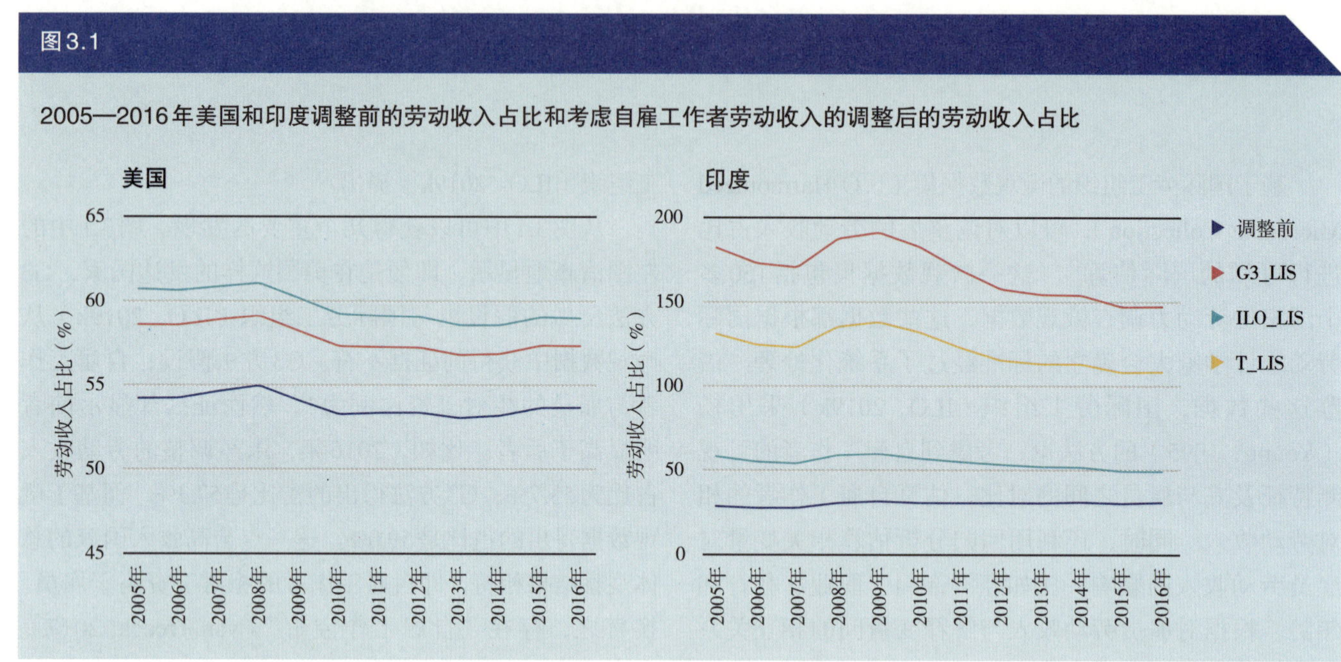

注：图中显示了劳动收入的下述指标：调整前的劳动收入占比（工资占比）；根据葛林（Gollin，2003）第三方法调整的劳动收入占比（“G3_LIS”）；根据范·特雷克（van Treeck，2017）的方法调整的劳动收入占比（“T_LIS”）；以及基于微观数据，采用国际劳工组织（ILO，2019k）的方法调整的劳动收入占比（“ILO_LIS”）。

资料来源：ILO，2019k。

图3.1中的右图显示了衡量印度劳动收入占比的不同指标。认为自雇工作者与雇员劳动收入相当的假设很明显不适用于印度，因为这会使G3方法的估值持续高于100%。然而，即便采用专门针对发展中经济体的经验法则方法，假设自雇工作者的相对工资是雇员工资的2/3（van Treeck, 2017），劳动收入的占比也会超过100%，这一点令人难以置信。尽管美国的例子表明，基于微观数据计算高收入国家的相对工资是十分理想的做法，而印度的例子则说明，对于发展中国家必须采用微观数据。

这些估算令人难以置信的原因显而易见。印度的自雇工作者占比很高（其他许多发展中国家也是如此）；同时，微观数据显示，在印度自雇就业代价（self-employment penalty）也非常高昂（2005年，自营工作者的劳动收入估计约为雇员工资的1/5）。高比例的自雇工作者和严厉的自雇就业罚金正是经验法则方法失灵的原因所在。

第二节　劳动收入占比的变化趋势

全球劳动收入占比普遍下降，但各地情况不一

国际劳工组织的最新估算表明，调整后的全球劳动收入占比从2004年的53.7%下降至2017年的51.4%（见图3.2）。从这个角度来看，如果在此期间劳动收入占比保持不变，而非下降，那么2017年全球工作者的平均年收入将增加820美元（按购买力平价计算）。在2008年和2009年，该趋势得到短暂扭转，资本收入大幅下降，反映了劳动收入占比的逆周期行为。欧洲和中亚地区以及美洲是导致全球劳动收入占比下降的主要推动因素。自2004年以来，美洲的劳动收入占比下降了1.6个百分点，欧洲和中亚地区下降超过2个百分点。2004—2016年，美国的劳动收入占比下降近了3个百分点。[①]

① 在国际劳工组织收集劳动收入占比和分配数据集时，联合国统计署资源库中许多国家的国民账户数据截止至2016年。因此，本章中，2016年常常是国家数据的截止年份。基于我们的方法论，我们推导出了2017年缺失的观察结果，并以总数加以显示。然而，这些估算仅为初步数据，具有很大的不确定性。

图3.2

2004—2017年全球和地区劳动收入占比

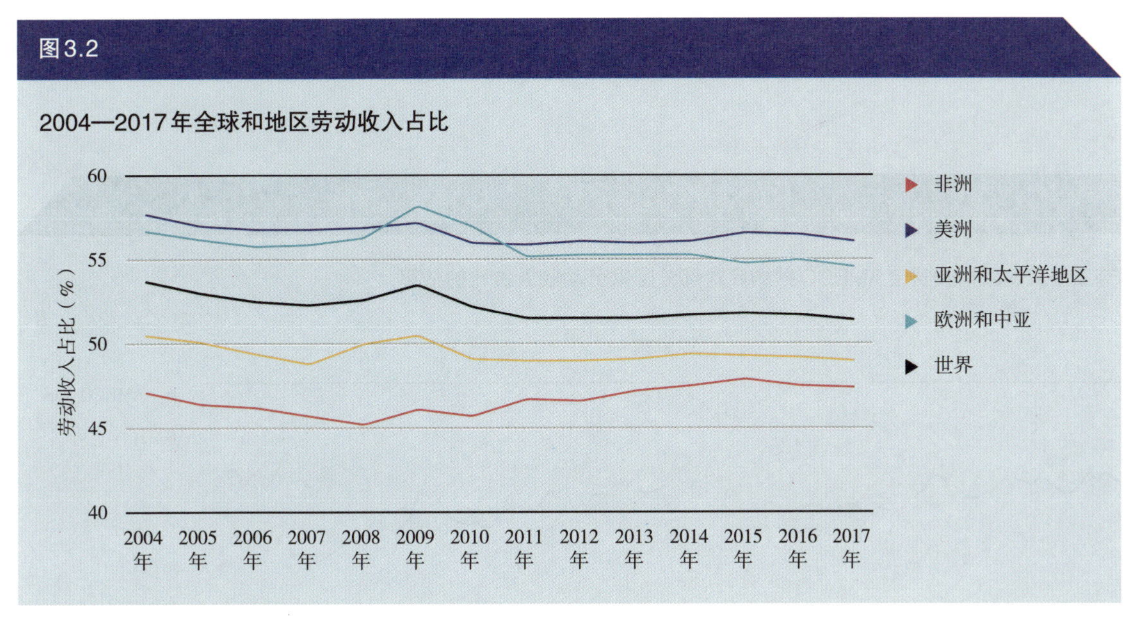

资料来源：ILO，2019k。

相比较而言，巴西展现了更为强劲的上升趋势。墨西哥的降幅超过美国，而加拿大的劳动收入占比则基本保持稳定。对于欧洲国家，尽管2008—2011年出现了逆周期上升，但在2004—2016年，德国、英国、意大利和西班牙的劳动收入占比均大幅萎缩。

亚洲和太平洋地区也同样出现了伴有逆周期行为的长期下降模式，主要是由印度的劳动收入占比推动。但另一方面，非洲似乎并未受到全球劳动收入占比下降的影响：2010年以来，其劳动收入占比一直稳步上升（尽管在所有被考量的地区中，其初始水平最低）。但需要注意的是，亚洲和太平洋地区以及非洲可获得的数据有限，这意味着对这两个地区的估算面临更大的不确定性。[①]地区劳动收入占比的估算区间相对较小，最低为45.2%，发生在2008年的非洲，最高为2009年欧洲和中亚的58.2%。造成分散度不高的一部分原因是对自雇就业进行了调整。

调整前的劳动收入占比与一国的收入水平息息相关。将自雇工作者的劳动收入纳入考量后，这种相关性会减弱，因为经济发展与自雇就业率的降低密切相关。尽管如此，不同地区的收入相关模式仍然有迹可循。调整后的高收入地区的劳动收入占比高于全球水平，反之亦然。

在历史背景下考量劳动收入占比的近期趋势

就国际劳工组织关于劳动收入占比和分配的新数据集而言，局限之处在于时间跨度相对较短，这主要是因为其所依据的各种微观数据集覆盖的时间较短。相比较而言，在广泛使用的欧盟委员会AMECO数据库[②]中，自雇工作者的劳动收入通过G3方法计算得出且多数国家的时间序列较长，尽管覆盖的国家数量较少。因此，通过对上述两个数据库中的估算值进行对比，我们不仅可以从一个更为长期的视角来看待基于国际劳工组织数据集的劳动收入占比的近期演变，而且还可以进一步了解在计算自雇工作者的劳动收入方面，相对于G3方法中使用的经验法则方法，国际劳工组织采用的基于微观数据的方法所具有的优势。

我们已对图3.3中的6个国家进行了上述对比。国际劳工组织的估算显示，从2004年至最近一年，意大

① 对于印度，我们所用的最新微观数据集是2010年的数据，而之后年份的相对工资必须进行推导得出。中国的数据具有自己的特征，我们采用了一个专门的程序步骤将其纳入考量，关于该程序步骤的具体情况请参见国际劳工组织的报告（ILO，2019k）。非洲的国家样本较少，这导致多年来该地区的覆盖面不均衡。由于缺乏阿拉伯国家的数据，我们未对该地区进行估算。但是，阿拉伯国家有两大要素特别值得关注：该地区的微观数据几乎全部缺失，且难以对流动人口进行统计学方面的衡量。在全球189个国家中，我们从95个国家获得了计算相对工资所需的微观数据，按地区划分分别是：非洲54个国家中的22个；美洲33个国家中的22个；阿拉伯12个国家中的1个；亚洲和太平洋地区39个国家中的15个；欧洲和中亚51个国家中的35个。

② AMECO数据库是欧盟委员会经济与金融事务总司的年度宏观经济数据库。

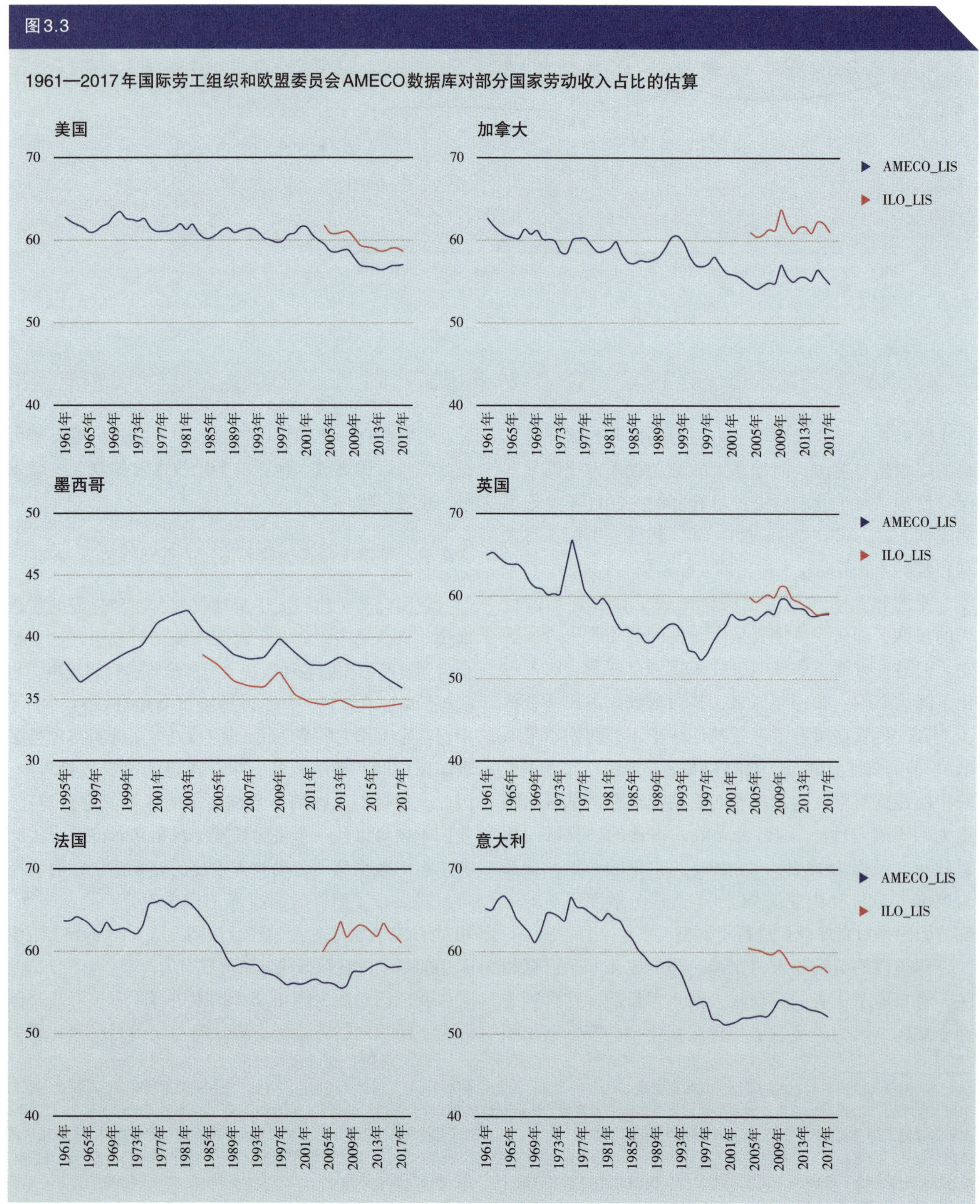

图3.3

1961—2017年国际劳工组织和欧盟委员会AMECO数据库对部分国家劳动收入占比的估算

资料来源：ILOSTAT数据库中的劳动收入占比和分配数据集；AMECO数据库。

利、墨西哥、英国和美国的劳动收入占比均出现了下降。除了墨西哥以外，上述这些国家近期劳动收入占比的下降是对1960年以来整体下降趋势的延续。墨西哥的劳动收入占比远低于图中的其他国家，而在欧盟委员会AMECO数据库中，墨西哥的数据最早始于1995年。该国的净劳动收入占比自1995年以来一直缓慢下降，但2003年之后的降幅尤为明显。相比较而言，国际劳工组织的估算显示，自2004年以来，加拿大和法国的劳动收入占比几乎未变。尽管如此，这些国家的劳动收入占比自1960年以来均经历了长期的大幅下降，近期才得以稳定，这与欧盟委员会AMECO数据库中的估算相同。

对于图3.3中除墨西哥之外的所有国家，国际劳工组织估算的劳动收入占比均高于欧盟委员会AMECO数据库中的估算，这表明自雇工作者的平均收入高于雇员。加拿大自雇工作者的溢价最高，其次是意大利和法国。英美两国自雇工作者相对于雇员的收入溢价明显小得多。2004—2016年，美国自雇工作者的收入溢价下降了50%。英国自雇工作者在国际劳工组织进行估算的早期阶段还存在一定的收入溢价，然而，到2016年，该溢价已完全消失。这些趋势都表明，英美自雇就业的性质正在发生重大变化。即便欧盟委员会AMECO数据库和国际劳工组织的系列数据在个别年份高度相关，但两者之间的对比明确表明，对较长时间内（即便是过去13年间）劳动收入占比的变化进行估算，采用的方法论不同，结果迥然不同。比如，国际劳工组织的估算表明英国和意大利的劳动收入占比大幅下降，而欧盟委员会AMECO数据库的系列估算却说明英意两国的劳动收入占比基本保持不变。

第三节　全球与地区劳动收入分配模式

除了可用来估算劳动收入占比之外，国际劳工组织的新数据集也可用于获取有关劳动力市场动态的其他情况。尤其是，对于每个微观数据集涉及的全部工作者而言，其实际劳动收入均可获得（如果自雇工作者和雇员的数据缺失，则对劳动收入进行推导）。这些数值进而可以用来计算国家、地区和全球层面的总体劳动收入分配情况。这些新的估算为研究劳动收入分配提供了独一无二的机会，同时考虑了自雇就业在上述三个层面发挥的作用。

本节提供了有关劳动收入分配的主要结果，并对全球劳动收入分配以及近期变化进行了分析，重点在于经济趋同对劳动收入不平等变化的影响。即便在过去13年间，全球劳动收入不平等持续缓解，劳动收入的分配仍主要向一小部分工作者倾斜：2017年，位于前十分位的工作者在总劳动收入中的占比几乎达到50%。劳动收入不平等的下降是经济趋同的结果，而经济趋同主要受中印两国强劲的增长所推动。与全球劳动收入不平等不同，各国国内的劳动收入不平等一般都保持稳定。对地区内不平等情况变化的分析则对这些发现提供了补充。数据显示，不同地区的不平等水平差距显著。非洲是不平等情况最为严重的地区，而欧洲和中亚的不平等水平最低。最后，本节对劳动收入分配和人均国民收入之间的关系进行了研究。结果显示，在国家层面，不平等水平随着人均GDP的下降而加剧。

全球劳动收入分配严重不均：位于前十分位的工作者的月收入为7475美元，而位于后十分位的工作者的月收入仅为22美元

2017年，即可获得数据的最近年份，位于全球劳动收入分配前十分位的工作者的平均月收入为7475美元（按购买力平价计算），而位于后十分位的工作者的月收入仅为22美元（按购买力平价计算）。在收入最低的工作者中，50%的工作者的月平均薪酬为198美元（按购买力平价计算）（见图3.4）。换言之，全球收入最高的10%工作者在总收入中的占比接近一半

图3.4

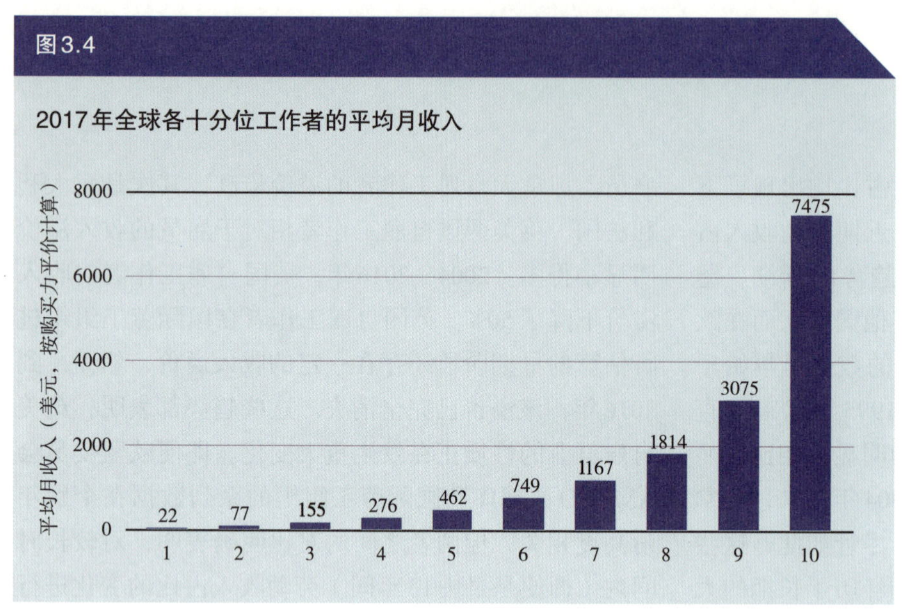

注：柱状体显示每个十分位中每位工作者的平均月收入估算。本图将全球工作者划分为十个规模相同的群组（每个群组大约包括3.2亿工作者），并根据2017年的收入估算进行排名，接着再计算每个群组的平均值，从而得到劳动收入的分配情况。

资料来源：ILO，2019k。

（48.9%），第二个十分位的工作者收入占比为20.1%，而余下80%的工作者的收入仅占总收入的31.0%（见图3.5）。

尽管全球收入不平等情况十分严峻，但需要注意的是，2004—2017年这种不平等水平已然下降。然而，如果将印度和中国排除在外，我们发现同期劳动收入不平等的降幅明显缩水。颇有意思的是，这些发现并未反映出中印两国国内不平等情况的缓解——事实上，数据显示，2004—2017年两国的不平等水平并未出现下降。相反，由于两国的增长非常快，且平均劳动收入的初始水平较低，因此两者的经济趋同直接导致全球不平等水平下降。

各国的经济趋同缓解了全球收入不平等，但在各国国内，平均而言，中产阶层和最低收入者在劳动收入中的占比几乎没有变化

鉴于部分国家的经济趋同对全球劳动收入分配变化带来的影响，将全球劳动收入的分配与仅研究各国国内不平等变化的指标进行对比将十分有用。此举旨在揭示各国的劳动收入分配一般是以何种方式发生变化的。将工作者划分为三个类别——后20%、前20%以及中间的60%[①]——并将各类别的劳动收入占比在各国之间进行平均分配，借此研究全球不平等在各国国内的表现。此外，为了将各国的经济规模纳入考量，我们用GDP对平均值进行加权。

劳动收入分配的GDP加权平均值的变化说明，过去13年间，全球不平等情况出现停滞（见图3.6）。一般而言，中产阶层（此处指位于中间60%的工作者）的劳动收入占比变化很小，从2004年的44.8%变为2017年的45.1%。对于收入最低的工作者（后20%的工作者），变化也可以忽略：2017年其劳动收入占比为4.0%，而2004年则为3.9%。收入最高的20%的劳动者的收入在全球收入中的占比也几乎未变。尽管如此，全球大国的劳动收入不平等却愈加严重，比如德国、印度尼西亚、意大利、巴基斯坦、英国和美国。

地区模式：劳动收入不平等对非洲的影响最大，对欧洲和中亚的影响最小

衡量劳动收入分配不平等的一个综合指标是前

① 这种划分明确了中产阶层（此处指劳动收入分配中处于中间位置的60%的工作者）及其以上和以下的两类工作者。对中产阶层的定义不胜枚举，但在本报告中，我们采用了里弗斯和古耶特（Reeves and Guyot，2018）在布鲁金斯学会出版的《中产阶层未来倡议》中给出的定义。该定义的主要优势是中产阶层人群围绕中值对称，囊括了多数工作者，且易于沟通。

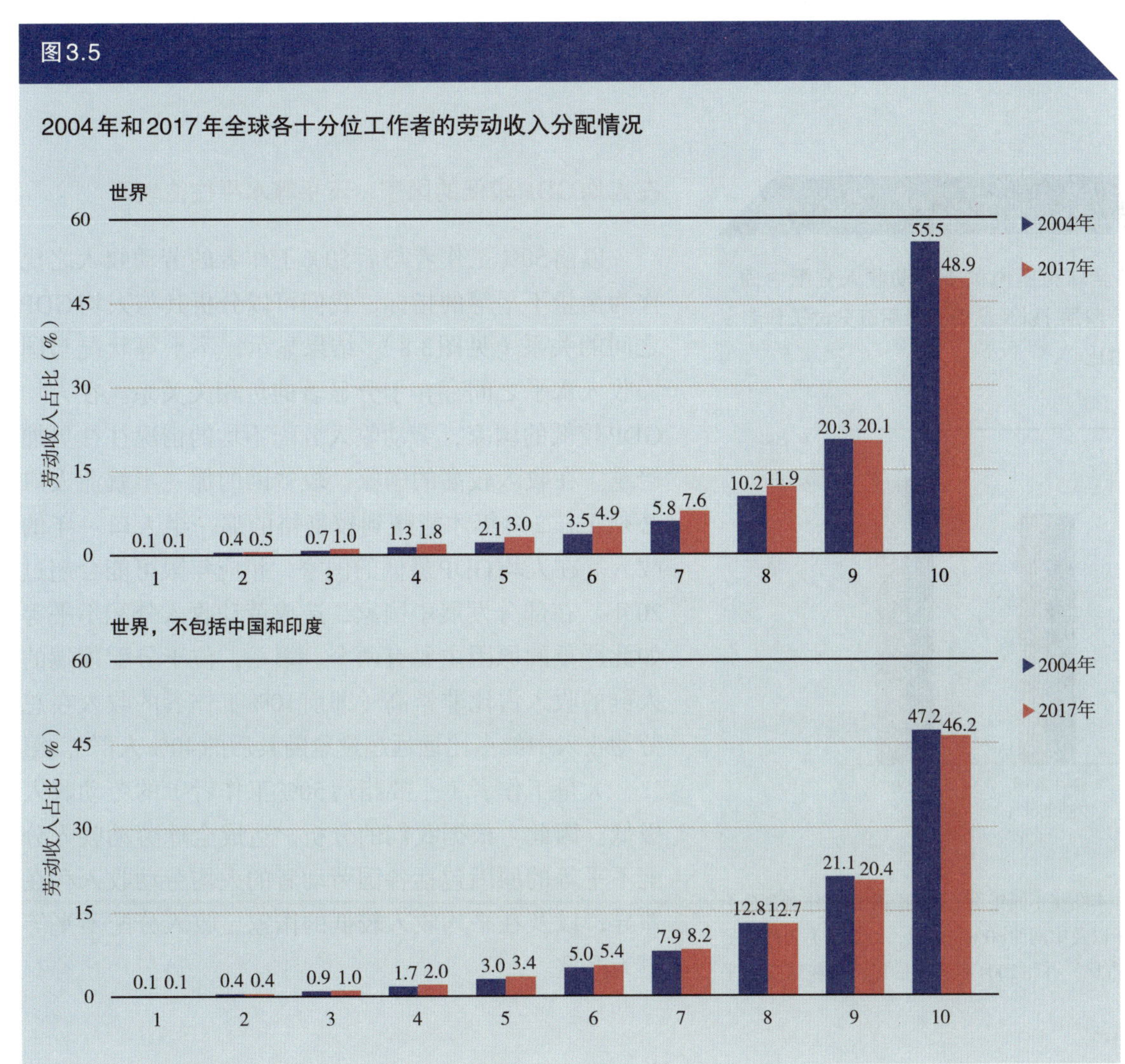

图3.5

2004年和2017年全球各十分位工作者的劳动收入分配情况

注：本图的编制和计算步骤与图3.4类似，但其侧重于显示各十分位的收入相对占比，而非平均水平。
资料来源：ILO，2019k.。

50%工作者与后50%工作者的劳动收入之比。换言之，该指标衡量的是，要赚得劳动收入较高的50%工作者一年的收入，劳动收入较低的50%工作者平均需要工作的年限。图3.7显示了该比率在全球和不同地区的变化情况。

各地区的不平等水平差距显著。2017年，在全球总就业人口中，较贫困的那一半人口必须工作约14年才能赚到较富裕的那一半人口一年的收入。在非洲这个劳动收入差异最大的地区，相应年限高达28年。相反，在受劳动收入不平等影响最小的欧洲和中亚地区，2017年较贫困的那一半就业人口只需工作约4年即可赚到较富裕的那一半人口一年的收入。在美洲以及亚洲和太平洋地区，相应年限分别为7年和13年。

尽管非洲目前的劳动收入不平等最为严重，但自2004年以来，该地区的不平等状况也得到了最大限度的缓解。尽管如此，自2013年以来，不平等的下降速度却出现了一定程度的停滞。全球的劳动收入不平等也展现了相同的趋势。在亚洲和太平洋地区以及欧洲和中亚这两个地区，这种停滞出现得更早。

图3.6

2004年和2017年全球范围内位于劳动收入分配中间60%的工作者(中产阶层)以及最前和最后五分位工作者的总劳动收入平均占比

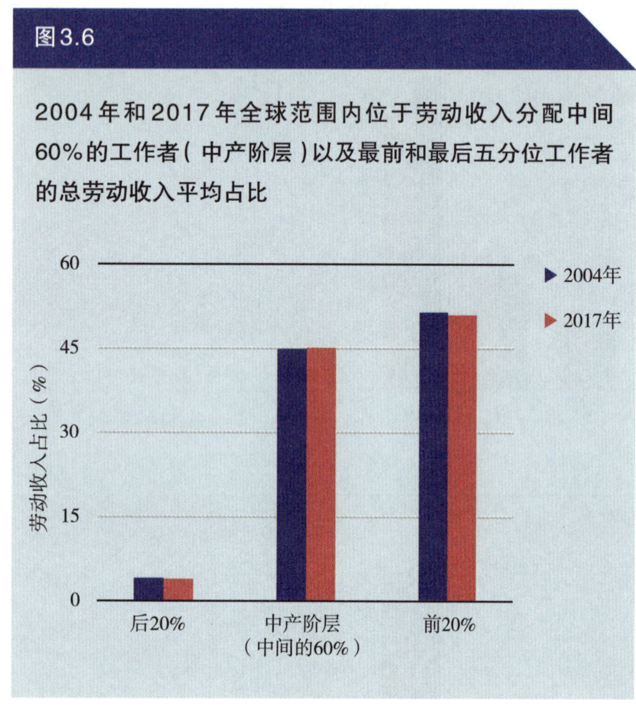

注:根据劳动收入,本图将不同年份、不同国家的工作者划分为三类,即后20%、前20%以及中间的60%。然后,计算每类工作者的劳动收入在全球的平均占比,并用2004年各国的经济规模对这些平均值进行加权。

资料来源:ILO,2019k。

在人均GDP较低的国家,不平等水平往往较高

以前50%工作者与后50%工作者的劳动收入之比作为衡量不平等的指标,我们可以分析其与人均GDP之间的关系(见图3.8)。结果显示,不平等状况与国民收入水平之间存在十分显著的负相关关系。在人均GDP较低的国家,劳动收入分配不均的情况往往更加严重。在收入较高的国家,较贫困的那一半就业人口必须工作2~4年才能赚到较富裕的那一半人口一年的收入。在人均GDP最低的国家,相应年限可能会超过20年。在部分发展中国家,造成劳动收入分配不平等如此严重的原因主要有两个。第一,位于分配顶端的人群的收入占比非常高(即前10%工作者的收入在总劳动收入中的占比远远超过紧随其后的40%人群)。第二,大量工作者(主要指后50%工作者)的劳动收入极低。因此,根据我们的分析,造成全球劳动收入分配不平等的原因包括各国劳动者的人均劳动收入存在差异;以及在平均收入较低的国家,收入分配不平等更为严重。

图3.7

2004—2017年全球和各地区前50%工作者与后50%工作者的劳动收入之比

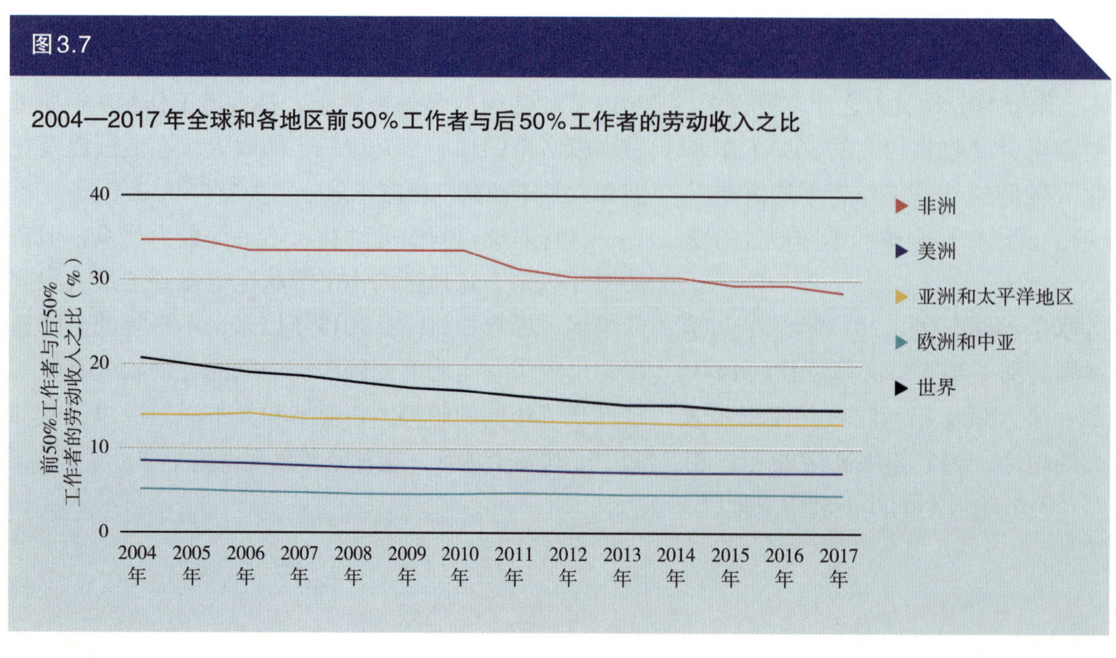

资料来源:ILO,2019k。

图3.8

2004—2017年部分国家劳动收入不平等与人均GDP的对比

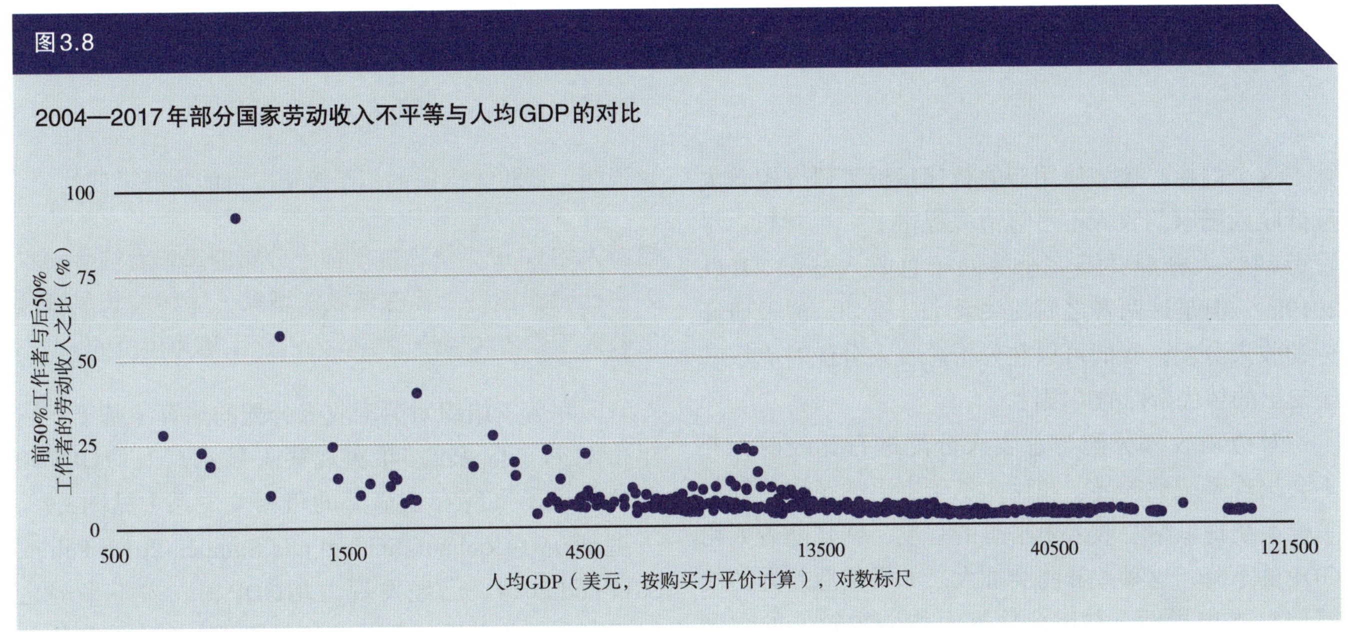

注：本图根据2004—2017年间所有可获得必要微观数据的国家的人均GDP（美元，按购买力平价计算）的对数，绘制了前50%工作者与后50%工作者的劳动收入之比。

资料来源：ILOSTAT中的劳动收入占比和分配数据集。

第四节　我们是否低估了低收入国家的收入不平等情况?

劳动收入分配数据能给总收入不平等研究带来什么启示?

不平等是一个重要的全球性问题，也是国际劳工组织关注的重点之一。《国际劳工组织关于劳动世界未来的百年宣言》（2019）强调解决收入不平等问题势在必行，《2030年可持续发展议程》在可持续发展目标10中也强调了这一点。此外，解决不平等问题也为实现可持续发展目标1（消除贫困）和可持续发展目标8（实现人人获得体面工作）提供支持。

因此，对国际不平等的研究自然引起了政策制定者和研究者的广泛关注。鉴于各国人均收入存在巨大差异，研究全球层面的收入分配对于加深我们对收入不平等的理解至关重要。然而，在过去数十年，低收入国家的总收入分配数据仍十分有限。国际劳工组织新的劳动收入占比和分配数据集则为以劳动收入替代总收入（包括劳动收入和资本收入）来分析全球总收入分配情况提供了一个契机。

在分析国际收入不平等时，对于人均GDP低于4000美元（按购买力平价计算）[①]的国家，常常用支出分配替代收入分配（Deininger and Squire, 1996; Lakner and Milanovic, 2013; Palma, 2011; Sala-i-Martin, 2006），这是因为通常无法获得其他类别的数据。分配数据的主要来源是世界银行的PovcalNet资料库，其中涵盖了根据收入和支出指标所做的估算，而后者是目前衡量低收入国家最常用的指标。尽管同时考虑收入和支出指标并不是理想的方法，但是对国际收入不平等的研究却只能依赖此类数据，别无他法。全球人口中有很大一部分生活在人均GDP低于4000美元（按购买力评价计算）门槛的国家。

国际劳工组织的劳动收入分配数据包括针对94个国家基于家庭调查所做的估算。由于这些国家中有22个国家的人均GDP低于4000美元（按购买力平价计

① 该门槛与世界银行的收入类别基本对应：“低收入”和“中等偏下收入”国家指人均国民总收入分别低于996美元和3895美元（均按购买力平价计算）的国家。

算）这个门槛，这为使用新的替代指标来研究覆盖大量低收入国家的收入不平等情况提供了一个契机。尽管劳动收入分配并不完全等同于总收入分配（ILO, 2019k），但是这两者之间的关系十分密切。通过研究劳动收入分配，我们可以在分析总收入分配时克服基于支出的替代指标的局限性。

对劳动收入分配与总收入分配进行比较时，并不会出现系统性差异。相反，基于支出的替代指标似乎会系统地低估总收入不平等的程度，并且随着人均GDP的下降，这种差异将会加大。如果按照差异的规模调整支出指标，并以此估算人均GDP较低的国家的收入分配（我们未获得这些国家的直接收入分配数据），我们发现劳动收入替代指标与调整后的估算一致。这些结果显示，劳动收入是总收入的可靠替代指标，但支出不是。借助经常采用的结合来自PovcalNet的收入和支出指标的方法，我们得出的前10%国家的总收入占比的估算与采用劳动收入作为替代指标所得出的高收入国家的估算十分接近。相比较而言，在低收入国家，取自PovcalNet的前十分位的收入占比显著低于基于劳动收入所做的估算，两者相差高达20个百分点。这说明，低收入国家的不平等情况可能被严重低估。

随着人均GDP下降，位于前十分位的工作者的劳动收入占比稳步提升。而在低收入国家，这种增长是以最低收入工作者和中产阶层收入占比下降为代价的

国际劳工组织对劳动收入分配的估算（基于不同年份对94个国家的548次观察）显示，人均GDP和劳动收入不平等存在显著的负相关关系（见图3.9）。一些研究（Cobham, Schlogl and Sumner, 2015; Palma, 2011 and 2014）已经发现人均GDP和收入不平等之间存在负相关关系，只是他们采用了一个十分具体的模式。这些研究将总收入分配划分为三个类别，即后40%、前10%和中间50%，并发现随着平均国民收入的下降，前10%的总收入占比上升，但后40%的总收入占比下降，而中间50%的总收入占比则基本保持稳定。这被称为“帕尔马命题”（Palma Proposition）。

颇有意思的是，国家层面的劳动收入分配在人均GDP为4000美元左右（按购买力平价计算）的时候出现了断点。在人均GDP高于该门槛的国家，随着人均GDP的下降，前10%的劳动收入占比上升，但后40%

图3.9

2004—2017年部分国家劳动收入分配与人均GDP的对比：后40%、中间50%和前10%的劳动收入占比

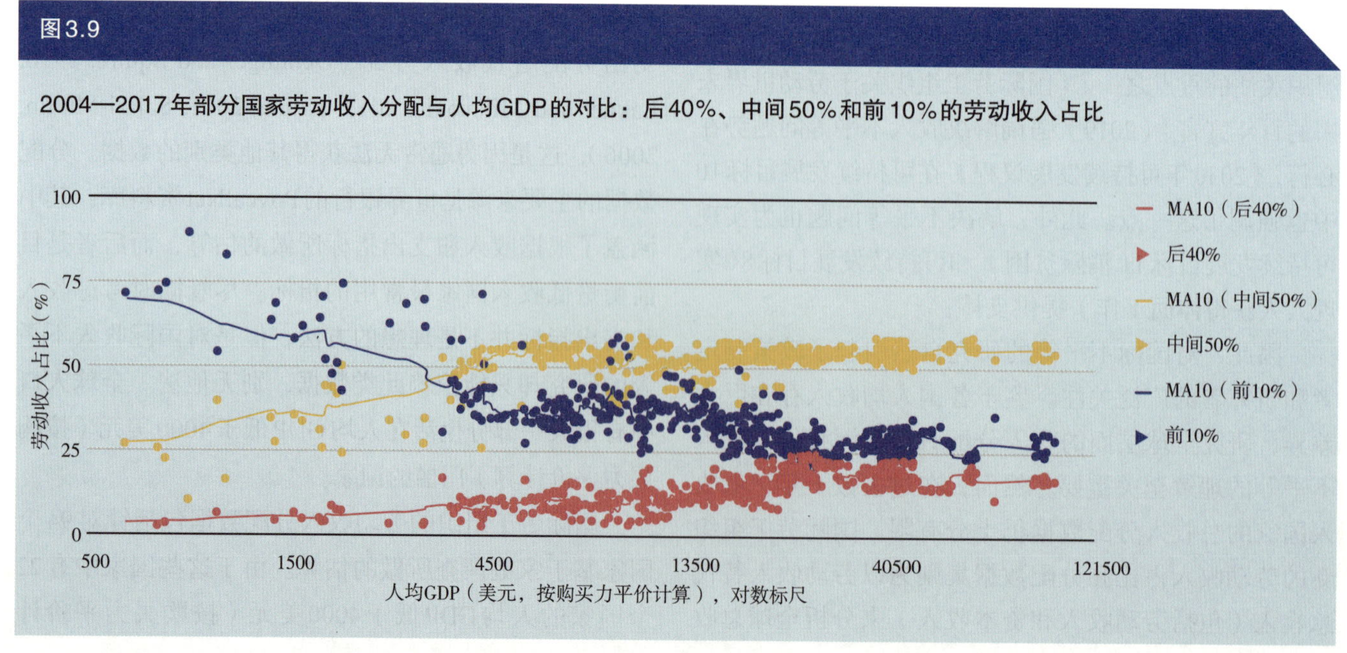

注：本图显示了2004—2017年所有可获得微观数据的国家的劳动收入分配估算。MA10(z)代表对变量z的10次观测值的移动平均值。

资料来源：ILOSTAT中的劳动收入占比和分配数据集。

的劳动收入占比下降，而中间50%的劳动收入占比则基本保持稳定，略高于50%。该模式与之前研究中获得的与总收入相关的发现一致。

在人均GDP低于4000美元（按购买力平价计算）门槛的国家，其中的关系却有所不同。随着人均GDP下降，一国收入分配中前10%的劳动收入占比上升，而后40%的劳动收入占比下降，但还不足以抵消前十分位的劳动收入的增长，这意味着中间50%的劳动收入占比也会下降。这一降幅很大，在人均GDP最低的国家，该占比从人均GDP为4000美元时平均占劳动收入的50%到26%不等。因此，基于劳动收入数据我们可以得出结论，在低收入和中等偏下收入国家，中间50%的劳动收入占比并不一直维持稳定。这种模式仅出现在劳动收入中，而不出现在总收入中吗？以下提供的证据表明，最可能的答案是“不是”：预计总收入也会出现相似的模式。

总收入和劳动收入的分配基本相似。然而，我们几乎无法获得人均GDP低于4000美元的国家的收入数据

图3.10对劳动收入和总收入的分配进行了比较，为了方便查看，该图只显示了前三个五分位的情况。在多数样本中，两个指标并未出现十分明显的差异。颇有意思的是，我们几乎无法观察到人均GDP低于4000美元（按购买力平价计算）的国家的情况。尽管如此，根据图3.10我们发现，至少是在人均GDP接近4000美元（按购买力平价计算）门槛的时候，劳动收入的分配与总收入的分配并不存在显著差异。虽然我们无法明确观察到在人均GDP显著低于4000美元（按购买力平价计算）的时候，劳动收入的分配是否与总收入的分配情况相似，但也没有证据表明情况不是这样。

随着人均GDP降低，总收入的分配与支出的分配日趋分化，因此不加区分地使用这两个指标会导致错误估计低收入国家的不平等情况

由于PovcalNet中缺乏人均GDP低于4000美元（按购买力平价计算）这个门槛的国家的收入分配数据，早期研究不得不使用可获得的数据，即支出数据。比如，莱克纳和米兰诺维奇指出，他们使用了“一系列收入和消费调查结果，这是业界普遍的做法”（Lakner and Milanovic，2013, p. 17）。然而，将收入和支出指标结合使用的做法存在问题。尽管在高收入国家，支出和收入分配相当，但是随着人均GDP降低，两者会日趋分化（见图3.11）。此外，对于人均GDP低于4000美元（按购买力平价计算）的国家，几乎没有收入分配观察结果。除了海地之外，收入分配样本中没有任何关于人均GDP低于3600美元（按购买力平价计算）的国家的观察结果。

正如图3.11所示，在人均GDP低于4000美元（按购买力平价计算）这个门槛的国家，前三个五分位工作者的支出占比作为人均GDP的函数，并未出现大幅变化。但在收入占比中，并没有出现这种“平缓”的现象。作为唯一一个可获得收入数据的低收入国家，海地2012年的数据清楚地表明了这一现象。尽管该国的支出分配与人均GDP水平类似国家的平均分配水平相当，但其收入分配却表明该国的不平等状况远比其他国家更严重。比如，以收入分配为指标衡量的前10%工作者的占比比以支出分配衡量的占比高出17个百分点。

鉴于收入与支出之间明显的系统性差异，可以采用一种方法来估算一国根据其GDP水平和支出分配的可能的收入分配情况。该方法就是根据人均GDP水平（对数）及其与虚拟变量之间的相互作用，对每个五分位的占比（对数）进行回归，而虚拟变量可以说明采用的是基于收入还是基于支出的指标。利用回归结果，就可以得出适合于仅可获得支出分配数据的国家的收入分配值。简言之，回归模型是用来外推观察到的支出与收入指标之间的差异，以便为无此类数据的国家确定基于假设条件的收入分配。从估算中我们可以明确地发现，最高五分位的占比上限十分清晰，这是综合使用收入和支出指标的结果（见图3.11）。

图3.10

2004—2017年部分国家的劳动收入和总收入分配与人均GDP的对比：前三个五分位工作者的劳动收入和总收入占比

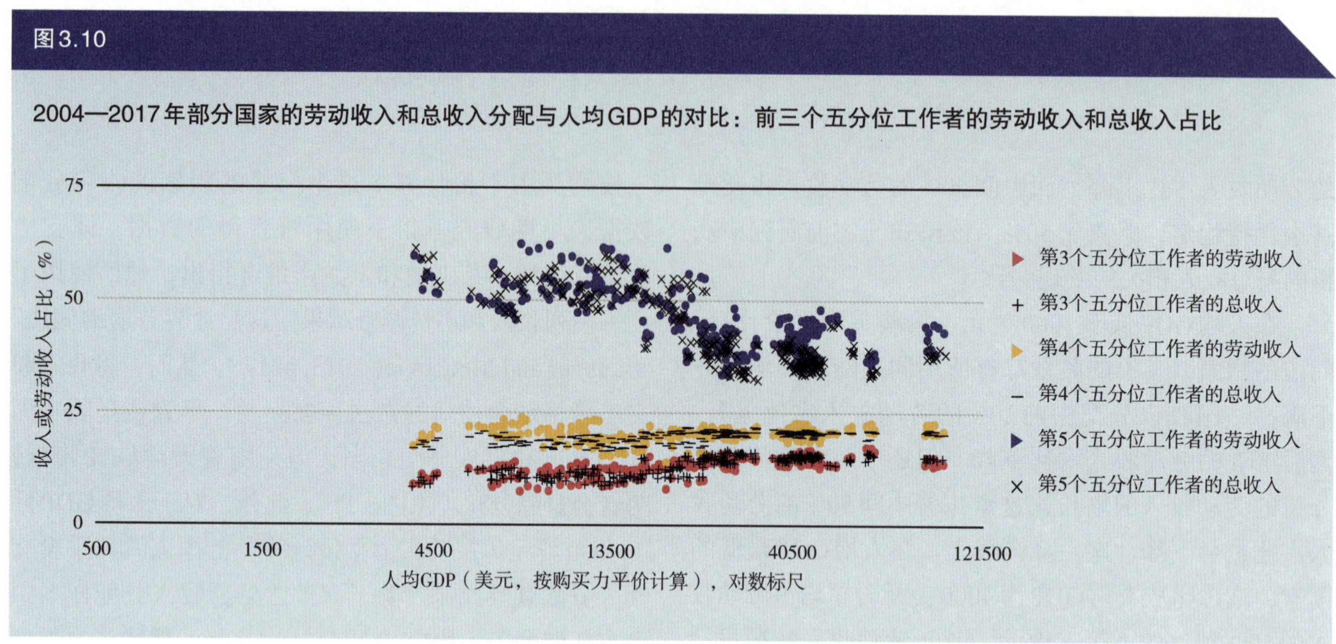

注：本图显示了针对可获得2004—2017年微观数据的国家，基于PovcalNet数据做出的劳动收入分配估算和总收入分配。

资料来源：ILOSTAT中的劳动收入占比和分配数据集；世界发展指标数据库（世界银行）。

图3.11

2004—2017年部分国家的总收入、估算的总收入和支出分配与人均GDP的对比：前三个五分位工作者的总收入和支出占比

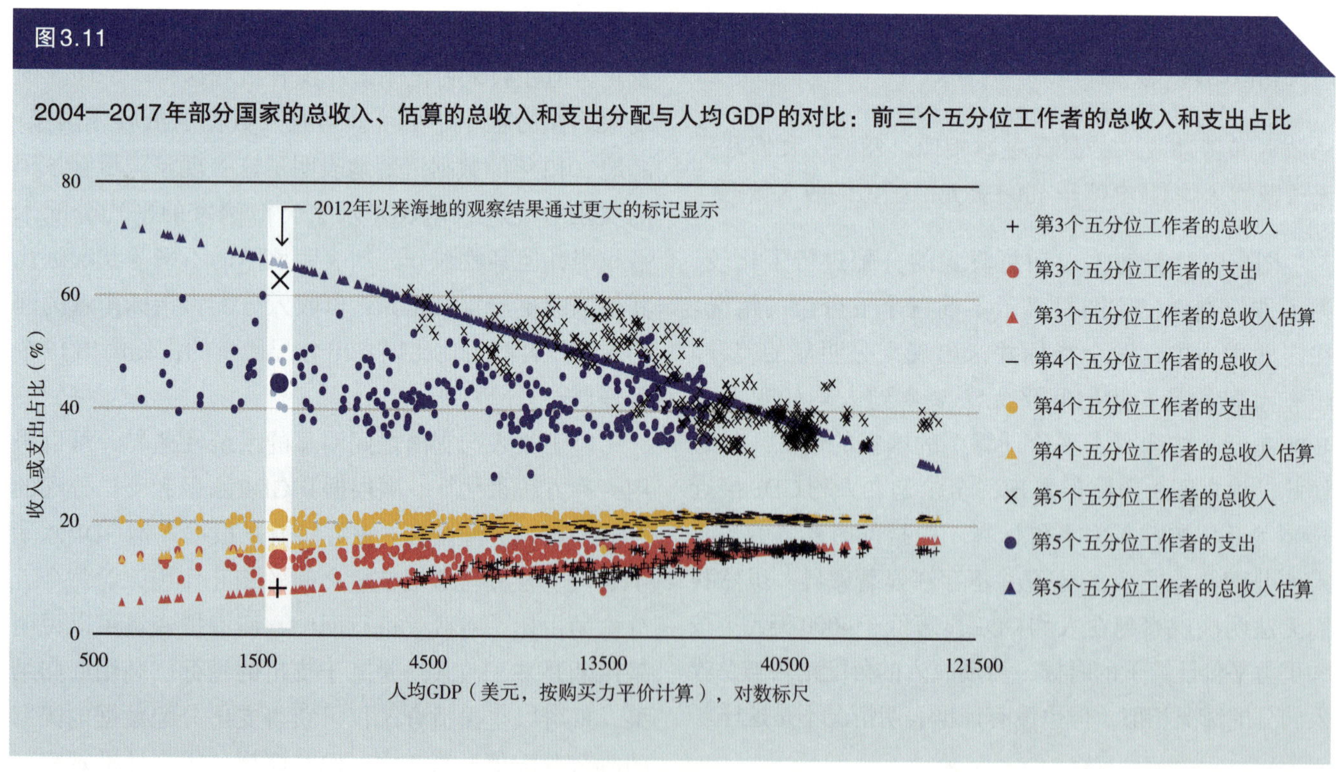

注：总收入分配的估算是调整总收入分配与支出分配（均基于PovcalNet数据）的平均差异之后得到的支出分配，是GDP的函数。本图显示了2004—2017年获得的观察结果。

资料来源：ILOSTAT中的劳动收入占比和分配数据集；世界发展指标数据库（世界银行）。

图3.12

2004—2017年部分国家的劳动收入和估算的总收入分配与人均GDP的对比：前三个五分位工作者的劳动收入和总收入占比

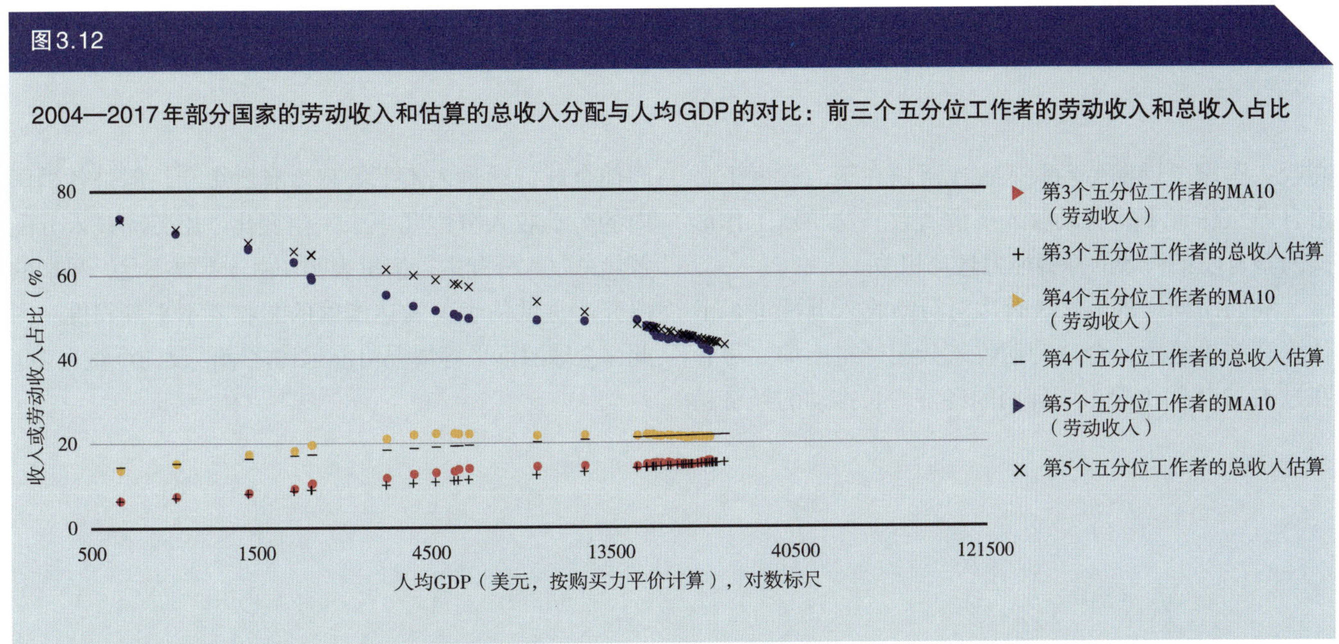

注：估算的总收入分配是调整总收入分配与支出分配（均基于PovcalNet数据）的平均差异之后得到的支出分配，是GDP的函数。MA10（z）表示对变量z的10次观测值的移动平均值。本图显示了可获得2004—2017年劳动收入分配与支出数据的国家所对应的观察结果。

资料来源：ILOSTAT中的劳动收入占比和分配数据集；世界发展指标数据库（世界银行）。

对总收入的估算表明，劳动收入分配是替代总收入分配、研究收入不平等的一个合理指标

将估算的总收入分配与劳动收入分配进行比较（见图3.12），并出于方便查看的目的对劳动收入数据进行平滑处理之后，我们并未发现任何系统性差异。这说明，劳动收入分配是总收入分配的一个合理且可靠的替代指标。劳动收入分配的严重不平等并不是这类收入所特有的。事实上，用劳动收入分配替代总收入分配在一定程度上会导致低估收入不平等的程度，第5个五分位工作者的占比偶尔较低便是一个例子。结果说明，平均而言，劳动收入分配是总收入分配的上佳替代指标。采用这个替代指标进行衡量十分重要，因为在低收入国家，支出分配与收入分配之间存在十分巨大的差异，尤其是支出数据显示的分配情况远比收入数据显示的更为平等。但这不足为奇，因为对生存型消费和消费的平滑处理会使支出所体现的不平等程度低于收入所体现的不平等程度。总而言之，收入不平等可能高于之前的估算。纠正了可能存在的低估不平等程度之后，全球后五分位工作者的人口加权平均收入占比下降了33%，而前五分位工作者的占比上升了13%。在低收入国家，修正后的后五分位工作者的占比下降了65%，而前五分位工作者的占比上升了35%。

第五节 小结

本章重点探讨了劳动收入占比，这是联合国可持续发展目标框架指定的衡量不平等的指标。然而，要想获得具有国际可比性的劳动收入占比估算并非易事，主要的困难在于对自雇工作者劳动收入的估算。利用国际劳工组织的微观数据集，即国际劳工组织最新建立的劳动收入占比和分配数据集，使我们得以对这些首次获得的、具有国际可比性的劳动收入占比估算值进行分析。这些估算显示，2004—2017年全球劳动收入占比大幅下跌。我们将六大主要经济体的劳动收入占比估算与时间序列更长的资料库中的数据进行了对比。对比结果显示，从相对意义上而言，近期的下降是对过去数十年来劳动收入低于资本收入的延续。在

高收入国家，近期劳动收入占比下跌在很大程度上是由自雇工作者平均劳动收入下滑所致。这与新工作形式削弱自雇工作者的挣钱能力息息相关。

我们用同样的方法，首次对劳动收入分配进行了估算。结果显示，全球劳动收入分配严重不均。尽管在过去13年间主要由中印两国经济增长推动的经济趋同使全球劳动收入不平等程度有所缓和，但是各国国内的劳动收入分配几乎未发生变化。用劳动收入分配替代总收入分配进行衡量表明，由于数据不足，早期的研究严重低估了欠发达国家的总收入不平等程度。因此，全球的不平等情况可能远比之前假设的严重得多。

附录

附录1 按地区和收入水平划分的国家（地区）组别

非洲

北非

阿尔及利亚
埃及
利比亚
摩洛哥
苏丹
突尼斯
西撒哈拉地区

撒哈拉以南非洲

安哥拉
贝宁
博茨瓦纳
布基纳法索
布隆迪
佛得角
喀麦隆
中非共和国
乍得
科摩罗
刚果共和国
刚果民主共和国
科特迪瓦
吉布提
赤道几内亚
厄立特里亚
斯威士兰
埃塞俄比亚
加蓬
冈比亚
加纳
几内亚
几内亚比绍
肯尼亚
莱索托
利比里亚
马达加斯加
马拉维
马里
毛里塔尼亚
毛里求斯
莫桑比克
纳米比亚
尼日尔
尼日利亚
卢旺达
圣多美和普林西比
塞内加尔
塞拉利昂
索马里
南非
南苏丹
苏丹
坦桑尼亚
多哥
乌干达
赞比亚
津巴布韦

美洲

拉丁美洲和加勒比地区

阿根廷
巴哈马
巴巴多斯
伯利兹
玻利维亚
巴西
智利
哥伦比亚
哥斯达黎加
古巴
多米尼加共和国
厄瓜多尔
萨尔瓦多
危地马拉
圭亚那
海地
洪都拉斯
牙买加
墨西哥
尼加拉瓜
巴拿马
巴拉圭
秘鲁
波多黎各
圣卢西亚
圣文森特和格林纳丁斯
苏里南
特立尼达和多巴哥
美属维尔京群岛
乌拉圭
委内瑞拉

北美洲

加拿大
美国

阿拉伯国家

巴林
伊拉克
约旦
科威特
黎巴嫩
巴勒斯坦被占领土
阿曼
卡塔尔
沙特阿拉伯
叙利亚
阿联酋
也门

亚洲和太平洋地区

东亚

中国
中国香港
日本
朝鲜
韩国
中国澳门
蒙古
中国台湾

东南亚和太平洋地区

澳大利亚
文莱
柬埔寨
斐济
法属波利尼西亚
关岛
印度尼西亚
老挝
马来西亚
缅甸
新喀里多尼亚
新西兰
巴布亚新几内亚
菲律宾
萨摩亚
新加坡
所罗门群岛
泰国
东帝汶
汤加
瓦努阿图
越南

南亚

阿富汗
孟加拉国
不丹
印度
伊朗
马尔代夫
尼泊尔
巴基斯坦
斯里兰卡

欧洲和中亚

北欧、南欧和西欧

阿尔巴尼亚
奥地利
比利时
波黑
海峡群岛
克罗地亚
丹麦
爱沙尼亚
芬兰
法国
德国
希腊
冰岛
爱尔兰
意大利
拉脱维亚
立陶宛
卢森堡
马耳他
黑山
荷兰
北马其顿
挪威
葡萄牙
塞尔维亚
斯洛文尼亚
西班牙
瑞典
瑞士
英国

东欧

白俄罗斯
保加利亚
捷克
匈牙利
摩尔多瓦共和国
波兰
罗马尼亚
俄罗斯
斯洛伐克
乌克兰

中亚和西亚

亚美尼亚
阿塞拜疆
塞浦路斯
格鲁吉亚
以色列
哈萨克斯坦
吉尔吉斯斯坦
塔吉克斯坦
土耳其
土库曼斯坦
乌兹别克斯坦

高收入国家和地区	中等偏上收入国家和地区	中等偏下收入国家和地区	低收入国家和地区
澳大利亚	阿尔巴尼亚	安哥拉	阿富汗
奥地利	阿尔及利亚	孟加拉国	贝宁
巴哈马	阿根廷	不丹	布基纳法索
巴林	亚美尼亚	玻利维亚	布隆迪
巴巴多斯	阿塞拜疆	佛得角	中非共和国
比利时	白俄罗斯	柬埔寨	乍得
文莱	伯利兹	喀麦隆	刚果民主共和国
加拿大	波黑	科摩罗	厄立特里亚
海峡群岛	博茨瓦纳	刚果共和国	埃塞俄比亚
智利	巴西	科特迪瓦	冈比亚
克罗地亚	保加利亚	吉布提	几内亚
塞浦路斯	中国	埃及	几内亚比绍
捷克	哥伦比亚	萨尔瓦多	海地
丹麦	哥斯达黎加	斯威士兰	朝鲜
爱沙尼亚	古巴	加纳	利比里亚
芬兰	多米尼加共和国	洪都拉斯	马达加斯加
法国	厄瓜多尔	印度	马拉维
法属波利尼西亚	赤道几内亚	印度尼西亚	马里
德国	斐济	肯尼亚	莫桑比克
希腊	加蓬	吉尔吉斯斯坦	尼泊尔
关岛	格鲁吉亚	老挝	尼日尔
中国香港	危地马拉	莱索托	卢旺达
匈牙利	圭亚那	毛里塔尼亚	塞拉利昂
冰岛	伊朗	摩尔多瓦	索马里
爱尔兰	伊拉克	蒙古	南苏丹
以色列	牙买加	摩洛哥	叙利亚
意大利	约旦	缅甸	塔吉克斯坦
日本	哈萨克斯坦	尼加拉瓜	坦桑尼亚
韩国	黎巴嫩	尼日利亚	多哥
科威特	利比亚	巴勒斯坦被占领土	乌干达
拉脱维亚	马来西亚	巴基斯坦	也门
立陶宛	马尔代夫	巴布亚新几内亚	津巴布韦
卢森堡	毛里求斯	菲律宾	
中国澳门	墨西哥	圣多美和普林西比	
马耳他	黑山	塞内加尔	
荷兰	纳米比亚	所罗门群岛	
新喀里多尼亚	北马其顿	苏丹	
新西兰	巴拉圭	东帝汶	
挪威	秘鲁	突尼斯	
阿曼	罗马尼亚	乌克兰	
巴拿马	俄罗斯	乌兹别克斯坦	
波兰	圣卢西亚	瓦努阿图	
葡萄牙	圣文森特和格林纳丁斯	越南	
波多黎各	萨摩亚	西撒哈拉地区	
卡塔尔	塞尔维亚	赞比亚	
沙特阿拉伯	南非		
新加坡	斯里兰卡		
斯洛伐克	苏里南		
斯洛文尼亚	泰国		
西班牙	汤加		
瑞典	土耳其		
瑞士	土库曼斯坦		
中国台湾	委内瑞拉		
特立尼达和多巴哥			
阿联酋			
英国			
美国			
美属维尔京群岛			
乌拉圭			

附录2 国际劳工组织模拟估算

在《世界就业和社会展望》报告中，所有全球和地区劳动力市场估算值均来自国际劳工组织于2019年11月开展的模拟估算。国际劳工组织建立并积极维护一系列计量经济学模型，并将其用于估算缺失数据的国家和地区相应年份的劳动力市场指标。为缺失数据的国家和地区进行劳动力市场指标估算的目的在于获得一份均衡的面板数据集，从而计算涵盖固定国家和地区的区域和全球汇总数据。基于上述工作，国际劳工组织可以对全球和区域劳动力市场关键指标估算值和相关趋势进行分析。此外，所获得的各国和地区数据既包括报告的观测结果，也包括估算的数据，从而形成了一份具有国际可比性的独特的劳动力市场指标数据集。

数据采集和评估

国际劳工组织的模拟估算一般基于来自189个国家和地区的信息，视情况按照性别和年龄进行细分。此外，针对部分选定指标，按照地理区域（城市和农村）进行分组。在运行模型以获得估算结果之前，国际劳工组织统计司的劳动力市场信息专家与研究司展开合作，对现有的各国和地区报告数据进行评估，并挑选出那些被视为具备充分国际可比性的观测结果。近期，国际劳工组织基于各国和地区报告的微观数据对指标进行了调整，此举显著提高了观测结果的可比性。尽管如此，数据选取仍应基于以下四项标准：（1）数据源类型；（2）地域覆盖范围；（3）年龄组覆盖范围；（4）方法论上的缺口或异常值。

在第一个标准中，纳入特定模型的劳动力市场数据必须来自劳动力调查、家庭调查或者人口普查（较为少见）。各国和地区全国（地区）层面的劳动力调查通常较为类似，所提供的数据质量是最高的。因此，与来自其他来源的数据相比，此类调查的数据更具可比性，所以在数据选取过程中，基于劳动力调查的数据成为最佳选择。但是，许多发展中国家由于缺乏开展劳动力调查所需资源，所报告的劳动力市场信息来自其他类型的家庭调查或者人口普查。因此，由于需要对数据可比性和数据覆盖范围这两个相互掣肘的目标进行平衡，一些家庭调查（非劳动力调查）数据和人口普查数据（较为少见）也被纳入模型之中。

第二个标准是仅选用具有国家和地区代表性（即没有地理区域局限性）的劳动力市场指标。单纯针对城市或农村地区的观测结果没有包括在内，因为在农村和城市劳动力市场之间通常存在较大的差异，仅采用农村或城市数据与国内或地区生产总值（GDP）等基准数据不相符。尽管如此，当对数据按城市和乡村进行明确划分时，虽然在地理区域方面具有局限性，但涵盖关注领域的数据还是会被采用。

第三个标准是观测数据所覆盖的年龄组在各个国家和地区之间必须具备充分的可比性。各国和地区针对各年龄组报告劳动力市场信息，所选取的年龄组会对给定劳动力市场指标的观测值产生影响。

第四个标准是根据方法上是否存在缺口或者是否明显存在异常值来判定是否应将数据排除在给定模型之外。在上述两种情况下，必须在使用尽可能多的数据和采纳可能会使结果失真的观测值之间取得平衡。在此过程中，应对现有的元数据以及获得相关数据点所采用的方法论给予特别关注。

如果根据上述标准而出现了更加精确的数据源，从而放弃了之前采用的输入数据，可对之前的估算数据进行修正（有关2019年11月版国际劳工组织模拟估算所做的主要修正，见专栏附2.1）。

用于估计劳动力市场指标的方法

采用一系列模型对劳动力市场指标进行估算，可在所观测的劳动力市场指标和解释变量之间建立统计关系。这种关系被用于估算缺失的观测值，以及对指标进行预测。

许多潜在的统计关系（也被称为“模型设定”）可用于预测劳动力市场指标。获得准确公正的估算结果的关键在于，针对各种情况选取最优模型设定。国际劳工组织的模拟估算一般借助一个交叉验证程序，以识别能够最大限度降低预期估算误差和方差的模型。该程序需要采用数据的随机子集对大量候选模型设定进行反复计算：预测缺失的观测值并计算每次迭代的预测误差。

▶ 专栏附2.1

对既往估算值的修正

与以往年份相同，国际劳工组织对模拟估算数据进行了更新，纳入了新的信息并对历史数据进行了修正。

国际劳工组织2019年11月发布的模拟估算数据与2018年11月版的数据之间的主要差别在于，对印度的历史失业率进行了修正。近期公布的2017—2018年定期劳动力调查结果和之前采用的全国抽样调查结果在方法论上存在相当大的差异。因此，国际劳工组织只采用了最近的数据；针对时间序列的其他部分已经进行了估算。新的失业率估算值显著高于之前的结果，鉴于印度的规模，这对全球总量数据产生了很大影响。

失业率是从定期劳动力调查微观数据中直接得出的。为便于国际比较，采用的失业定义尽可能贴近国际劳工统计学家会议所制定的标准，这会增强数据的可比性。尽管如此，定期劳动力调查仅通过一个问题来识别就业和失业。这并不符合国际最佳实践，也就是说，采用定期劳动力调查数据所获得的结果的可比性和可靠性有限。

针对不同候选模型，对结果稳定性等衡量指标进行评估，此外还根据伪样本外均方根误差对每个候选模型进行评估。这样就有可能发现统计关系，进而为给定劳动力指标提供最佳估算。值得注意的是，用于此目的的最适合的统计关系可能会因国家和地区不同而存在差异。

国际劳工组织的模拟估算基准是2019年修订的联合国《世界人口展望》，该报告将总人口按5岁组距划分年龄组，并提供了相应的估算和预测。劳动适龄人口包括15岁以上的所有人。第一步，采用一个模型，按照性别和5岁组距年龄组对劳动力参与率进行估算和预测。然后将上述劳动力参与率的估算值和预测值用于估算劳动适龄人口，以获得劳动力数据。第二步，采用另外一个模型，对青年（15~24岁）和成人（25岁以上）分别按性别估算其失业率。综合利用失业率和劳动力估算数值，可获得就业人口和失业人口数。第三步，通过另外一个模型对劳动力利用不足率（LU2、LU3和LU4，具体请见下文）进行估算，借此可获得与时间相关的不充分就业数据以及潜在劳动力数据。第四步，通过四个不同的模型，将就业分布作为四个不同指标的函数进行估算。这四个指标包括：就业状态、经济活动（部门）、职业和经济阶层（工作贫困）。第五步，通过一个模型来估算未就业且未接受教育或培训的青年人口占比。第六步，针对上述所有提到的指标（经济阶层除外），按照地理区域（城市或农村）进行细分。最后，通过整合国民账户数据以及国际劳工组织的劳动力收入相关微观数据集，对劳动收入占比和分配进行估算。

尽管对所有指标进行估算的模型所采用的基本方法是相同的，但由于基础数据的具体特征，不同模型之间存在差别。下文将对每个模型进行详细阐述。

对劳动力人口的估算和预测

国际劳工组织的劳动力人口估算和预测（LFEP）从属于一个庞大的、旨在获得人口统计估算和预测值的国际项目，这个项目是由联合国下属几个机构共同参与的。联合国人口司负责获取总人口以及性别和年龄构成的估算和预测数据；国际劳工组织提供就业人口、失业人口和相关人口估算和预测数据；联合国粮农组织负责提供农业人口估算和预测数据；联合国教科文组织负责提供在校就读人口的估算和预测数据。

相关模型的基础输入数据是按照性别和年龄组划分的单独年份的劳动力参与率，其中按照5岁的组距定义了10个年龄组（15~19岁、20~24岁……以此类推，直到60~64岁），最后一个年龄组被定义为65岁及以上。我们针对伪样本外表现，对基本方法论进行了广泛评估。不过，LFEP模型以及用于估算劳动收入占比的模型是本附录中仅有的两个不能自动进行模型设定搜索的模型。

估算是通过两个不同的步骤进行的，每个步骤均以递归的方式应用。对于那些可以采取这种做法的国家和地区，可通过线性内插法填入缺失的数据。鉴于劳动力参与率是一个非常持久的变量，这种方法被视为具有合理性也是意料之中的。在所有其他情形下，采用多元加权估算的方法。我们将国家和地区分为九个估算组，各组国家和地区的选择基于总体经济相似度以及地理位置邻近度。在模型设定方面，考虑到所使用输入数据的数据结构以及不同国家和地区的异质性，我们决定采用具有国别固定效应的面板数据方法。回归是按照无响应似然进行加权的。所采用的解释变量包括经济变量和人口统计变量。然后通过详细的5岁组距进行估算。全球数据的计算是基于联合国《世界人口展望》中的基准人口数据和具体的劳动力参与率进行的。

与历史时期缺失数据的估算相比，预测采用了不同的方法。我们采用数理逻辑趋势模型（logistic trend model）对数据进行外推。逻辑曲线以及其他C形或S形曲线的主要优势在于可以捕获最终可达到稳定状态的增长过程。上述曲线通常被用于人口和劳动力参与率建模。此外，基于观测到的以往劳动力参与率的特征，我们对累计变化设定了上限和下限，以避免外推变化成为基于历史经验的过度判断。

对失业率的估算

这一模型按照性别和年龄（15~24岁、25岁以上）对一组完整的失业率面板数据集进行了估算。通常可以获得的实际观测值是针对总失业率的，而非按照性别和年龄分列的失业率。为了最大限度地利用实际数据，模型首先对总失业率进行估算。然后，分别估算男性和女性就业率以及青年和成人就业率。之后，对上述估算结果进行重新平衡，使其中蕴含的总失业率与第一步中估算的总失业率相匹配。在对青年男性和青年女性的失业率以及成人男性和成人女性的失业率进行估算的最后步骤中，也采用了类似的做法。

指标的估算分两步进行。第一步，进行跨国和地区回归，以获得2018年数据完全缺失的国家和地区的失业率水平。这个步骤采用了盖洛普世界民意调查（Gallup World Poll）中的人口统计学数据、人均收入、经济结构以及就业指数。第二步，对失业率的变化进行估算，采用有关经济周期、经济结构和人口统计学的数据。该两步法的优势在于，可通过独立的方法处理两个迥然不同的计量经济学问题。

对失业率的预测

下述模型对2019年之后的未来失业率发展变化进行了预测。在第一组预测模型中采用季度数据，使用这种高频数据提高了预测的准确度。针对44个可获得季度经济预测数据的国家和地区，通过一系列模型对其2019年的失业率进行估算，并对2020年的数据进行预测。采用上文所介绍的模型搜索常规做法，将数据分成训练和评估样本，对这些模型进行评估。由于季度失业率具有较高的连续相关性，需要在估测中排除与评估样本相邻的一部分观测值，以确保训练样本独立于正在接受评估的观测值。通过汉森和拉辛（Hansen and Racine，2012）所描述的“重叠模型—平均”方法，对模型进行整合。该方法可以实现模型的线性整合，并最大限度降低预测误差的方差。对于可获得季度劳动力市场数据但缺乏季度宏观经济预测的国家和地区而言，可采用自回归求和移动平均模型（ARIMA）来预测至少具备一个季度观测值的年份中其他季度的情况。

第二组预测模型用于估算缺乏季度数据的国家和地区的失业率，并针对所有国家和地区进行长期预测。该组模型使用截至报告信息的最后一年的完整的失业率面板数据集作为基础；此外，还利用了针对GDP增长周期要素的预测。该模型使用一个经过略微修改的交叉验证程序对一系列动态模型进行确定和评估，以识别最优拟合的预测模型。针对预测，在样本的末端去掉指定数量的周期，对候选模型的参数进行重新估计，然后对上述周期进行预测，以计算不同预测时间范围的预测误差。通过改变样本末端的时间点，可对不同历史期间的预测进行评估，之后可针对每个候选模型和每个预测期间计算均方根预测误差。相关模型如下：

- 国家和地区层面的误差修正模型，用于就业增长和劳动力增长之间呈现协整关系的国家和地区；
- 预测失业率本身的国家和地区层面模型；
- 预测失业率变化的国家和地区层面模型；
- 预测失业率的面板回归模型，其中面板数据维度为：（1）地理区域；（2）收入群体；（3）石油输出国；
- 预测失业率的多层次混合模型，具备随机截距和系数；
- 预测失业率变化的多层次混合模型，具备随机截距和系数。

模型根据其针对的不同时间周期的预测表现进行加权。也就是说，一个模型可能针对短期获得较高加权，而针对长期的加权值则较低。根据交叉验证获得的加权均方根预测误差以及从不同预测模型中获得的加权预测方差，估算预测的置信区间。

对失业率的误差范围的估算

如果国际劳工组织的模拟估算并非实际数值，而是通过计量经济学方法获得的，这些数值存在一定程度的不确定性。此外，对未来的预测也存在不确定性。我们对失业率的不确定性同样要进行估算。如上所述，我们使用交叉验证方法来识别可最大限度降低预测误差的模型。预测误差描述了基于模型的方法所带来的不确定性。然而，失业率表现出一定程度的序列依赖性，即时间上相邻的观测结果总是比时间上相距很远的观测值更加接近。因此，接近实际观测值的估计值的不确定性小于较为久远的真实观测值的不确定性。在确定误差范围时，也将这种影响纳入了考量。

失业率预测模型对不同时间周期的预测表现进行评估，从而提供指标以衡量基于模型的预测不确定性。此外，我们还通过对1991年以来国际货币基金组织世界经济展望数据库中不同年份的五年预测与实际数值进行比较，计算有关GDP增长预测不确定性的指标。我们使用这种不确定性指标，模拟100次随机的GDP增长预测，将其应用于100次失业预测，然后计算由于增长预测不确定性而产生的上述模拟预测的方差。失业率预测的总方差是基于模型的方差和增长不确定性方差之和。

对劳动力利用不足的估算（LU2、LU3和LU4）

该模型的目标变量采用了衡量劳动力利用不足的指标，其定义在2013年10月第19届国际劳工统计学家会议（ICLS）上通过的关于工作、就业和劳动力利用不足统计的决议中给出。上述衡量指标包括与时间相关的不充分就业和失业的综合比率（LU2）、失业和潜在劳动力的综合比率（LU3），以及劳动力利用不足的综合指标（LU4）。上述指标定义如下：

$$\text{LU2}=\frac{\text{失业人口}+\text{与时间相关的不充分就业人口}}{\text{劳动人口}}$$

$$\text{LU3}=\frac{\text{失业人口}+\text{潜在劳动力}}{\text{劳动力人口}+\text{潜在劳动力}}$$

$$\text{LU4}=\frac{\text{失业人口}+\text{潜在劳动力}+\text{与时间相关的不充分就业人口}}{\text{劳动力人口}+\text{潜在劳动力}}$$

处于与时间相关的不充分就业状态的人是指在一个较短的参考期内希望增加工作时间的工作者。他们在所有岗位的工作时间之和低于规定的工作时数阈值，而且如有机会，他们愿意增加工作时间。潜在劳动力包括积极寻求就业机会的适龄劳动人口，但他们不能在参考工作周上岗工作，需要推迟一段时间才能到岗（无法上岗工作的求职者），还包括那些没有积极寻求就业机会但有工作意愿且可在参考工作周到岗工作的人（可上岗工作的潜在求职者）。

与失业率模型一样，该模型使用交叉验证和不确定性估算原则来选择伪样本外表现最好的回归模型。但是，劳动力利用不足模型具备三个非常明确的特征。首先，模型对所有人口群体进行联合估算，采用适当的类别变量作为回归中的控制变量，因为人口群体之间是相互依赖的（同时，不同类别人口群体的数据可得性大体一致）。其次，该模型将失业和劳动力人口信息整合到回归之中（与其他变量一起使用，以反映经济和人口统计学因素）。最后，LU4是基于LU2和LU3的综合指标，所以这个指标完全由LU2和LU3决定。

所获得的估算值包括LU2、LU3和LU4，以及与时间相关的不充分就业水平和潜在劳动力水平。

按状态、职业和经济活动划分的就业分布估算

按状态、职业和经济活动（行业）划分，对就业分布进行估算，包括总量估算以及性别细分估算两个部分。首先，进行跨国和地区回归，以确定在数据完全缺失的国家和地区的每种就业相关类别所占的份额。在这个步骤，采用了有关人口统计、人均收入和经济结构方面的信息，以及对估算分布情况具有高预测能力的模型特定指标。针对每个类别的指标如下：

▶ 对于状态，采用了盖洛普世界民意调查中的雇主工作指数；

▶ 对于职业，某一特定职业的人员最可能从事的行业所创造的附加值占比；

▶ 对于行业，该行业创造的附加值占比。

下一步是对每个类别所占份额的发展变化情况进行估算，其中采用了有关经济周期以及经济结构和人口统计特征方面的信息。最后，对估算值进行重新平衡，以确保各个类别所占份额加总达到百分之百。

估算的行业基于国际劳工组织的专属分类，以确保联合国《所有经济活动的国际标准行业分类》（ISIC）修订本第3版和第4版之间最大限度地保持一致。行业A、B、C、F、G、I、K、O、P和Q与ISIC第4版的分类相对应。此外，定义了以下综合性行业：

▶ “公用事业”包括行业D和E；

▶ “交通、存储和通信”包括行业H和J；

▶ “房地产、商业和管理活动”包括行业L、M和N；

▶ “其他服务”包括行业R、S、T和U。

估算的职业在原则上符合1988年版和2008年版国际劳工组织《国际标准职业分类》（ISCO-88和ISCO-08）的主要类别。但是，自给农业职业在不同国家和地区的分类并不一致，有时甚至在同一国家和地区的不同年份，分类也有所不同。根据ISCO-08，自给农民的类别应为ISCO第6类，即技术农业工作者。然而，在一些自给农业占比较高的国家和地区报告中，第6类工作者占比较低，而第9类（初级职业）工作者占比较高。也就是说，在经济结构非常相似的国家和地区之间，第6类和第9类职业类别的占比可能大相径庭。确定第6类和第9类之间的误分类程度是不可行的。因此，为了获得一致且具有国际可比性的分类，第6类和第9类被合并进行统一估算。

按经济阶层划分的就业估算

针对部分国家和地区，按经济阶层开展就业估算。该模型将从失业、状态和经济活动模型中获得的数据作为输入数据，此外还包括其他人口统计学、社会和经济变量。

所采用的方法包含两个步骤。第一步，采用总人口的经济阶层（包括其他解释变量）估算工作者的经济阶层。此步骤基于这样的事实，即经济阶层在全部人口中的分布与在工作人口中的分布密切相关。总人口的经济阶层来自世界银行的PovcalNet数据库。一般而言，经济阶层是按照消费来界定的，但是在其他数据不可得的特殊情况下，可以用收入数据替代。

一旦获得了从第一步得到的估算数据，就可以对那些既没有工作人口经济阶层数据又没有来自第一步估算数值的观测值进行第二步估算。第二步骤取决于交叉验证以及对表现最佳的模型的后续选择，以确保获得令人满意的结果。

当前的模型版本将就业划分为五个不同的经济阶层：按购买力平价计算，工作者的生活费用为每天0~1.9美元、1.9~3.2美元、3.2~5.5美元、5.5~13.0美元以及13.0美元以上。

对劳动收入占比和劳动收入分配的估算

模型对劳动收入占比和劳动收入分配的完整面板数据集进行了估算。为此，将联合国统计司的国民账户数据和基于国际劳工组织的劳动收入微观数

据集进行了合并。如果没有国民账户数据和微观数据，则通过回归分析来估算必要的数据。估算基于在主要经济和劳动力市场变量方面具有相似性的国家和地区。

所采用的方法包含两个步骤。第一步是计算劳动力收入占比，并将自雇工作者的劳动收入考虑在内。将自雇工作者的劳动收入纳入考虑在经济学文献中已被广泛认可，被视为国际可比性的一项重要因素。为此，采用了有关就业状态的详细数据（通过上一节中所概述的模型获得），根据就业状态将自雇工作者细分成三个不同的群体：自营工作者、家庭雇员和雇主。此外，自雇工作者的每个群体的劳动收入相对于雇员的收入是根据微观数据的回归分析进行估算的。所得估算结果与劳动收入在总收入中所占份额相对应：

$$\text{劳动收入占比}=\frac{\text{劳动收入}}{\text{GDP}}$$

第二步，利用第一步中所估算的劳动收入水平和微观数据，按百分位数提供各国和地区以及各年份的劳动收入分配详情。这样就可以确定最后（第一）百分位、第二百分位在劳动总收入中所占百分比，依此类推。值得注意的是，由于就业采用了国际劳工统计学家会议（ICLS）推荐的定义，劳动收入是按照每个工作者计算的，而不是按照全职等效的原则。此外，对劳动收入的全球和区域分布进行了计算，精确到十分位水平。由于价格在不同国家和地区之间存在差异，对全球和区域劳动收入的十分位分布是按购买力平价计算的。

对未就业且未接受教育或培训的青年人口的估算

该模型的目标变量是未就业且未接受教育或培训的青年人口占比：

$$\text{未就业且未接受教育或培训的青年人口占比}=\frac{\text{未就业且未接受教育或培训的青年人口}}{\text{青年总人口}}$$

值得注意的是，按照定义，1减去未就业或未接受教育或培训的人口占比可得到处于就业状态或者参加某种类型的教育或培训计划的青年占比。未就业且未接受教育或培训的人口占比是用于衡量可持续发展目标实现进展情况的指标之一，尤其是可持续发展目标8（“促进持久、包容和可持续经济增长，促进充分的生产性就业和人人获得体面工作”）。

该模型使用交叉验证和不确定性估算的原则来选择伪样本外表现最好的回归模型，这一点与失业率模型相似。未就业且未接受教育或培训模型使用合适的类别变量作为回归控制变量，对所有人口统计群体进行联合估算，因为这些群体之间是相互依赖的（在各个群体之间，数据可得性大体一致）。该模型将有关失业率、劳动力和入学率等信息纳入回归之中（同时，使用其他变量来反映经济和人口统计因素）。所获得的估算结果包括未就业且未接受教育或培训青年人口的数量及占比。

按地理区域划分的关键指标估算：城市和农村劳动力市场指标

针对城市和农村地区，分别对如下指标进行估算：劳动力、失业率、LU2、LU3和LU4、未就业且未接受教育或培训的青年占比，以及按状态、经济活动和职业划分的就业分布。

为了获得估算结果，该模型将相关变量分解成两个部分。这里所描述的方法是用于劳动力模型的，还有一个类似的方法用于其他模型。该模型按地理区域估算的劳动力参与率（LFPR）可以表述为：

$$\text{劳动力参与率}_{ij}=\frac{\text{劳动力人口}_{ij}}{\text{人口}_{ij}}$$

$$i=\{\text{城市，农村}\};\ j=\{\text{性别}\times\text{年龄}\}$$

城市和农村劳动力参与率和全国劳动力参与率之间存在着一个特别重要的关系，即前者与后者的差距决定了城市和农村人口（劳动力参与率表达式中的分母）的相对占比。建模方法的策略是，在进行估算时，两个变量共同确定了农村和城市劳动力参与率。用于获得劳动力参与率的主要变量是城市和农村劳动力参与率之间的差距：

$$\text{城市差距}=\frac{\text{城市劳动力参与率}}{\text{农村劳动力参与率}}=\frac{1}{\text{农村差距}}$$

这个变量本身并不能确定城市和农村劳动力参与

率。要完善可用于获得上述两个参与率的方程组，还需另外一个变量，该变量是在按区域类型划分的劳动力参与率表达式中的分母（即人口）中所占份额：

$$\text{城市占比}=\frac{\text{城市劳动力}\div\text{城市劳动力参与率}}{\text{农村劳动力}\div\text{农村劳动力参与率}+\text{城市劳动力}\div\text{城市劳动力参与率}}=1-\text{农村占比}$$

将上述两个参与率分解为差距和占比变量具有两大主要优势。第一，借此我们可以对上述两个参与率与总参与率之间的差距以及城市和农村人口占比之间的依存关系建立明确的模型。第二，通过该框架，易于外推至其他相关变量。一旦利用回归方法，对两个辅助变量进行估算之后，可将相关结果方便地应用于计算相关的城市劳动力参与率和农村劳动力参与率：

$$\text{城市劳动力参与率}=\frac{\text{劳动力参与率}}{\text{城市占比}+\dfrac{\text{农村占比}}{\text{城市差距}}}$$

$$\text{农村劳动力参与率}=\frac{\text{劳动力参与率}-\text{城市占比}\times\text{城市劳动力参与率}}{\text{农村占比}}$$

如上所述，失业、劳动力利用不足、未就业且未接受教育或培训青年人口和就业分布模型采用相同的方法。

为了估算所有变量的差距和占比，按地理区域划分的关键指标模型使用交叉验证原则和不确定性估算原则来选择伪样本外表现最好的回归模型，这与失业率模型相同。但是，在这种情况下，估算的目标是变量的差距和占比，而不直接是相关变量本身。在地理区域模型中，对所有人口统计群体进行联合估算，采用适当的类别变量作为回归的控制变量，因为各个群体之间是互相依赖的（数据可得性在不同群体之间大体一致）。上述模型在估算中采用各种反映经济和社会因素的指标作为解释变量。最后，建模方法要确保相互依赖的变量的一致性。为此，将劳动力估算值作为按地理区域划分的失业和劳动力利用不足分布模型的基础。将通过劳动力模型获得的人口基准用于按地理区域划分的未就业且未接受教育或培训人口分布模型。类似地，按农村和城市地区划分的失业估算值被用作按地理区域划分的劳动力利用不足估算的基础。最后，通过劳动力分布模型和失业分布模型获得的按地理区域划分的就业估算值被用作估算按地理区域划分的就业状态、经济活动和职业方面的就业分布的基础。

所得到的估算结果是占比（或比率）和相关水平。按农村和城市划分，可提供下列估算结果：劳动力参与率、劳动力人口、失业率、失业水平、LU2、与时间相关的不充分就业、LU3、潜在劳动力、LU4、劳动力利用不足综合指标，以及按就业状态、经济活动和职业划分的就业分布。

社会动荡指数

社会动荡指数反映了全国（地区）“社会健康”水平。该指数采用来自全球事件、语言和语调数据库（GDELT）项目中关于全球被分类为“抗议”事件的数据（在该数据库中的代码为14）。该数据库记录了很多不同类型的抗议行为，包括街头抗议、骚乱、集会、抵制、阻塞道路和罢工。此类抗议事件不一定是暴力性质的，但能够反映发生此类事件的国家和地区存在一定程度的对社会、政治和经济状况的不满。

指数范围为0~100，其计算方法是，对GDELT项目中所报告的一国和地区在特定年份的抗议事件在总事件中的占比进行对数变换。指数为100指抗议事件在全部事件中的占比达15%或以上。

社会动荡是各国和地区之间的一个相对概念。两个国家或地区的社会动荡指数相同并不意味着这两个国家或地区的社会动荡状况完全一致，因为各国和地区的文化、历史和报告方法存在内在差异。社会动荡指数可以进行跨国和地区比较，以发现那些正处于强烈动荡时期的国家或地区。然而，如果说一个国家或地区经历的动荡比另外一个国家或地区高10%，这种说法在概念上是不正确的。

附录3　对制造业就业细分的估算

我们按照《所有经济活动的国际标准行业分类》（ISIC）修订本第4版将制造业细分为不同的子行业，但以下子行业除外，这些子行业被归类在一起（比如，D10T12是指ISIC修订本第4版中两位数分类代码为10~12的行业）：

- D10T12–食品、饮料和烟草
- D13T15–纺织品、服装、皮革和相关产品
- D17T18–纸制品和印刷
- D20T21–化学品和药品
- D31T33–其他制造；机器和设备修理和安装

估算制造业子行业中就业分布细分的方法本质上与附录2中所述的用于按经济活动估算就业分布的方法相同。通过交叉验证，对候选模型进行评估，然后选择最佳模型组合。不过，我们使用了如下额外的数据来源，其针对每个子行业的详细程度相同：

- 经合组织数据库“6A. 附加值及其按活动划分的组成部分，ISIC修订本第4版，2019年档案”，提供每个子行业的附加值占比；
- 经合组织数据库“7A. 按活动划分的劳动输入，ISIC修订本第4版，2019年档案”，提供每个子行业的就业占比；
- 经合组织按行业和最终用途类别划分的STAN双边贸易数据库，提供每个子行业的出口占比；
- 联合国工业发展组织INDSTAT4–工业数据库，提供每个子行业的就业和附加值占比；
- 世界投入—产出数据库，提供每个子行业的就业和附加值占比。

数据检查显示，来自上述其他来源的子行业就业占比不能与来自ILOSTAT数据库的数据完全匹配，主要原因在于二者采用了不同的数据采集方法。因此，我们并未直接使用上述就业占比，只是将其用于估算与ILOSTAT数据库方法一致的数据。

附录4 不同收入水平国家和各次区域的全球劳动力市场指标

世界

指标	类别	单位	2000年	2001年	2002年	2003年	2004年	2005年	2006年	2007年	2008年
劳动力参与率	总计	%	64.7	64.4	64.2	64.0	63.9	63.7	63.5	63.3	63.1
劳动力参与率	男性	%	78.5	78.2	77.9	77.6	77.5	77.3	77.0	76.9	76.7
劳动力参与率	女性	%	51.0	50.8	50.6	50.5	50.4	50.3	50.0	49.8	49.5
劳动力参与率	青年	%	52.3	51.6	51.0	50.3	50.0	49.6	49.0	48.4	47.9
劳动力	总计	百万人	2777.6	2814.0	2855.8	2900.9	2949.6	2995.7	3032.7	3073.3	3109.0
劳动力	男性	百万人	1679.7	1702.3	1727.6	1754.0	1784.0	1811.5	1836.5	1862.4	1887.5
劳动力	女性	百万人	1097.9	1111.7	1128.2	1147.0	1165.5	1184.2	1196.2	1210.9	1221.6
劳动力	青年	百万人	567.7	568.4	572.6	576.0	583.1	586.5	585.3	583.4	579.8
就业人口比	总计	%	61.0	60.7	60.3	60.0	60.0	60.0	59.9	59.9	59.7
就业人口	总计	百万人	2617.5	2649.5	2681.4	2721.6	2772.2	2819.0	2863.1	2908.9	2942.7
劳动力利用不足综合比率	总计	%						13.8	13.5	13.2	13.2
劳动力利用不足总人口	总计	百万人						427.9	422.6	419.2	423.0
失业率	总计	%	5.8	5.8	6.1	6.2	6.0	5.9	5.6	5.4	5.4
失业人口	总计	百万人	160.0	164.5	174.4	179.4	177.3	176.7	169.6	164.5	166.4
与时间相关的不充分就业率	总计	%						5.4	5.4	5.4	5.4
与时间相关的不充分就业人口	总计	百万人						153.6	155.1	156.4	159.5
潜在劳动力比率	总计	%						3.2	3.1	3.1	3.0
潜在劳动力	总计	百万人						97.6	98.0	98.4	97.2
未就业且未接受教育或培训的青年占比	青年	%						23.2	22.8	22.3	22.0
未就业且未接受教育或培训的青年人口	青年	百万人						273.8	272.2	269.0	266.2
极端工作贫困率	总计	%	26.3	25.2	23.7	22.2	20.3	18.6	17.6	16.6	16.2
中等工作贫困率	总计	%	21.4	21.3	21.0	20.8	20.4	20.0	19.3	18.7	18.3
极端工作贫困人口	总计	百万人	688.6	668.0	634.2	605.1	564.0	525.2	505.1	482.0	476.5
中等工作贫困人口	总计	百万人	561.4	564.1	563.1	565.3	565.9	565.0	553.9	544.0	539.3
工薪工作者	总计	%	45.3	45.6	45.8	46.0	46.4	46.8	47.3	47.8	48.3
雇主	总计	%	2.5	2.5	2.5	2.5	2.5	2.5	2.5	2.5	2.5
自营工作者	总计	%	35.0	34.8	34.8	34.8	34.7	34.5	34.5	34.5	34.4
家庭雇员	总计	%	17.3	17.1	16.8	16.7	16.4	16.1	15.6	15.2	14.7

（续表）

2009年	2010年	2011年	2012年	2013年	2014年	2015年	2016年	2017年	2018年	2019年	2020年	2021年	2022年	2023年
62.8	62.5	62.2	62.0	61.8	61.5	61.4	61.2	61.0	60.9	60.7	60.5	60.3	60.1	59.8
76.4	76.1	76.0	75.8	75.5	75.3	75.0	74.8	74.6	74.4	74.2	74.0	73.8	73.6	73.4
49.2	48.8	48.5	48.3	48.0	47.8	47.7	47.6	47.5	47.4	47.2	47.0	46.8	46.5	46.3
47.1	46.2	45.5	44.7	43.9	43.1	42.6	42.2	41.8	41.4	41.2	41.0	40.7	40.5	40.2
3142.6	3172.7	3205.8	3240.9	3273.9	3306.6	3342.8	3376.8	3413.3	3449.2	3482.4	3515.0	3545.7	3575.9	3605.9
1909.1	1931.2	1954.5	1978.8	1999.7	2020.3	2042.2	2062.6	2084.6	2105.8	2128.4	2150.6	2171.3	2191.8	2212.1
1233.5	1241.6	1251.3	1262.1	1274.1	1286.3	1300.6	1314.1	1328.8	1343.4	1354.0	1364.4	1374.4	1384.1	1393.8
572.4	561.5	552.2	541.2	529.1	518.4	511.1	505.6	501.5	497.6	496.5	495.6	495.1	494.8	494.8
59.0	58.8	58.6	58.4	58.2	58.1	57.9	57.7	57.6	57.6	57.4	57.2	57.0	56.8	56.5
2954.0	2984.9	3019.8	3053.8	3084.9	3120.4	3154.4	3185.5	3223.4	3263.4	3294.7	3324.7	3352.0	3379.0	3406.1
14.0	13.9	13.8	13.7	13.7	13.5	13.4	13.4	13.3	13.1	13.1	13.2	13.2	13.3	13.4
455.3	456.6	455.7	459.9	462.4	460.2	462.8	468.7	469.5	467.5	472.5	478.6	485.5	492.3	498.6
6.0	5.9	5.8	5.8	5.8	5.6	5.6	5.7	5.6	5.4	5.4	5.4	5.5	5.5	5.5
188.5	187.8	186.0	187.1	188.9	186.2	188.4	191.3	190.0	185.8	187.7	190.3	193.7	197.0	199.8
5.5	5.5	5.4	5.4	5.3	5.2	5.2	5.1	5.1	5.0	5.0	5.0	5.0	5.0	5.0
163.9	163.0	162.1	163.6	164.0	162.6	162.7	162.7	164.1	164.2	165.5	166.7	167.9	169.0	170.2
3.2	3.2	3.2	3.3	3.2	3.3	3.2	3.3	3.3	3.3	3.3	3.3	3.4	3.4	3.4
102.9	105.8	107.6	109.2	109.4	111.4	111.7	114.7	115.5	117.5	119.4	121.6	124.0	126.4	128.7
22.1	21.9	21.7	21.6	21.8	21.7	21.7	21.6	21.7	21.9	22.2	22.3	22.5	22.6	22.8
268.8	265.8	263.9	261.8	263.3	260.7	260.0	259.0	260.3	263.2	267.0	269.7	273.0	276.4	280.1
15.2	14.3	12.4	11.0	9.3	8.8	8.3	8.0	7.7	7.4	7.1	6.9	6.6	6.4	6.3
17.9	17.3	16.8	16.1	15.4	14.7	13.9	13.5	13.0	12.6	12.2	11.9	11.5	11.2	10.9
448.6	425.5	373.9	337.2	286.6	273.4	262.0	256.0	248.7	241.1	234.4	228.0	222.6	217.7	213.2
529.3	515.1	507.1	492.8	474.2	457.6	439.3	429.2	419.0	410.1	402.3	394.6	387.1	379.9	372.9
48.4	48.8	49.4	50.2	50.7	51.2	51.7	52.1	52.4	52.7	52.8	52.8	52.8	52.9	52.9
2.5	2.5	2.5	2.5	2.5	2.5	2.5	2.5	2.6	2.6	2.6	2.6	2.6	2.6	2.6
34.6	34.6	34.4	33.9	33.9	33.7	33.6	33.6	33.6	33.5	33.7	33.8	33.9	34.1	34.2
14.4	14.1	13.7	13.3	12.9	12.6	12.2	11.8	11.4	11.1	10.9	10.8	10.6	10.4	10.3

低收入国家

指标	类别	单位	2000年	2001年	2002年	2003年	2004年	2005年	2006年	2007年	2008年
劳动力参与率	总计	%	73.8	73.7	73.7	73.6	73.5	73.4	73.1	72.8	72.5
劳动力参与率	男性	%	82.3	82.2	82.1	82.0	81.9	81.7	81.5	81.3	81.0
劳动力参与率	女性	%	65.7	65.6	65.6	65.6	65.6	65.5	65.1	64.7	64.4
劳动力参与率	青年	%	61.3	61.2	61.0	60.8	60.6	60.3	59.9	59.5	59.1
劳动力	总计	百万人	184.1	189.0	194.3	199.8	205.4	211.1	216.5	221.8	227.5
劳动力	男性	百万人	100.3	103.0	105.9	108.8	111.9	115.1	118.1	121.2	124.5
劳动力	女性	百万人	83.7	86.0	88.4	90.9	93.5	96.1	98.3	100.6	103.0
劳动力	青年	百万人	53.9	55.4	56.9	58.4	60.0	61.6	62.9	64.2	65.5
就业人口比	总计	%	70.7	70.6	70.5	70.5	70.4	70.4	70.1	69.8	69.6
就业人口	总计	百万人	176.3	181.0	185.9	191.1	196.7	202.4	207.6	212.8	218.2
劳动力利用不足综合比率	总计	%						19.1	19.1	19.3	19.4
劳动力利用不足总人口	总计	百万人						42.0	43.1	44.5	46.1
失业率	总计	%	4.2	4.3	4.3	4.3	4.2	4.2	4.1	4.1	4.1
失业人口	总计	百万人	7.8	8.1	8.4	8.7	8.7	8.8	8.9	9.0	9.3
与时间相关的不充分就业率	总计	%						12.0	12.1	12.3	12.4
与时间相关的不充分就业人口	总计	百万人						24.4	25.1	26.1	27.2
潜在劳动力比率	总计	%						4.0	4.0	4.0	4.1
潜在劳动力	总计	百万人						8.8	9.1	9.3	9.7
未就业且未接受教育或培训的青年占比	青年	%						19.7	19.5	19.3	19.0
未就业且未接受教育或培训的青年人口	青年	百万人						20.1	20.4	20.8	21.0
极端工作贫困率	总计	%	60.0	58.7	57.4	55.9	54.1	52.2	50.8	49.4	48.1
中等工作贫困率	总计	%	21.0	21.6	22.2	22.9	23.7	24.5	25.0	25.4	25.9
极端工作贫困人口	总计	百万人	105.8	106.2	106.7	106.9	106.5	105.6	105.5	105.1	104.9
中等工作贫困人口	总计	百万人	37.0	39.1	41.4	43.7	46.6	49.6	51.8	54.1	56.4
工薪工作者	总计	%	14.3	14.3	14.4	14.4	14.5	14.5	14.8	15.0	15.5
雇主	总计	%	1.5	1.5	1.5	1.5	1.5	1.5	1.5	1.5	1.5
自营工作者	总计	%	52.6	52.6	52.5	52.5	52.5	52.5	52.6	52.5	52.2
家庭雇员	总计	%	31.6	31.6	31.6	31.5	31.5	31.4	31.1	31.0	30.8

（续表）

2009年	2010年	2011年	2012年	2013年	2014年	2015年	2016年	2017年	2018年	2019年	2020年	2021年	2022年	2023年
72.2	71.9	71.6	71.3	71.1	70.8	70.7	70.7	70.7	70.6	70.6	70.6	70.5	70.5	70.4
80.7	80.5	80.2	79.9	79.6	79.2	79.0	78.8	78.6	78.4	78.4	78.3	78.3	78.3	78.2
64.0	63.7	63.4	63.1	62.9	62.8	62.9	63.0	63.1	63.2	63.2	63.1	63.0	62.9	62.8
58.7	58.3	58.0	57.6	57.3	56.8	56.6	56.4	56.1	55.8	55.7	55.5	55.4	55.2	55.1
233.1	239.0	244.7	250.5	256.8	263.2	270.6	278.6	286.9	295.5	304.7	314.1	323.8	333.9	344.2
127.6	130.9	134.1	137.3	140.6	143.9	147.6	151.7	156.0	160.5	165.6	170.8	176.3	182.0	187.9
105.4	108.0	110.6	113.2	116.2	119.3	122.9	126.9	130.9	135.0	139.1	143.3	147.5	151.9	156.3
66.8	68.2	69.7	71.1	72.7	74.1	75.9	77.7	79.4	81.0	83.1	85.1	87.0	89.0	90.9
69.1	68.8	68.6	68.3	68.1	67.9	67.8	67.9	67.9	67.9	67.9	67.8	67.7	67.7	67.6
223.3	228.7	234.3	239.9	246.1	252.5	259.5	267.3	275.5	284.0	292.7	301.8	311.0	320.6	330.5
19.8	20.1	20.2	20.4	20.5	20.4	20.5	20.4	20.3	20.3	20.3	20.3	20.3	20.3	20.3
48.1	50.1	51.6	53.2	54.9	56.2	57.8	59.4	60.9	62.5	64.5	66.6	68.7	70.9	73.1
4.2	4.3	4.3	4.2	4.2	4.1	4.1	4.1	4.0	3.9	3.9	3.9	4.0	4.0	4.0
9.8	10.3	10.5	10.6	10.7	10.7	11.1	11.3	11.4	11.5	11.9	12.4	12.8	13.2	13.7
12.6	12.8	13.0	13.2	13.4	13.5	13.5	13.4	13.4	13.4	13.4	13.4	13.4	13.4	13.3
28.2	29.3	30.5	31.7	33.0	34.0	34.9	35.9	37.0	38.1	39.2	40.4	41.6	42.8	44.1
4.1	4.2	4.2	4.2	4.2	4.2	4.2	4.2	4.2	4.2	4.2	4.2	4.2	4.2	4.3
10.0	10.4	10.7	10.9	11.2	11.5	11.8	12.2	12.5	12.9	13.3	13.8	14.3	14.8	15.3
19.0	19.0	18.9	18.8	19.2	19.2	19.5	19.6	19.6	19.7	19.8	19.8	19.9	20.0	20.1
21.6	22.2	22.8	23.2	24.3	25.0	26.2	27.0	27.7	28.6	29.5	30.4	31.3	32.2	33.1
46.6	45.1	43.6	42.1	41.8	41.0	40.8	40.7	39.9	39.0	38.2	37.3	36.5	35.6	34.8
26.2	26.6	27.3	27.8	27.9	27.9	27.9	27.8	27.8	27.8	27.8	27.8	27.8	27.8	27.7
104.1	103.0	102.2	100.9	102.8	103.6	105.8	108.7	110.0	110.8	111.8	112.5	113.4	114.2	115.0
58.5	60.9	63.9	66.6	68.6	70.4	72.5	74.2	76.5	79.0	81.4	83.9	86.4	89.0	91.7
15.8	16.2	16.6	16.9	17.1	17.3	17.4	17.5	17.7	17.8	17.9	18.1	18.3	18.5	18.6
1.5	1.5	1.6	1.7	1.7	1.7	1.7	1.7	1.8	1.8	1.8	1.8	1.8	1.8	1.8
52.1	51.7	51.5	51.2	50.9	50.6	50.8	50.9	51.0	51.1	51.2	51.3	51.4	51.5	51.6
30.6	30.5	30.4	30.2	30.3	30.4	30.1	29.8	29.5	29.3	29.1	28.8	28.6	28.3	28.0

中等偏下收入国家

指标	类别	单位	2000年	2001年	2002年	2003年	2004年	2005年	2006年	2007年	2008年
劳动力参与率	总计	%	59.9	59.8	59.6	59.6	59.6	59.6	59.1	58.9	58.5
劳动力参与率	男性	%	80.7	80.6	80.5	80.3	80.4	80.2	79.9	79.6	79.3
劳动力参与率	女性	%	38.5	38.4	38.2	38.3	38.4	38.4	37.8	37.7	37.2
劳动力参与率	青年	%	46.2	45.9	45.8	45.5	45.5	45.0	44.2	43.3	42.4
劳动力	总计	百万人	871.8	890.1	908.1	928.5	950.4	969.7	983.2	1000.8	1014.9
劳动力	男性	百万人	594.8	607.5	620.5	633.5	648.4	660.9	672.4	684.5	696.4
劳动力	女性	百万人	277.0	282.6	287.6	295.0	302.0	308.9	310.8	316.4	318.5
劳动力	青年	百万人	207.2	209.9	213.2	215.4	219.1	220.0	218.5	216.8	214.0
就业人口比	总计	%	56.6	56.5	56.3	56.3	56.4	56.3	56.0	55.9	55.6
就业人口	总计	百万人	824.2	841.6	858.2	877.4	898.4	916.8	931.9	949.8	964.3
劳动力利用不足综合比率	总计	%						12.8	12.5	12.3	12.2
劳动力利用不足总人口	总计	百万人						127.5	126.4	126.8	126.9
失业率	总计	%	5.5	5.5	5.5	5.5	5.5	5.5	5.2	5.1	5.0
失业人口	总计	百万人	47.6	48.5	49.9	51.1	52.0	52.9	51.3	51.0	50.5
与时间相关的不充分就业率	总计	%						5.2	5.1	5.1	5.0
与时间相关的不充分就业人口	总计	百万人						47.6	47.8	48.1	48.4
潜在劳动力比率	总计	%						2.7	2.7	2.7	2.7
潜在劳动力	总计	百万人						27.1	27.3	27.6	28.0
未就业且未接受教育或培训的青年占比	青年	%						27.7	27.3	26.9	26.5
未就业且未接受教育或培训的青年人口	青年	百万人						135.6	135.1	134.5	133.5
极端工作贫困率	总计	%	34.9	34.0	32.3	30.9	29.3	28.0	27.5	25.8	24.7
中等工作贫困率	总计	%	34.3	34.5	34.4	34.3	34.4	34.5	34.3	34.0	33.9
极端工作贫困人口	总计	百万人	288.0	286.3	277.0	271.0	263.5	257.0	255.9	244.9	238.3
中等工作贫困人口	总计	百万人	282.6	290.2	295.2	300.9	309.3	316.0	319.3	322.7	327.0
工薪工作者	总计	%	25.9	26.3	26.5	26.4	26.8	27.2	27.8	28.1	28.4
雇主	总计	%	1.9	2.1	2.1	2.1	2.2	2.2	2.1	2.2	2.2
自营工作者	总计	%	51.9	51.3	51.2	51.0	50.7	50.5	50.8	51.0	51.2
家庭雇员	总计	%	20.3	20.3	20.2	20.5	20.3	20.2	19.3	18.7	18.1

（续表）

2009年	2010年	2011年	2012年	2013年	2014年	2015年	2016年	2017年	2018年	2019年	2020年	2021年	2022年	2023年
58.2	57.9	57.5	57.0	56.6	56.4	56.0	55.7	55.5	55.3	55.2	55.2	55.1	55.0	54.9
79.0	78.8	78.6	78.3	77.8	77.4	77.0	76.5	76.2	75.9	75.8	75.7	75.6	75.5	75.4
36.8	36.4	35.9	35.1	34.9	34.7	34.5	34.3	34.2	34.1	34.1	34.0	34.0	33.9	33.8
41.5	40.5	39.6	38.6	37.8	37.3	36.7	36.1	35.6	35.1	34.9	34.7	34.5	34.3	34.1
1029.7	1045.4	1059.3	1070.3	1084.8	1100.4	1115.3	1128.9	1145.7	1162.6	1182.0	1201.5	1220.3	1239.1	1258.0
708.1	720.7	733.3	744.5	755.3	766.0	776.5	786.4	797.8	808.7	822.4	836.2	849.4	862.7	876.0
321.6	324.8	326.0	325.7	329.5	334.4	338.8	342.5	347.9	353.9	359.6	365.3	370.9	376.4	381.9
211.1	207.9	205.1	201.5	199.2	197.9	196.4	194.9	193.8	192.2	192.5	192.8	193.1	193.5	193.8
55.2	55.0	54.6	54.1	53.7	53.5	53.1	52.7	52.5	52.4	52.3	52.2	52.1	52.0	51.9
976.9	992.7	1005.1	1015.9	1028.7	1044.1	1057.0	1069.1	1085.0	1101.5	1119.6	1137.7	1155.4	1173.0	1190.4
12.3	12.3	12.3	12.3	12.3	12.2	12.2	12.3	12.2	12.2	12.2	12.2	12.2	12.2	12.2
130.7	132.0	134.5	135.1	137.0	138.5	139.8	142.8	144.0	146.1	148.6	151.0	153.4	155.8	158.4
5.1	5.0	5.1	5.1	5.2	5.1	5.2	5.3	5.3	5.3	5.3	5.3	5.3	5.3	5.4
52.8	52.7	54.1	54.4	56.1	56.3	58.3	59.8	60.7	61.1	62.4	63.7	64.9	66.2	67.5
5.0	4.9	4.8	4.8	4.8	4.7	4.6	4.5	4.5	4.5	4.5	4.4	4.4	4.4	4.4
48.8	48.9	48.7	48.8	49.0	48.7	48.6	48.6	48.9	49.3	49.9	50.4	50.9	51.4	51.8
2.8	2.8	2.9	2.9	2.9	2.9	2.9	3.0	2.9	3.0	3.0	3.0	3.0	3.0	3.0
29.1	30.3	31.6	31.9	32.0	33.4	32.9	34.5	34.4	35.6	36.2	36.9	37.6	38.3	39.0
26.4	25.8	25.6	25.4	25.8	25.8	25.9	25.7	25.9	26.2	26.5	26.7	26.8	26.9	27.0
134.1	132.4	132.2	132.6	136.0	136.9	138.4	138.8	140.7	143.6	146.5	148.3	150.0	151.9	153.7
23.0	21.6	19.2	16.8	15.5	14.5	13.6	12.6	11.7	10.8	10.0	9.3	8.7	8.1	7.6
33.3	32.2	31.7	30.8	30.1	29.3	28.2	27.3	26.1	25.1	24.1	23.1	22.2	21.2	20.3
225.1	214.6	192.6	170.7	159.9	151.2	143.4	134.9	126.6	119.0	112.1	105.7	100.1	94.9	90.2
325.6	320.1	318.5	313.3	310.0	306.3	298.1	291.6	283.6	276.5	270.1	263.2	256.2	249.0	241.7
28.8	29.3	30.4	31.7	32.4	33.0	33.9	34.6	35.2	35.7	36.0	36.3	36.5	36.8	37.1
2.3	2.3	2.4	2.5	2.4	2.5	2.5	2.6	2.7	2.8	2.8	2.8	2.8	2.8	2.8
51.3	51.3	50.7	49.8	49.7	49.4	49.1	48.8	48.8	48.7	48.7	48.8	48.8	48.8	48.9
17.6	17.1	16.5	16.0	15.4	15.2	14.4	14.0	13.3	12.9	12.5	12.2	11.9	11.6	11.2

中等偏上收入国家

指标	类别	单位	2000年	2001年	2002年	2003年	2004年	2005年	2006年	2007年	2008年
劳动力参与率	总计	%	69.7	69.2	68.7	68.2	67.9	67.5	67.2	67.0	66.7
劳动力参与率	男性	%	79.9	79.4	78.8	78.2	77.9	77.6	77.3	77.1	76.9
劳动力参与率	女性	%	59.5	59.0	58.7	58.2	57.9	57.6	57.2	56.9	56.6
劳动力参与率	青年	%	57.9	56.5	55.3	54.1	53.3	52.7	52.0	51.6	51.4
劳动力	总计	百万人	1196.2	1206.1	1220.2	1234.6	1250.9	1264.9	1276.5	1287.5	1296.4
劳动力	男性	百万人	684.3	690.2	697.7	706.2	716.0	724.2	731.3	738.3	744.7
劳动力	女性	百万人	511.9	516.0	522.5	528.5	535.0	540.7	545.2	549.2	551.7
劳动力	青年	百万人	232.6	230.0	230.0	230.7	232.8	233.3	232.0	230.9	229.1
就业人口比	总计	%	65.6	64.9	64.3	63.7	63.6	63.4	63.2	63.2	62.9
就业人口	总计	百万人	1125.8	1132.6	1141.5	1153.5	1172.1	1186.5	1201.1	1214.6	1223.3
劳动力利用不足综合比率	总计	%						14.4	14.0	13.7	13.4
劳动力利用不足总人口	总计	百万人						188.2	184.6	181.8	179.0
失业率	总计	%	5.9	6.1	6.4	6.6	6.3	6.2	5.9	5.7	5.6
失业人口	总计	百万人	70.4	73.5	78.7	81.1	78.8	78.4	75.4	72.9	73.1
与时间相关的不充分就业率	总计	%						5.6	5.4	5.4	5.2
与时间相关的不充分就业人口	总计	百万人						65.9	65.4	65.1	64.0
潜在劳动力比率	总计	%						3.4	3.3	3.3	3.1
潜在劳动力	总计	百万人						43.9	43.8	43.8	41.9
未就业且未接受教育或培训的青年占比	青年	%						22.1	21.8	21.2	20.7
未就业且未接受教育或培训的青年人口	青年	百万人						97.8	97.2	94.8	92.4
极端工作贫困率	总计	%	26.2	24.3	21.9	19.7	16.5	13.7	11.9	10.9	10.9
中等工作贫困率	总计	%	21.4	20.7	19.8	19.1	17.9	16.8	15.2	13.7	12.7
极端工作贫困人口	总计	百万人	294.5	275.1	250.2	226.9	193.8	162.3	143.5	131.9	133.3
中等工作贫困人口	总计	百万人	241.2	234.2	226.1	220.2	209.6	199.0	182.4	166.9	155.6
工薪工作者	总计	%	47.1	47.8	48.5	49.2	50.0	50.8	51.5	52.4	53.2
雇主	总计	%	2.2	2.3	2.3	2.3	2.3	2.3	2.4	2.3	2.3
自营工作者	总计	%	31.2	31.1	30.9	30.7	30.4	30.2	30.0	29.7	29.4
家庭雇员	总计	%	19.5	18.8	18.3	17.8	17.2	16.7	16.1	15.6	15.1

（续表）

2009年	2010年	2011年	2012年	2013年	2014年	2015年	2016年	2017年	2018年	2019年	2020年	2021年	2022年	2023年
66.5	66.1	65.9	65.9	65.6	65.3	65.2	65.0	64.8	64.5	64.2	63.8	63.4	63.0	62.6
76.7	76.3	76.2	76.1	75.9	75.7	75.5	75.3	75.1	74.8	74.5	74.2	73.8	73.4	73.0
56.4	55.8	55.7	55.7	55.5	55.1	55.0	54.9	54.6	54.4	54.0	53.5	53.1	52.7	52.3
50.9	50.0	49.2	48.3	47.1	45.9	45.1	44.5	43.9	43.4	43.1	42.8	42.4	42.0	41.5
1306.2	1311.2	1321.4	1333.9	1342.2	1348.6	1358.4	1365.3	1371.8	1377.2	1380.1	1382.3	1383.9	1384.9	1385.5
750.3	754.8	760.6	767.4	772.6	777.2	782.6	786.6	790.6	794.1	796.9	799.2	801.0	802.4	803.5
555.8	556.4	560.8	566.5	569.6	571.5	575.8	578.7	581.2	583.1	583.2	583.1	582.9	582.5	582.0
225.2	218.0	210.5	201.5	190.7	180.4	173.1	167.2	162.7	159.0	156.6	154.2	152.1	150.1	148.4
62.4	62.2	62.1	62.1	61.9	61.7	61.4	61.1	60.8	60.7	60.3	59.9	59.5	59.1	58.7
1225.9	1233.9	1245.8	1258.2	1266.2	1272.5	1279.0	1282.2	1288.0	1295.2	1296.3	1297.8	1298.3	1298.4	1298.4
14.0	13.7	13.4	13.3	13.1	12.9	13.1	13.4	13.5	13.4	13.6	13.6	13.7	13.8	13.8
189.5	186.2	183.1	183.7	182.0	180.6	184.5	189.8	192.3	191.9	194.1	195.3	196.8	198.1	198.8
6.1	5.9	5.7	5.7	5.7	5.6	5.8	6.1	6.1	6.0	6.1	6.1	6.2	6.2	6.3
80.2	77.3	75.6	75.7	75.9	76.2	79.4	83.1	83.8	82.0	83.8	84.5	85.6	86.5	87.0
5.3	5.1	5.0	4.9	4.7	4.6	4.5	4.5	4.6	4.6	4.5	4.5	4.4	4.4	4.3
64.5	63.3	61.9	61.8	59.9	58.3	58.2	58.0	58.7	59.1	58.5	58.0	57.4	56.9	56.3
3.3	3.4	3.3	3.4	3.3	3.3	3.3	3.4	3.5	3.6	3.6	3.7	3.7	3.8	3.9
44.7	45.6	45.6	46.3	46.2	46.1	47.0	48.7	49.8	50.9	51.9	52.8	53.8	54.7	55.5
20.6	20.5	20.4	20.3	20.2	20.0	20.0	20.0	20.2	20.3	20.6	20.7	20.9	21.1	21.2
91.2	89.2	87.3	84.4	81.8	78.8	76.6	75.1	74.9	74.5	74.8	74.7	75.0	75.4	75.9
9.7	8.7	6.3	5.2	1.9	1.5	1.0	1.0	0.9	0.9	0.8	0.7	0.7	0.7	0.6
11.8	10.8	10.0	9.0	7.5	6.3	5.4	4.9	4.6	4.2	3.9	3.6	3.4	3.2	3.0
119.2	107.8	79.0	65.5	23.8	18.6	12.8	12.3	12.1	11.3	10.5	9.7	9.1	8.5	8.0
144.9	133.8	124.5	112.7	95.4	80.7	68.5	63.2	58.7	54.4	50.6	47.3	44.3	41.7	39.3
53.7	54.4	55.0	55.8	56.5	57.2	57.8	58.2	58.7	59.2	59.4	59.6	59.8	60.0	60.2
2.3	2.2	2.2	2.2	2.2	2.2	2.2	2.2	2.3	2.3	2.3	2.3	2.4	2.4	2.4
29.4	29.2	29.1	28.8	28.7	28.5	28.4	28.4	28.3	28.3	28.3	28.3	28.3	28.3	28.2
14.6	14.1	13.7	13.2	12.6	12.0	11.6	11.1	10.7	10.2	10.0	9.8	9.6	9.4	9.2

高收入国家

指标	类别	单位	2000年	2001年	2002年	2003年	2004年	2005年	2006年	2007年	2008年
劳动力参与率	总计	%	60.5	60.3	60.3	60.2	60.2	60.4	60.5	60.6	60.8
劳动力参与率	男性	%	70.9	70.4	70.2	69.9	69.7	69.8	69.8	69.8	69.8
劳动力参与率	女性	%	50.6	50.6	50.8	51.0	51.1	51.4	51.6	51.8	52.1
劳动力参与率	青年	%	50.1	49.5	48.9	48.2	47.9	48.1	48.1	47.8	47.5
劳动力	总计	百万人	525.5	528.7	533.3	538.0	542.8	550.0	556.5	563.2	570.2
劳动力	男性	百万人	300.3	301.6	303.6	305.4	307.8	311.4	314.7	318.4	321.9
劳动力	女性	百万人	225.2	227.1	229.7	232.6	235.1	238.6	241.8	244.8	248.3
劳动力	青年	百万人	73.9	73.1	72.4	71.5	71.2	71.6	71.9	71.5	71.2
就业人口比	总计	%	56.6	56.4	56.0	55.9	56.0	56.4	56.8	57.3	57.2
就业人口	总计	百万人	491.2	494.3	495.9	499.5	505.0	513.3	522.5	531.7	536.9
劳动力利用不足综合比率	总计	%						12.4	11.9	11.4	12.1
劳动力利用不足总人口	总计	百万人						70.2	68.5	66.1	71.0
失业率	总计	%	6.5	6.5	7.0	7.2	7.0	6.7	6.1	5.6	5.9
失业人口	总计	百万人	34.3	34.4	37.4	38.5	37.8	36.7	34.0	31.5	33.4
与时间相关的不充分就业率	总计	%						3.1	3.2	3.2	3.7
与时间相关的不充分就业人口	总计	百万人						15.7	16.7	17.0	19.9
潜在劳动力比率	总计	%						3.1	3.1	3.0	3.0
潜在劳动力	总计	百万人						17.8	17.8	17.6	17.7
未就业且未接受教育或培训的青年占比	青年	%						13.6	13.0	12.6	12.9
未就业且未接受教育或培训的青年人口	青年	百万人						20.3	19.4	18.8	19.4
工薪工作者	总计	%	84.8	84.9	85.0	85.0	85.1	85.3	85.6	85.9	86.1
雇主	总计	%	4.2	4.2	4.1	4.2	4.2	4.1	4.1	4.0	3.9
自营工作者	总计	%	8.9	8.9	8.9	9.0	8.9	8.9	8.8	8.7	8.5
家庭雇员	总计	%	2.1	2.0	2.0	1.9	1.8	1.7	1.6	1.5	1.4

（续表）

2009年	2010年	2011年	2012年	2013年	2014年	2015年	2016年	2017年	2018年	2019年	2020年	2021年	2022年	2023年
60.6	60.4	60.2	60.4	60.3	60.3	60.3	60.5	60.7	60.8	60.7	60.5	60.3	60.1	59.9
69.3	69.0	68.7	68.8	68.6	68.5	68.5	68.5	68.5	68.6	68.4	68.2	67.9	67.6	67.3
52.1	52.0	52.0	52.2	52.2	52.4	52.4	52.7	53.0	53.3	53.2	53.0	52.9	52.7	52.5
46.2	45.2	44.9	45.1	45.0	45.0	45.1	45.5	45.7	45.9	45.7	45.5	45.1	44.8	44.4
573.6	577.1	580.4	586.3	590.1	594.4	598.5	604.0	608.9	614.0	615.7	617.1	617.7	618.0	618.2
323.0	324.8	326.5	329.6	331.3	333.2	335.5	338.0	340.2	342.5	343.6	344.4	344.6	344.7	344.7
250.6	252.3	253.9	256.7	258.8	261.2	263.1	266.0	268.8	271.4	272.1	272.7	273.0	273.3	273.6
69.2	67.4	66.9	67.1	66.5	66.0	65.6	65.8	65.7	65.3	64.4	63.4	62.8	62.3	61.8
55.7	55.4	55.5	55.6	55.6	56.0	56.4	56.8	57.3	57.7	57.8	57.6	57.4	57.1	56.8
527.9	529.6	534.6	539.8	543.9	551.4	558.9	566.9	574.9	582.8	586.1	587.4	587.3	587.0	586.7
14.7	14.8	14.4	14.5	14.5	13.8	13.0	12.3	11.5	10.6	10.3	10.3	10.5	10.6	10.7
87.1	88.4	86.5	87.9	88.5	85.0	80.7	76.7	72.3	67.0	65.3	65.7	66.7	67.6	68.3
8.0	8.2	7.9	7.9	7.8	7.2	6.6	6.1	5.6	5.1	4.8	4.8	4.9	5.0	5.1
45.7	47.5	45.8	46.5	46.2	43.0	39.6	37.1	34.0	31.2	29.5	29.7	30.4	31.0	31.5
4.2	4.1	3.9	4.0	4.1	3.9	3.8	3.6	3.4	3.0	3.0	3.1	3.1	3.1	3.1
22.4	21.5	21.0	21.4	22.1	21.7	21.0	20.2	19.5	17.8	17.9	17.9	17.9	17.9	17.9
3.2	3.3	3.3	3.3	3.3	3.3	3.2	3.1	3.0	2.9	2.8	2.8	2.9	2.9	3.0
19.0	19.5	19.7	20.1	20.1	20.4	20.1	19.4	18.7	18.1	17.9	18.1	18.4	18.6	18.9
14.6	14.7	14.5	14.5	14.3	13.6	12.9	12.5	11.9	11.6	11.6	11.7	12.0	12.2	12.5
21.8	22.0	21.6	21.5	21.1	20.0	18.8	18.1	17.0	16.5	16.3	16.4	16.7	17.0	17.4
86.2	86.3	86.5	86.7	86.9	87.0	87.2	87.4	87.5	87.6	87.7	87.8	87.9	88.0	88.1
3.9	3.9	3.8	3.7	3.7	3.6	3.6	3.5	3.5	3.4	3.4	3.4	3.3	3.3	3.3
8.5	8.5	8.5	8.4	8.3	8.3	8.2	8.1	8.1	8.0	8.0	8.0	7.9	7.9	7.9
1.3	1.3	1.2	1.2	1.1	1.1	1.0	1.0	0.9	0.9	0.9	0.8	0.8	0.8	0.8

北非

指标	类别	单位	2000年	2001年	2002年	2003年	2004年	2005年	2006年	2007年	2008年
劳动力参与率	总计	%	47.0	46.8	46.4	46.7	46.9	47.0	47.1	47.5	47.3
劳动力参与率	男性	%	73.4	72.7	72.6	72.6	72.6	72.5	72.5	72.4	72.7
劳动力参与率	女性	%	20.9	21.0	20.5	21.0	21.3	21.6	21.9	22.7	22.2
劳动力参与率	青年	%	33.9	32.4	33.1	33.0	33.0	33.0	32.9	32.4	32.7
劳动力	总计	百万人	51.2	52.3	53.3	55.0	56.7	58.2	59.7	61.5	62.6
劳动力	男性	百万人	39.8	40.5	41.5	42.6	43.7	44.8	45.7	46.7	47.8
劳动力	女性	百万人	11.4	11.8	11.8	12.4	12.9	13.4	13.9	14.8	14.8
劳动力	青年	百万人	12.1	11.9	12.4	12.6	12.8	13.0	13.0	12.9	13.1
就业人口比	总计	%	39.9	39.9	39.7	39.9	40.8	40.9	41.6	42.1	42.3
就业人口	总计	百万人	43.5	44.7	45.6	47.0	49.3	50.7	52.7	54.6	55.9
劳动力利用不足综合比率	总计	%						26.3	25.0	24.3	23.7
劳动力利用不足总人口	总计	百万人						16.9	16.5	16.5	16.3
失业率	总计	%	15.1	14.6	14.5	14.5	13.0	12.8	11.7	11.2	10.7
失业人口	总计	百万人	7.7	7.6	7.7	8.0	7.3	7.5	7.0	6.9	6.7
与时间相关的不充分就业率	总计	%						6.4	6.3	6.1	6.1
与时间相关的不充分就业人口	总计	百万人						3.2	3.3	3.3	3.4
潜在劳动力比率	总计	%						9.7	9.4	9.2	9.1
潜在劳动力	总计	百万人						6.2	6.2	6.2	6.2
未就业且未接受教育或培训的青年占比	青年	%						29.5	29.1	29.0	28.7
未就业且未接受教育或培训的青年人口	青年	百万人						11.6	11.5	11.6	11.5
极端工作贫困率	总计	%	5.0	4.7	4.5	4.2	4.3	4.4	3.9	3.7	3.3
中等工作贫困率	总计	%	18.4	18.1	17.8	18.0	18.6	18.5	17.5	17.1	16.2
极端工作贫困人口	总计	百万人	2.2	2.1	2.0	2.0	2.1	2.2	2.1	2.0	1.9
中等工作贫困人口	总计	百万人	8.0	8.1	8.1	8.5	9.2	9.4	9.2	9.3	9.1
工薪工作者	总计	%	54.5	55.3	55.0	54.5	53.9	55.6	57.6	56.8	57.4
雇主	总计	%	9.6	9.9	9.7	9.8	9.5	8.5	7.9	8.2	8.6
自营工作者	总计	%	19.0	19.1	19.5	19.5	19.7	19.8	19.4	20.1	19.7
家庭雇员	总计	%	16.9	15.7	15.8	16.2	17.0	16.1	15.1	14.9	14.2

（续表）

2009年	2010年	2011年	2012年	2013年	2014年	2015年	2016年	2017年	2018年	2019年	2020年	2021年	2022年	2023年
47.6	47.8	47.7	47.8	48.1	47.5	46.7	46.5	45.8	45.7	45.7	45.6	45.6	45.5	45.4
72.7	73.1	73.0	72.9	73.0	72.2	71.0	70.5	69.7	69.5	69.5	69.3	69.2	69.0	68.8
22.8	22.8	22.7	23.0	23.5	23.2	22.6	22.6	22.1	22.1	22.1	22.2	22.2	22.2	22.2
32.3	32.2	31.6	31.6	31.9	30.9	29.8	29.3	27.8	27.6	27.5	27.3	27.1	26.8	26.6
64.2	65.9	67.0	68.4	70.1	70.6	70.6	71.5	71.7	73.0	74.3	75.7	77.0	78.3	79.6
48.8	50.1	51.0	51.9	52.9	53.3	53.4	54.0	54.3	55.3	56.3	57.2	58.2	59.2	60.1
15.5	15.8	16.0	16.5	17.2	17.3	17.2	17.5	17.4	17.7	18.1	18.4	18.8	19.2	19.5
13.0	13.0	12.7	12.7	12.8	12.4	11.9	11.7	11.1	11.1	11.1	11.1	11.1	11.2	11.2
42.6	42.8	41.8	41.6	41.9	41.4	40.6	40.6	40.0	40.0	40.1	40.2	40.3	40.2	40.1
57.6	58.9	58.7	59.6	61.1	61.4	61.4	62.4	62.6	63.8	65.3	66.7	68.0	69.2	70.3
23.4	23.5	25.6	26.1	26.0	26.0	26.4	25.8	25.9	25.7	25.3	24.9	24.7	24.6	24.7
16.5	17.0	19.0	19.7	20.2	20.3	20.6	20.4	20.6	20.8	20.8	20.9	21.1	21.3	21.7
10.4	10.6	12.4	12.9	12.9	13.0	13.1	12.7	12.7	12.5	12.1	11.9	11.7	11.6	11.6
6.7	6.9	8.3	8.8	9.0	9.2	9.3	9.1	9.1	9.2	9.0	9.0	9.0	9.1	9.3
6.0	6.0	6.1	6.1	6.0	5.9	6.0	5.9	5.9	5.9	5.8	5.8	5.8	5.8	5.7
3.5	3.5	3.6	3.6	3.7	3.6	3.7	3.7	3.7	3.8	3.8	3.9	3.9	4.0	4.0
9.0	9.0	9.5	9.6	9.6	9.7	9.8	9.7	9.8	9.8	9.7	9.6	9.6	9.5	9.6
6.3	6.5	7.0	7.3	7.4	7.5	7.7	7.7	7.8	7.9	7.9	8.0	8.1	8.3	8.4
27.9	29.1	29.4	28.6	26.7	26.7	26.5	26.3	26.3	26.9	26.9	26.9	27.0	27.1	27.3
11.2	11.7	11.8	11.5	10.7	10.7	10.6	10.5	10.5	10.8	10.9	10.9	11.1	11.3	11.5
2.8	2.2	1.9	1.7	1.6	1.5	1.4	1.3	1.2	1.2	1.2	1.1	1.1	1.0	1.0
14.7	13.1	12.2	10.7	10.0	9.9	9.3	9.2	8.8	8.5	8.3	8.1	7.8	7.6	7.4
1.6	1.3	1.1	1.0	1.0	0.9	0.9	0.8	0.8	0.8	0.8	0.8	0.7	0.7	0.7
8.5	7.7	7.2	6.4	6.1	6.1	5.7	5.7	5.5	5.5	5.4	5.4	5.3	5.3	5.2
57.7	58.6	58.3	59.3	59.1	58.9	59.7	62.9	62.2	62.3	62.5	62.7	62.9	63.0	63.2
8.7	8.6	8.7	8.9	7.7	8.2	7.5	6.8	6.9	6.9	7.0	7.0	7.1	7.2	7.2
19.9	20.5	20.9	20.6	21.4	20.8	20.6	20.3	20.7	20.8	20.9	20.9	20.9	21.0	21.0
13.8	12.4	12.1	11.3	11.8	12.1	12.2	10.0	10.2	9.9	9.7	9.4	9.1	8.8	8.6

撒哈拉以南非洲

指标	类别	单位	2000年	2001年	2002年	2003年	2004年	2005年	2006年	2007年	2008年
劳动力参与率	总计	%	70.6	70.5	70.4	70.4	70.3	70.3	70.2	70.2	70.0
劳动力参与率	男性	%	76.6	76.5	76.3	76.2	76.0	75.9	75.8	75.7	75.6
劳动力参与率	女性	%	64.7	64.7	64.7	64.8	64.8	64.8	64.8	64.8	64.6
劳动力参与率	青年	%	53.0	52.8	52.6	52.4	52.2	51.9	51.8	51.7	51.5
劳动力	总计	百万人	250.8	257.4	264.2	271.4	278.9	286.6	294.4	302.3	310.4
劳动力	男性	百万人	133.9	137.3	140.7	144.4	148.2	152.2	156.3	160.5	164.9
劳动力	女性	百万人	116.9	120.1	123.5	127.0	130.7	134.4	138.1	141.8	145.6
劳动力	青年	百万人	67.8	69.4	71.0	72.7	74.4	76.1	77.8	79.4	81.0
就业人口比	总计	%	66.1	66.1	65.9	65.9	66.1	66.1	66.2	66.3	66.5
就业人口	总计	百万人	235.1	241.3	247.2	254.2	262.1	269.7	277.6	285.9	294.6
劳动力利用不足综合比率	总计	%						21.0	20.7	20.6	19.7
劳动力利用不足总人口	总计	百万人						63.4	64.4	65.6	63.9
失业率	总计	%	6.3	6.3	6.4	6.3	6.0	5.9	5.7	5.4	5.1
失业人口	总计	百万人	15.8	16.1	17.0	17.2	16.8	16.9	16.7	16.4	15.8
与时间相关的不充分就业率	总计	%						11.4	11.5	11.5	11.6
与时间相关的不充分就业人口	总计	百万人						30.8	31.8	33.0	34.2
潜在劳动力比率	总计	%						5.2	5.1	5.1	4.3
潜在劳动力	总计	百万人						15.7	15.8	16.1	13.9
未就业且未接受教育或培训的青年占比	青年	%						19.5	19.2	19.0	18.5
未就业且未接受教育或培训的青年人口	青年	百万人						28.5	28.8	29.2	29.2
极端工作贫困率	总计	%	55.5	54.3	53.2	51.9	50.3	49.1	48.2	47.2	46.4
中等工作贫困率	总计	%	20.5	21.2	21.9	22.6	23.3	23.8	23.9	24.1	24.2
极端工作贫困人口	总计	百万人	130.4	131.0	131.6	132.0	131.8	132.3	133.7	135.0	136.7
中等工作贫困人口	总计	百万人	48.2	51.2	54.2	57.6	61.2	64.1	66.4	68.9	71.4
工薪工作者	总计	%	19.6	19.6	19.5	19.6	19.7	19.6	19.8	20.2	20.8
雇主	总计	%	2.4	2.3	2.3	2.3	2.3	2.2	2.3	2.2	2.1
自营工作者	总计	%	53.0	53.1	53.4	53.5	53.5	53.7	53.9	53.7	53.5
家庭雇员	总计	%	25.0	24.9	24.8	24.7	24.5	24.4	24.1	23.8	23.5

（续表）

2009年	2010年	2011年	2012年	2013年	2014年	2015年	2016年	2017年	2018年	2019年	2020年	2021年	2022年	2023年
69.8	69.5	69.3	68.7	68.2	68.0	67.9	67.8	67.8	67.7	67.7	67.6	67.6	67.5	67.5
75.3	75.0	74.9	74.3	73.7	73.5	73.3	73.1	73.0	72.7	72.7	72.6	72.6	72.6	72.5
64.4	64.1	64.0	63.4	62.9	62.7	62.7	62.6	62.8	62.8	62.8	62.7	62.7	62.6	62.6
51.0	50.7	50.5	49.5	48.7	48.7	48.9	49.1	48.8	48.3	48.2	48.1	48.0	47.9	47.7
318.2	326.1	335.0	341.8	349.5	358.8	369.3	379.8	391.4	403.0	415.4	428.1	440.9	454.1	467.6
169.0	173.4	178.1	182.0	186.1	191.0	196.5	202.0	207.8	213.6	220.3	227.1	234.0	241.1	248.4
149.1	152.8	156.9	159.9	163.4	167.7	172.8	177.9	183.6	189.4	195.1	201.0	206.9	213.0	219.3
82.4	83.9	85.7	86.2	87.1	89.4	92.4	95.3	97.4	99.2	101.9	104.7	107.4	110.1	112.9
66.0	65.5	65.5	65.0	64.6	64.3	64.2	63.9	63.7	63.7	63.7	63.7	63.6	63.6	63.6
301.1	307.6	316.5	323.3	330.8	339.4	349.3	357.8	368.1	379.5	390.9	403.0	415.1	427.6	440.5
20.2	20.8	20.8	20.8	20.8	20.9	20.9	21.4	21.5	21.4	21.5	21.5	21.5	21.4	21.4
67.4	71.3	73.0	74.7	76.3	78.6	80.8	85.2	88.4	90.8	93.8	96.6	99.4	102.2	105.0
5.4	5.7	5.5	5.4	5.3	5.4	5.4	5.8	6.0	5.8	5.9	5.9	5.9	5.8	5.8
17.0	18.5	18.5	18.6	18.6	19.4	20.0	22.1	23.3	23.5	24.4	25.1	25.8	26.5	27.1
11.8	11.9	12.0	12.1	12.2	12.3	12.3	12.4	12.4	12.4	12.4	12.3	12.3	12.3	12.3
35.5	36.7	38.0	39.3	40.5	41.6	42.9	44.3	45.6	46.9	48.3	49.7	51.2	52.7	54.2
4.5	4.7	4.7	4.7	4.7	4.7	4.6	4.7	4.7	4.8	4.8	4.8	4.8	4.8	4.8
14.9	16.1	16.5	16.9	17.2	17.6	17.9	18.8	19.5	20.3	21.1	21.7	22.4	23.1	23.7
18.5	18.5	18.3	18.4	18.6	18.7	18.6	18.7	18.6	18.8	19.0	19.0	19.1	19.2	19.2
29.9	30.7	31.1	32.0	33.2	34.3	35.1	36.2	37.1	38.6	40.1	41.4	42.7	44.1	45.5
45.6	44.6	43.3	41.6	40.7	39.8	39.0	38.5	37.7	36.7	35.9	35.0	34.1	33.2	32.4
24.4	24.6	25.0	25.3	25.4	25.4	25.4	25.3	25.4	25.4	25.4	25.5	25.4	25.4	25.4
137.3	137.3	137.0	134.3	134.5	134.9	136.3	137.9	138.7	139.4	140.2	140.9	141.6	142.2	142.8
73.6	75.6	79.1	81.9	84.0	86.3	88.7	90.6	93.4	96.4	99.5	102.6	105.6	108.6	111.8
21.0	21.2	21.7	22.1	22.5	22.8	23.1	23.2	23.3	23.4	23.5	23.6	23.6	23.8	23.9
2.1	2.2	2.2	2.2	2.2	2.3	2.3	2.3	2.3	2.3	2.3	2.3	2.3	2.3	2.3
53.6	53.5	53.3	53.1	52.9	52.6	52.7	52.7	52.8	52.9	53.0	53.1	53.2	53.2	53.3
23.2	23.1	22.8	22.6	22.4	22.3	22.0	21.8	21.6	21.4	21.3	21.1	20.9	20.8	20.6

北美洲

指标	类别	单位	2000年	2001年	2002年	2003年	2004年	2005年	2006年	2007年	2008年
劳动力参与率	总计	%	66.3	66.0	65.8	65.5	65.2	65.2	65.3	65.2	65.2
劳动力参与率	男性	%	74.0	73.5	73.1	72.5	72.3	72.2	72.3	72.0	71.9
劳动力参与率	女性	%	59.0	58.8	58.7	58.7	58.5	58.5	58.6	58.6	58.8
劳动力参与率	青年	%	62.8	61.4	60.1	58.5	57.9	57.6	57.8	56.7	56.1
劳动力	总计	百万人	162.6	163.9	165.2	166.2	167.5	169.5	171.5	173.2	175.3
劳动力	男性	百万人	88.5	89.1	89.7	90.0	90.7	91.8	92.8	93.6	94.6
劳动力	女性	百万人	74.1	74.8	75.5	76.3	76.7	77.7	78.7	79.6	80.8
劳动力	青年	百万人	27.1	26.9	26.7	26.4	26.6	26.8	27.2	26.9	26.9
就业人口比	总计	%	63.5	62.7	61.8	61.4	61.5	61.8	62.2	62.1	61.4
就业人口	总计	百万人	155.7	155.7	155.3	156.0	157.9	160.5	163.3	164.9	165.1
劳动力利用不足综合比率	总计	%						7.1	6.6	6.6	8.0
劳动力利用不足总人口	总计	百万人						12.1	11.4	11.5	14.2
失业率	总计	%	4.3	5.0	6.0	6.2	5.7	5.3	4.8	4.8	5.8
失业人口	总计	百万人	7.0	8.2	9.9	10.2	9.5	8.9	8.2	8.3	10.2
与时间相关的不充分就业率	总计	%						1.0	0.9	1.0	1.4
与时间相关的不充分就业人口	总计	百万人						1.5	1.5	1.7	2.3
潜在劳动力比率	总计	%						1.0	0.9	0.9	1.0
潜在劳动力	总计	百万人						1.7	1.6	1.5	1.7
未就业且未接受教育或培训的青年占比	青年	%						16.4	15.5	15.3	16.5
未就业且未接受教育或培训的青年人口	青年	百万人						7.7	7.3	7.3	7.9
工薪工作者	总计	%	91.6	91.8	91.9	91.6	91.6	91.7	91.8	91.9	92.1
雇主	总计	%	3.5	3.4	3.3	3.4	3.4	3.3	3.3	3.2	3.1
自营工作者	总计	%	4.8	4.7	4.7	4.9	4.9	4.9	4.8	4.8	4.7
家庭雇员	总计	%	0.1	0.1	0.1	0.1	0.1	0.1	0.1	0.1	0.1

（续表）

2009年	2010年	2011年	2012年	2013年	2014年	2015年	2016年	2017年	2018年	2019年	2020年	2021年	2022年	2023年
64.6	63.9	63.4	63.4	62.9	62.6	62.4	62.5	62.6	62.6	62.4	62.1	61.8	61.6	61.3
70.9	70.1	69.5	69.7	69.2	68.7	68.6	68.7	68.7	68.6	68.3	68.0	67.8	67.5	67.2
58.5	58.0	57.4	57.3	56.9	56.6	56.4	56.5	56.8	56.9	56.6	56.4	56.1	55.9	55.6
54.1	52.2	51.9	52.8	52.3	52.3	52.5	52.9	53.3	52.9	52.6	52.2	51.8	51.4	51.1
175.6	175.7	176.2	178.1	178.6	179.4	180.6	182.6	184.6	186.0	186.8	187.6	188.1	188.8	189.4
94.4	94.4	94.7	96.0	96.3	96.7	97.5	98.6	99.4	100.1	100.5	101.0	101.3	101.7	102.0
81.3	81.3	81.4	82.1	82.2	82.7	83.1	84.0	85.2	85.9	86.3	86.6	86.8	87.1	87.4
26.1	25.4	25.4	25.9	25.8	25.8	25.8	25.9	26.0	25.6	25.3	25.0	24.8	24.6	24.5
58.6	57.8	57.8	58.3	58.3	58.7	59.0	59.3	59.8	60.0	59.9	59.6	59.3	58.9	58.5
159.6	159.1	160.7	163.9	165.4	168.2	170.7	173.3	176.1	178.4	179.5	180.0	180.3	180.5	180.8
12.0	12.0	11.3	10.3	9.6	8.4	7.4	7.0	6.3	5.7	5.5	5.7	5.9	6.1	6.3
21.3	21.5	20.1	18.7	17.4	15.2	13.5	12.9	11.7	10.8	10.3	10.7	11.2	11.6	12.1
9.2	9.5	8.8	8.0	7.3	6.2	5.5	5.1	4.6	4.1	3.9	4.0	4.2	4.4	4.5
16.1	16.6	15.5	14.2	13.1	11.2	9.9	9.3	8.4	7.6	7.3	7.6	7.9	8.2	8.6
1.9	1.5	1.4	1.2	1.2	1.0	0.9	0.9	0.9	0.8	0.8	0.8	0.8	0.8	0.8
3.0	2.4	2.2	2.0	1.9	1.7	1.6	1.6	1.5	1.5	1.5	1.5	1.5	1.5	1.5
1.3	1.4	1.4	1.4	1.3	1.2	1.1	1.1	0.9	0.9	0.9	0.9	1.0	1.0	1.1
2.2	2.4	2.4	2.5	2.4	2.3	2.1	1.9	1.8	1.7	1.6	1.7	1.8	1.9	2.0
19.1	19.3	18.4	18.3	17.8	16.5	15.3	14.9	13.7	13.6	13.7	14.0	14.2	14.5	14.8
9.2	9.4	9.0	9.0	8.8	8.1	7.5	7.3	6.7	6.6	6.6	6.7	6.8	7.0	7.1
91.9	92.0	92.2	92.3	92.4	92.6	92.6	92.7	92.8	92.7	92.8	92.9	92.9	93.0	93.0
3.1	3.1	3.0	2.9	2.9	2.8	2.8	2.7	2.7	2.7	2.6	2.6	2.5	2.5	2.5
4.9	4.8	4.7	4.7	4.6	4.6	4.6	4.6	4.5	4.5	4.5	4.5	4.5	4.5	4.4
0.1	0.1	0.1	0.1	0.1	0.1	0.1	0.1	0.1	0.1	0.1	0.1	0.1	0.1	0.1

拉丁美洲和加勒比地区

指标	类别	单位	2000年	2001年	2002年	2003年	2004年	2005年	2006年	2007年	2008年
劳动力参与率	总计	%	62.9	63.0	63.2	63.4	63.9	64.1	64.3	64.2	64.2
劳动力参与率	男性	%	79.4	79.1	78.9	78.7	78.9	78.8	78.9	78.6	78.5
劳动力参与率	女性	%	47.3	47.8	48.3	48.8	49.7	50.2	50.6	50.5	50.6
劳动力参与率	青年	%	53.7	53.3	53.2	53.1	53.6	53.9	53.5	53.1	52.7
劳动力	总计	百万人	221.9	226.9	232.2	237.5	244.0	249.7	255.1	259.3	264.0
劳动力	男性	百万人	136.4	138.7	141.0	143.5	146.5	149.2	152.1	154.4	157.0
劳动力	女性	百万人	85.5	88.2	91.1	93.9	97.5	100.4	103.0	104.9	107.0
劳动力	青年	百万人	53.7	53.9	54.3	54.7	55.6	56.2	56.2	56.1	56.0
就业人口比	总计	%	57.2	57.5	57.5	57.7	58.5	59.1	59.7	59.8	60.0
就业人口	总计	百万人	201.6	207.1	211.1	216.3	223.6	229.9	236.6	241.5	246.9
劳动力利用不足综合比率	总计	%						20.1	19.4	19.0	18.4
劳动力利用不足总人口	总计	百万人						53.1	52.0	51.9	51.1
失业率	总计	%	9.1	8.7	9.1	8.9	8.4	7.9	7.2	6.9	6.5
失业人口	总计	百万人	20.3	19.8	21.1	21.2	20.4	19.8	18.5	17.8	17.2
与时间相关的不充分就业率	总计	%						8.5	8.4	8.4	8.1
与时间相关的不充分就业人口	总计	百万人						19.6	19.9	20.3	20.1
潜在劳动力比率	总计	%						5.2	5.1	5.0	5.0
潜在劳动力	总计	百万人						13.7	13.6	13.7	13.8
未就业且未接受教育或培训的青年占比	青年	%						20.9	20.5	20.1	19.9
未就业且未接受教育或培训的青年人口	青年	百万人						21.8	21.5	21.3	21.2
极端工作贫困率	总计	%	8.9	8.7	8.4	7.6	6.8	6.6	5.2	4.6	4.2
中等工作贫困率	总计	%	11.0	11.0	11.1	10.5	9.6	9.2	7.9	7.3	6.8
极端工作贫困人口	总计	百万人	17.9	18.0	17.6	16.5	15.1	15.1	12.3	11.1	10.3
中等工作贫困人口	总计	百万人	22.1	22.8	23.5	22.7	21.5	21.2	18.7	17.7	16.8
工薪工作者	总计	%	60.0	59.8	59.7	59.7	60.2	60.7	61.5	62.3	62.8
雇主	总计	%	4.4	4.5	4.4	4.4	4.4	4.6	4.6	4.4	4.6
自营工作者	总计	%	28.0	28.2	28.5	28.6	28.3	27.9	27.3	27.1	26.8
家庭雇员	总计	%	7.7	7.5	7.3	7.3	7.1	6.9	6.6	6.2	5.8

（续表）

2009年	2010年	2011年	2012年	2013年	2014年	2015年	2016年	2017年	2018年	2019年	2020年	2021年	2022年	2023年
64.4	64.0	63.6	64.2	64.0	63.7	63.8	63.7	63.9	64.0	64.0	64.0	63.9	63.8	63.7
78.4	77.9	77.6	77.8	77.5	77.3	77.2	76.9	76.9	76.8	76.7	76.6	76.5	76.4	76.3
51.2	50.7	50.4	51.3	51.1	50.8	51.1	51.3	51.6	52.0	52.0	52.0	51.9	51.9	51.9
52.4	51.5	50.8	50.9	49.9	49.3	48.9	48.8	49.0	49.0	48.9	48.7	48.5	48.4	48.2
269.8	272.7	275.9	283.0	286.7	290.1	295.0	299.1	304.3	309.3	313.4	317.3	321.0	324.6	328.0
159.6	161.6	163.6	166.9	168.9	171.2	173.6	175.4	178.0	180.3	182.6	184.8	186.9	188.9	190.8
110.2	111.1	112.3	116.1	117.7	119.0	121.4	123.6	126.3	129.0	130.8	132.5	134.1	135.7	137.2
56.0	55.4	54.8	55.2	54.3	53.7	53.4	53.2	53.3	53.1	52.7	52.3	51.9	51.4	51.0
59.6	59.5	59.5	60.1	59.9	59.8	59.5	58.7	58.7	58.9	58.8	58.8	58.6	58.6	58.5
249.6	253.7	258.0	264.9	268.6	272.3	275.3	275.7	279.7	284.7	288.1	291.5	294.6	297.8	301.0
19.6	18.9	18.2	18.1	17.3	16.8	17.4	18.8	19.5	19.8	19.9	20.0	20.1	20.2	20.1
55.8	54.3	52.9	54.0	52.1	50.9	53.6	59.0	62.7	64.8	66.0	67.1	68.2	69.1	69.8
7.5	7.0	6.5	6.4	6.3	6.1	6.7	7.8	8.1	7.9	8.1	8.1	8.2	8.2	8.2
20.2	19.0	17.9	18.1	18.1	17.8	19.8	23.3	24.6	24.6	25.3	25.8	26.4	26.8	27.0
8.4	8.2	7.9	8.0	7.4	7.1	7.2	7.4	7.7	8.1	8.1	8.1	8.1	8.1	8.1
21.0	20.8	20.5	21.1	20.0	19.3	19.8	20.3	21.7	22.9	23.2	23.5	23.8	24.1	24.3
5.1	5.1	5.0	5.0	4.7	4.5	4.6	4.9	5.1	5.3	5.3	5.3	5.3	5.3	5.3
14.6	14.5	14.5	14.8	14.1	13.8	14.1	15.3	16.4	17.3	17.5	17.8	18.0	18.3	18.4
20.2	20.1	20.4	20.3	20.5	20.6	21.0	21.5	21.7	21.6	21.6	21.7	21.8	21.9	22.0
21.6	21.6	22.0	22.0	22.3	22.4	22.9	23.4	23.6	23.4	23.3	23.2	23.3	23.3	23.3
3.9	3.5	3.2	2.8	2.7	2.4	2.3	2.5	2.6	2.5	2.4	2.3	2.1	2.0	1.9
6.7	6.4	5.8	5.5	5.0	4.8	4.8	4.8	4.7	4.5	4.3	4.2	4.0	3.8	3.7
9.8	8.9	8.2	7.5	7.1	6.5	6.4	6.9	7.4	7.2	7.0	6.6	6.3	6.0	5.8
16.6	16.2	15.1	14.6	13.4	13.1	13.3	13.3	13.1	12.9	12.5	12.1	11.8	11.4	11.1
62.5	62.8	62.9	63.7	63.7	64.1	63.6	63.2	62.7	62.5	62.5	62.5	62.6	62.6	62.7
4.5	4.3	4.1	4.2	4.2	4.1	4.1	4.2	4.3	4.4	4.4	4.4	4.3	4.3	4.3
27.3	27.4	27.7	26.8	27.0	27.0	27.4	28.0	28.3	28.5	28.5	28.6	28.6	28.6	28.6
5.7	5.5	5.2	5.2	5.1	4.9	4.9	4.6	4.7	4.7	4.6	4.6	4.5	4.4	4.4

阿拉伯国家

指标	类别	单位	2000年	2001年	2002年	2003年	2004年	2005年	2006年	2007年	2008年
劳动力参与率	总计	%	48.7	48.4	48.2	48.2	48.2	48.3	48.4	48.7	49.1
劳动力参与率	男性	%	76.4	75.9	75.5	75.3	75.1	75.0	74.8	74.9	75.2
劳动力参与率	女性	%	17.3	17.0	16.9	16.9	16.7	16.7	16.7	16.8	16.9
劳动力参与率	青年	%	33.3	32.9	32.5	32.2	31.5	30.9	30.6	30.2	29.9
劳动力	总计	百万人	28.4	29.2	30.2	31.4	32.6	34.1	35.8	37.8	39.9
劳动力	男性	百万人	23.7	24.4	25.3	26.3	27.4	28.7	30.2	31.9	33.8
劳动力	女性	百万人	4.7	4.8	4.9	5.1	5.2	5.4	5.6	5.9	6.1
劳动力	青年	百万人	6.6	6.7	6.9	7.0	7.1	7.1	7.3	7.5	7.7
就业人口比	总计	%	45.0	44.3	44.1	44.2	44.2	44.4	44.6	45.1	45.4
就业人口	总计	百万人	26.2	26.8	27.6	28.8	29.9	31.3	33.0	35.0	36.9
劳动力利用不足综合比率	总计	%						17.9	17.4	16.9	16.9
劳动力利用不足总人口	总计	百万人						6.6	6.8	6.9	7.3
失业率	总计	%	7.7	8.4	8.6	8.4	8.3	8.1	7.8	7.4	7.4
失业人口	总计	百万人	2.2	2.4	2.6	2.6	2.7	2.8	2.8	2.8	3.0
与时间相关的不充分就业率	总计	%						3.0	3.0	2.9	2.9
与时间相关的不充分就业人口	总计	百万人						1.0	1.0	1.0	1.1
潜在劳动力比率	总计	%						7.9	7.7	7.6	7.5
潜在劳动力	总计	百万人						2.9	3.0	3.1	3.2
未就业且未接受教育或培训的青年占比	青年	%						32.8	32.5	32.2	31.8
未就业且未接受教育或培训的青年人口	青年	百万人						7.5	7.8	8.0	8.1
极端工作贫困率	总计	%	0.9	0.8	0.8	1.1	0.8	1.0	0.9	0.8	0.8
中等工作贫困率	总计	%	8.0	7.6	7.6	9.2	7.2	7.3	6.9	6.7	6.5
极端工作贫困人口	总计	百万人	0.2	0.2	0.2	0.3	0.2	0.3	0.3	0.3	0.3
中等工作贫困人口	总计	百万人	2.1	2.0	2.1	2.6	2.2	2.3	2.3	2.3	2.4
工薪工作者	总计	%	72.7	73.0	73.4	73.8	74.5	75.2	75.9	76.3	78.4
雇主	总计	%	4.3	4.3	4.3	4.3	4.3	4.3	4.4	4.3	4.1
自营工作者	总计	%	16.6	16.6	16.5	16.5	16.1	15.7	15.2	15.1	13.8
家庭雇员	总计	%	6.3	6.2	5.8	5.4	5.1	4.7	4.4	4.3	3.7

（续表）

2009年	2010年	2011年	2012年	2013年	2014年	2015年	2016年	2017年	2018年	2019年	2020年	2021年	2022年	2023年
49.3	49.8	50.1	50.4	50.7	51.0	51.4	51.5	51.2	51.2	51.3	51.3	51.1	50.8	50.5
75.5	76.0	76.2	76.6	77.0	77.3	77.6	77.5	77.5	77.5	77.6	77.7	77.4	77.1	76.8
16.6	16.9	17.2	17.4	17.6	18.0	18.6	19.0	18.1	18.0	18.0	18.0	17.9	17.8	17.7
29.1	29.0	29.0	28.7	28.5	28.3	28.0	28.1	27.9	28.0	27.7	27.4	27.2	27.0	26.7
41.8	44.0	46.0	47.9	49.7	51.5	53.4	54.8	55.8	57.0	58.3	59.7	60.9	62.1	63.3
35.6	37.4	39.0	40.6	42.1	43.5	44.9	45.9	47.0	48.1	49.3	50.5	51.4	52.4	53.4
6.3	6.6	7.0	7.3	7.6	8.1	8.6	8.9	8.7	8.9	9.0	9.2	9.4	9.6	9.9
7.6	7.7	7.9	8.0	8.0	7.9	7.8	8.0	8.0	8.0	7.9	7.8	7.9	8.0	8.0
45.8	46.3	46.6	46.9	47.0	47.2	47.6	47.6	47.1	47.1	47.2	47.2	46.9	46.7	46.4
38.9	40.9	42.8	44.5	46.1	47.7	49.4	50.7	51.3	52.4	53.6	54.9	55.9	57.0	58.1
16.4	16.4	16.3	16.1	16.4	16.5	16.5	16.6	17.2	17.3	17.3	17.3	17.4	17.5	17.6
7.4	7.8	8.1	8.3	8.8	9.2	9.5	9.8	10.3	10.6	10.9	11.2	11.5	11.8	12.1
7.1	7.1	7.1	7.0	7.3	7.4	7.4	7.5	8.1	8.0	8.0	8.0	8.1	8.1	8.2
3.0	3.1	3.3	3.3	3.6	3.8	4.0	4.1	4.5	4.6	4.7	4.8	4.9	5.0	5.2
2.8	2.8	2.8	2.8	2.8	2.8	2.9	2.8	2.9	2.8	2.9	2.9	2.9	2.9	2.9
1.1	1.2	1.2	1.3	1.3	1.4	1.4	1.4	1.5	1.5	1.5	1.6	1.6	1.6	1.7
7.4	7.3	7.3	7.2	7.2	7.2	7.2	7.2	7.3	7.4	7.4	7.4	7.5	7.6	7.7
3.3	3.5	3.6	3.7	3.9	4.0	4.1	4.3	4.4	4.5	4.7	4.8	4.9	5.1	5.2
31.4	31.6	31.6	31.0	32.7	33.1	33.3	33.3	33.8	34.0	34.2	34.3	34.5	34.6	34.6
8.2	8.4	8.6	8.6	9.2	9.3	9.3	9.4	9.6	9.7	9.8	9.8	10.0	10.2	10.4
0.8	0.8	2.0	2.6	3.7	3.7	5.6	6.9	7.6	7.8	7.9	7.8	7.8	8.0	8.1
6.6	6.7	7.4	7.5	7.5	7.4	7.8	7.7	7.7	7.6	7.5	7.4	7.4	7.4	7.5
0.3	0.3	0.9	1.2	1.7	1.8	2.8	3.5	3.9	4.1	4.3	4.3	4.4	4.5	4.7
2.6	2.7	3.2	3.3	3.5	3.5	3.8	3.9	3.9	4.0	4.0	4.1	4.1	4.2	4.3
79.1	80.0	80.4	81.0	81.6	82.0	82.3	82.5	82.5	82.4	82.3	82.3	82.2	82.1	81.9
3.7	3.6	3.6	3.5	3.5	3.4	3.3	3.3	3.3	3.4	3.4	3.4	3.4	3.4	3.4
14.0	13.3	13.1	12.6	12.2	11.9	11.7	11.6	11.5	11.6	11.6	11.6	11.7	11.8	12.0
3.3	3.1	2.9	2.9	2.8	2.7	2.6	2.6	2.6	2.7	2.7	2.7	2.7	2.7	2.7

东亚

指标	类别	单位	2000年	2001年	2002年	2003年	2004年	2005年	2006年	2007年	2008年
劳动力参与率	总计	%	75.1	74.5	73.8	73.1	72.4	71.8	71.4	71.0	70.7
劳动力参与率	男性	%	82.3	81.7	81.0	80.3	79.6	79.1	78.7	78.4	78.2
劳动力参与率	女性	%	67.8	67.2	66.4	65.7	65.0	64.4	63.9	63.4	63.0
劳动力参与率	青年	%	65.6	63.8	61.9	60.1	58.6	57.5	56.7	56.2	55.9
劳动力	总计	百万人	870.5	874.7	881.1	888.5	895.7	901.2	906.5	911.1	914.1
劳动力	男性	百万人	482.6	485.3	489.3	494.0	498.5	502.2	505.8	509.2	511.5
劳动力	女性	百万人	387.9	389.4	391.7	394.5	397.2	399.0	400.7	401.9	402.5
劳动力	青年	百万人	153.9	150.9	150.2	150.7	151.4	151.3	150.8	150.1	148.5
就业人口比	总计	%	72.6	71.6	70.6	69.7	69.2	68.6	68.3	68.0	67.5
就业人口	总计	百万人	840.8	840.5	843.1	847.6	855.6	861.0	867.0	872.4	873.3
劳动力利用不足综合比率	总计	%						11.5	11.3	11.1	11.2
劳动力利用不足总人口	总计	百万人						105.4	104.3	103.1	105.0
失业率	总计	%	3.4	3.9	4.3	4.6	4.5	4.5	4.4	4.3	4.5
失业人口	总计	百万人	29.6	34.1	38.0	40.9	40.1	40.2	39.5	38.7	40.8
与时间相关的不充分就业率	总计	%						5.4	5.3	5.1	5.0
与时间相关的不充分就业人口	总计	百万人						46.5	45.7	44.9	44.0
潜在劳动力比率	总计	%						2.0	2.1	2.1	2.2
潜在劳动力	总计	百万人						18.7	19.1	19.5	20.3
未就业且未接受教育或培训的青年占比	青年	%						19.1	19.0	18.3	18.1
未就业且未接受教育或培训的青年人口	青年	百万人						50.3	50.7	49.0	48.0
极端工作贫困率	总计	%	33.0	30.7	27.8	25.0	21.2	17.4	15.5	14.2	14.5
中等工作贫困率	总计	%	24.7	24.2	23.3	22.6	21.5	20.4	18.7	17.1	15.9
极端工作贫困人口	总计	百万人	277.5	258.2	234.5	212.2	181.0	150.0	134.4	124.1	126.5
中等工作贫困人口	总计	百万人	208.0	203.4	196.6	191.7	184.4	175.3	162.3	149.1	139.1
工薪工作者	总计	%	42.1	42.8	43.6	44.3	45.1	45.9	46.7	47.5	48.3
雇主	总计	%	1.8	1.8	1.7	1.7	1.7	1.7	1.7	1.7	1.7
自营工作者	总计	%	32.8	32.6	32.4	32.2	32.0	31.8	31.5	31.3	31.1
家庭雇员	总计	%	23.4	22.9	22.3	21.8	21.2	20.6	20.0	19.5	18.9

（续表）

2009年	2010年	2011年	2012年	2013年	2014年	2015年	2016年	2017年	2018年	2019年	2020年	2021年	2022年	2023年
70.3	69.8	69.6	69.4	69.2	69.0	68.7	68.4	68.1	67.8	67.3	66.9	66.4	65.9	65.4
77.8	77.5	77.3	77.0	76.8	76.5	76.3	76.0	75.6	75.3	74.9	74.5	74.1	73.7	73.2
62.5	62.0	61.8	61.6	61.4	61.3	61.0	60.7	60.4	60.1	59.6	59.0	58.5	58.0	57.5
55.3	54.3	53.4	52.2	50.6	49.1	47.8	46.9	46.0	45.5	45.2	44.9	44.5	44.1	43.6
916.0	917.4	920.8	924.3	927.8	930.9	932.7	933.8	934.1	934.1	932.2	929.8	927.3	924.4	921.1
513.3	514.8	516.9	518.8	520.5	522.1	523.2	523.9	524.2	524.4	524.1	523.6	522.8	521.8	520.6
402.7	402.5	403.9	405.5	407.3	408.7	409.5	409.9	409.9	409.7	408.1	406.3	404.5	402.6	400.6
145.1	139.8	133.7	125.9	117.0	108.8	102.2	97.1	93.3	90.7	89.1	87.3	85.7	84.2	82.7
67.0	66.7	66.5	66.3	66.1	65.9	65.7	65.4	65.2	65.0	64.5	64.1	63.6	63.1	62.6
872.9	875.8	879.6	882.9	886.4	889.3	891.1	893.0	894.3	895.9	893.7	890.8	887.9	884.7	881.2
11.5	11.2	11.0	10.9	10.8	10.7	10.7	10.5	10.3	10.0	10.0	10.1	10.1	10.1	10.1
107.4	104.8	103.7	103.1	102.7	102.3	102.0	100.3	98.7	95.6	95.7	95.9	96.0	96.1	96.0
4.7	4.5	4.5	4.5	4.5	4.5	4.5	4.4	4.3	4.1	4.1	4.2	4.2	4.3	4.3
43.1	41.5	41.3	41.3	41.4	41.5	41.6	40.8	39.8	38.2	38.5	39.0	39.4	39.8	39.9
4.9	4.8	4.6	4.5	4.4	4.3	4.2	4.1	4.0	3.8	3.7	3.7	3.6	3.5	3.4
43.1	41.9	40.8	39.9	39.0	38.3	37.4	36.6	35.7	34.1	33.4	32.6	31.8	31.0	30.2
2.3	2.3	2.3	2.3	2.3	2.4	2.4	2.4	2.4	2.4	2.5	2.6	2.6	2.7	2.7
21.1	21.3	21.6	21.9	22.2	22.6	22.9	23.0	23.2	23.4	23.8	24.4	24.9	25.4	25.8
17.9	17.7	17.8	17.8	17.7	17.3	17.0	16.5	16.6	16.6	16.7	16.9	17.0	17.2	17.3
47.0	45.7	44.6	42.9	40.9	38.4	36.3	34.3	33.7	33.2	33.0	32.9	32.8	32.8	32.9
13.0	11.7	8.4	7.0	2.3	1.7	1.1	1.0	0.9	0.8	0.7	0.7	0.6	0.6	0.6
14.8	13.6	12.6	11.3	9.5	7.9	6.5	5.9	5.4	5.0	4.6	4.3	4.0	3.8	3.6
113.1	102.3	74.3	61.6	20.0	15.4	9.7	8.7	8.0	7.3	6.7	6.1	5.7	5.3	4.9
129.1	119.0	111.2	100.2	84.3	70.2	57.7	52.6	48.4	44.5	41.1	38.2	35.6	33.4	31.3
49.1	49.9	50.7	51.5	52.3	53.1	53.8	54.6	55.4	56.2	56.4	56.6	56.8	57.1	57.3
1.7	1.7	1.6	1.6	1.6	1.6	1.6	1.6	1.6	1.6	1.6	1.6	1.6	1.6	1.7
31.0	30.8	30.6	30.4	30.2	30.0	29.8	29.6	29.5	29.3	29.3	29.2	29.2	29.2	29.2
18.3	17.7	17.1	16.5	15.9	15.3	14.7	14.1	13.5	13.0	12.8	12.5	12.3	12.1	11.9

东南亚和太平洋地区

指标	类别	单位	2000年	2001年	2002年	2003年	2004年	2005年	2006年	2007年	2008年
劳动力参与率	总计	%	69.0	68.6	68.0	67.7	67.7	67.3	67.3	68.1	68.2
劳动力参与率	男性	%	81.2	81.3	81.1	80.6	81.0	80.4	80.4	80.6	80.5
劳动力参与率	女性	%	57.1	56.3	55.4	55.2	54.8	54.6	54.5	56.0	56.2
劳动力参与率	青年	%	56.3	56.0	55.2	54.1	54.6	53.2	53.0	53.4	52.8
劳动力	总计	百万人	263.0	266.9	269.7	273.3	278.3	281.6	286.8	295.9	301.7
劳动力	男性	百万人	152.7	155.9	158.4	160.3	164.1	166.0	169.2	172.8	175.9
劳动力	女性	百万人	110.3	111.0	111.3	113.0	114.2	115.6	117.5	123.1	125.7
劳动力	青年	百万人	61.0	61.3	60.9	60.1	61.1	60.0	60.0	60.7	60.0
就业人口比	总计	%	66.3	65.8	65.3	65.0	64.9	64.4	64.4	65.2	65.5
就业人口	总计	百万人	252.6	256.0	258.8	262.3	266.6	269.2	274.6	283.0	289.5
劳动力利用不足综合比率	总计	%						12.0	11.8	11.9	11.5
劳动力利用不足总人口	总计	百万人						35.2	35.3	36.6	36.1
失业率	总计	%	4.0	4.1	4.0	4.0	4.2	4.4	4.2	4.4	4.0
失业人口	总计	百万人	10.4	10.9	10.9	11.0	11.7	12.4	12.2	12.9	12.2
与时间相关的不充分就业率	总计	%						4.0	4.0	4.0	4.0
与时间相关的不充分就业人口	总计	百万人						10.8	11.0	11.4	11.6
潜在劳动力比率	总计	%						4.1	4.1	4.0	3.9
潜在劳动力	总计	百万人						12.0	12.1	12.3	12.3
未就业且未接受教育或培训的青年占比	青年	%						21.2	20.8	20.7	20.0
未就业且未接受教育或培训的青年人口	青年	百万人						23.9	23.6	23.6	22.8
极端工作贫困率	总计	%	26.2	24.8	20.8	18.8	17.5	15.8	17.0	14.8	14.1
中等工作贫困率	总计	%	30.3	30.0	28.8	27.8	27.5	27.2	26.5	25.4	25.4
极端工作贫困人口	总计	百万人	66.1	63.5	53.9	49.3	46.8	42.4	46.8	41.9	40.7
中等工作贫困人口	总计	百万人	76.4	76.7	74.5	73.0	73.2	73.2	72.7	71.8	73.5
工薪工作者	总计	%	36.2	37.7	37.7	37.7	39.6	40.7	41.4	41.9	42.3
雇主	总计	%	2.6	2.9	2.9	2.9	3.0	2.9	2.9	3.0	3.1
自营工作者	总计	%	37.5	36.1	36.6	36.3	36.2	36.0	36.3	36.4	36.4
家庭雇员	总计	%	23.7	23.3	22.7	23.1	21.3	20.4	19.3	18.7	18.1

（续表）

2009年	2010年	2011年	2012年	2013年	2014年	2015年	2016年	2017年	2018年	2019年	2020年	2021年	2022年	2023年
68.2	68.3	68.8	68.8	68.4	68.2	67.9	67.5	67.2	67.4	67.3	67.2	67.1	67.0	66.9
80.4	80.3	80.7	80.8	80.4	80.2	79.8	79.2	79.0	78.8	78.7	78.6	78.4	78.3	78.2
56.3	56.5	57.1	57.1	56.6	56.5	56.3	56.0	55.8	56.2	56.2	56.1	56.1	56.0	55.9
52.2	51.3	51.3	51.1	50.6	50.0	49.3	48.4	48.1	47.6	47.4	47.2	47.0	46.8	46.6
307.1	312.8	320.3	325.7	328.8	333.4	336.9	339.7	343.5	349.3	353.8	358.1	362.4	366.5	370.4
178.9	181.9	186.0	189.1	191.3	193.9	195.8	197.3	199.6	202.1	204.7	207.1	209.5	211.8	214.0
128.2	130.8	134.3	136.5	137.5	139.5	141.1	142.4	143.9	147.1	149.1	151.0	152.9	154.7	156.4
59.2	58.1	58.3	58.4	58.1	57.8	57.2	56.2	55.8	55.3	55.0	54.6	54.4	54.2	53.9
65.7	66.0	66.5	66.8	66.3	66.3	65.8	65.5	65.3	65.4	65.3	65.1	65.0	64.8	64.7
295.7	302.4	309.9	316.0	319.0	323.7	326.6	329.6	333.3	338.7	342.9	346.8	350.8	354.5	358.2
11.2	10.8	10.5	10.3	10.3	10.1	10.0	9.9	9.7	9.7	9.8	9.9	10.0	10.1	10.1
35.9	35.1	35.1	34.7	35.2	34.9	35.0	35.0	34.5	35.1	35.9	36.7	37.5	38.2	38.9
3.7	3.3	3.3	3.0	3.0	2.9	3.0	3.0	3.0	3.0	3.1	3.2	3.2	3.3	3.3
11.4	10.4	10.5	9.7	9.8	9.7	10.3	10.1	10.2	10.5	10.9	11.3	11.6	11.9	12.2
4.1	4.0	3.9	3.9	3.9	3.8	3.6	3.5	3.6	3.5	3.5	3.6	3.6	3.6	3.6
12.1	12.2	12.1	12.3	12.4	12.2	11.8	11.4	11.9	11.9	12.1	12.3	12.5	12.7	12.9
3.9	3.8	3.8	3.7	3.8	3.8	3.7	3.8	3.5	3.5	3.5	3.5	3.6	3.6	3.6
12.4	12.5	12.5	12.7	13.0	13.1	12.9	13.5	12.5	12.6	12.9	13.1	13.4	13.6	13.8
20.1	19.6	19.2	18.5	18.8	18.4	18.5	18.3	18.0	17.9	18.2	18.4	18.5	18.7	18.9
22.8	22.1	21.8	21.2	21.6	21.3	21.5	21.3	20.9	20.8	21.1	21.3	21.5	21.6	21.8
11.0	9.6	8.6	7.4	6.5	5.7	5.0	4.4	3.9	3.4	2.9	2.5	2.2	1.9	1.7
23.9	20.9	20.3	19.9	19.3	18.4	16.5	15.3	13.6	12.6	11.6	10.7	9.9	9.1	8.5
32.6	28.9	26.6	23.5	20.8	18.5	16.5	14.6	13.0	11.4	10.0	8.8	7.7	6.9	6.2
70.7	63.1	62.8	62.8	61.5	59.5	53.7	50.3	45.4	42.6	39.8	37.1	34.6	32.4	30.4
43.0	43.7	44.8	46.1	47.3	48.1	50.0	50.8	51.2	51.2	51.6	51.9	52.3	52.7	53.1
3.4	3.2	3.1	3.2	3.2	3.1	3.2	3.2	3.1	3.1	3.1	3.2	3.2	3.2	3.2
36.3	35.5	34.7	33.9	33.8	32.9	32.4	32.3	32.6	32.8	32.9	32.9	33.0	33.0	33.1
17.4	17.6	17.3	16.8	15.8	15.9	14.4	13.7	13.1	12.9	12.4	12.0	11.5	11.1	10.6

南亚

指标	类别	单位	2000年	2001年	2002年	2003年	2004年	2005年	2006年	2007年	2008年
劳动力参与率	总计	%	56.7	56.7	56.8	57.0	57.1	57.2	56.5	55.8	55.0
劳动力参与率	男性	%	82.9	82.8	82.7	82.7	82.7	82.6	82.1	81.6	81.0
劳动力参与率	女性	%	28.8	29.0	29.3	29.6	30.0	30.3	29.3	28.4	27.4
劳动力参与率	青年	%	44.6	44.6	44.7	44.6	44.6	44.5	43.1	41.7	40.3
劳动力	总计	百万人	530.0	543.7	558.1	573.2	588.7	603.4	608.4	613.7	618.2
劳动力	男性	百万人	399.3	408.8	418.5	428.7	438.9	448.5	455.1	462.0	468.4
劳动力	女性	百万人	130.7	135.0	139.5	144.6	149.8	154.9	153.3	151.7	149.8
劳动力	青年	百万人	128.4	131.2	134.1	136.7	139.0	140.8	138.0	134.9	131.5
就业人口比	总计	%	53.7	53.7	53.7	53.9	54.1	54.2	53.6	53.0	52.3
就业人口	总计	百万人	502.1	514.8	527.7	542.2	557.3	571.2	577.4	583.2	587.7
劳动力利用不足综合比率	总计	%						11.4	11.1	10.9	10.8
劳动力利用不足总人口	总计	百万人						69.9	68.5	67.6	67.6
失业率	总计	%	5.3	5.3	5.4	5.4	5.3	5.3	5.1	5.0	4.9
失业人口	总计	百万人	27.9	28.9	30.3	31.1	31.4	32.2	31.0	30.5	30.5
与时间相关的不充分就业率	总计	%						5.0	4.9	4.8	4.7
与时间相关的不充分就业人口	总计	百万人						28.8	28.5	28.2	27.8
潜在劳动力比率	总计	%						1.5	1.5	1.4	1.5
潜在劳动力	总计	百万人						8.9	9.0	8.9	9.3
未就业且未接受教育或培训的青年占比	青年	%						31.5	30.9	30.3	29.9
未就业且未接受教育或培训的青年人口	青年	百万人						99.7	99.0	98.2	97.6
极端工作贫困率	总计	%	36.9	36.2	35.3	34.0	32.2	30.7	29.2	27.6	26.2
中等工作贫困率	总计	%	36.3	36.5	36.6	36.8	37.0	37.1	37.4	37.6	37.7
极端工作贫困人口	总计	百万人	185.4	186.3	186.4	184.6	179.7	175.4	168.8	161.0	154.1
中等工作贫困人口	总计	百万人	182.3	187.8	193.2	199.5	206.1	212.2	215.9	219.2	221.8
工薪工作者	总计	%	20.5	20.6	21.0	21.1	21.1	21.2	21.5	21.7	21.8
雇主	总计	%	1.0	1.1	1.2	1.2	1.3	1.4	1.4	1.3	1.3
自营工作者	总计	%	59.2	58.8	58.1	57.6	57.0	56.7	57.1	57.4	57.9
家庭雇员	总计	%	19.4	19.6	19.8	20.0	20.5	20.8	20.1	19.6	19.0

（续表）

2009年	2010年	2011年	2012年	2013年	2014年	2015年	2016年	2017年	2018年	2019年	2020年	2021年	2022年	2023年
54.5	53.9	53.1	52.5	52.2	51.8	51.6	51.3	51.2	50.9	50.8	50.7	50.6	50.5	50.4
80.7	80.2	79.7	79.4	79.0	78.4	78.1	77.7	77.4	77.1	77.0	76.9	76.8	76.7	76.6
26.8	26.0	25.0	24.1	23.9	23.7	23.7	23.5	23.5	23.3	23.2	23.1	23.0	22.9	22.8
39.1	37.9	36.6	35.5	34.8	34.0	33.4	32.8	32.4	31.8	31.6	31.4	31.2	31.0	30.8
624.8	630.5	634.4	638.9	647.6	655.3	665.4	674.2	684.9	692.3	703.1	714.0	724.2	734.6	745.0
475.6	482.5	489.1	496.3	503.4	509.6	517.0	524.1	531.8	538.4	547.1	556.0	564.3	572.8	581.4
149.1	148.0	145.2	142.5	144.2	145.7	148.4	150.1	153.1	154.0	156.0	158.0	159.9	161.7	163.6
128.8	125.8	122.3	119.4	117.7	115.5	114.3	112.9	112.3	110.8	110.7	110.5	110.1	109.8	109.4
51.6	51.0	50.4	49.7	49.3	49.1	48.8	48.5	48.5	48.2	48.1	48.0	47.9	47.8	47.7
591.7	597.4	601.2	604.7	612.4	620.8	629.3	637.4	647.9	655.4	665.4	675.6	685.1	694.8	704.5
11.2	11.1	11.1	11.1	11.1	10.9	10.9	11.0	10.9	10.9	10.9	10.8	10.8	10.7	10.7
70.9	71.4	71.6	72.4	72.9	72.9	74.1	75.7	76.4	77.1	78.0	78.9	79.6	80.5	81.3
5.3	5.2	5.2	5.3	5.4	5.3	5.4	5.5	5.4	5.3	5.4	5.4	5.4	5.4	5.4
33.0	33.0	33.1	34.1	35.2	34.5	36.1	36.9	37.0	37.0	37.7	38.4	39.0	39.8	40.5
4.7	4.6	4.5	4.4	4.4	4.2	4.2	4.2	4.1	4.0	4.0	3.9	3.9	3.8	3.7
27.7	27.4	27.0	26.8	26.8	26.4	26.4	26.5	26.4	26.5	26.5	26.5	26.4	26.3	26.3
1.6	1.7	1.8	1.8	1.7	1.8	1.7	1.8	1.9	1.9	1.9	1.9	1.9	1.9	1.9
10.1	10.9	11.4	11.5	11.0	12.0	11.6	12.3	12.9	13.7	13.8	14.0	14.2	14.4	14.6
29.8	28.9	28.6	28.5	29.2	29.0	29.3	29.2	29.6	30.1	30.5	30.7	30.9	31.1	31.2
97.9	95.8	95.5	95.9	98.7	98.8	100.2	100.5	102.7	104.9	106.9	107.9	108.9	110.0	111.0
25.1	23.6	20.1	17.1	15.8	14.7	13.6	12.5	11.3	10.3	9.4	8.5	7.8	7.1	6.5
37.8	37.8	37.2	36.2	35.4	34.6	33.7	32.7	31.7	30.6	29.5	28.3	27.2	26.1	24.9
148.3	141.2	120.8	103.4	96.9	91.1	85.6	79.9	73.4	67.6	62.4	57.5	53.3	49.4	45.7
223.4	225.7	223.8	219.1	216.9	214.7	212.0	208.7	205.2	200.5	196.3	191.5	186.6	181.2	175.6
22.1	22.4	23.5	24.7	25.4	26.0	26.5	27.0	27.8	28.6	28.9	29.2	29.4	29.7	30.0
1.3	1.2	1.4	1.5	1.6	1.6	1.8	1.9	2.2	2.3	2.3	2.3	2.3	2.3	2.3
58.0	58.5	57.8	56.9	56.7	56.7	56.4	56.0	55.7	55.4	55.5	55.5	55.5	55.5	55.5
18.6	17.9	17.4	16.8	16.3	15.7	15.2	15.0	14.2	13.7	13.4	13.1	12.8	12.5	12.3

北欧、南欧和西欧

指标	类别	单位	2000年	2001年	2002年	2003年	2004年	2005年	2006年	2007年	2008年
劳动力参与率	总计	%	56.5	56.3	56.6	56.9	57.0	57.2	57.5	57.6	57.9
劳动力参与率	男性	%	66.4	66.0	66.0	66.0	65.8	65.9	65.9	65.9	65.9
劳动力参与率	女性	%	47.2	47.2	47.8	48.3	48.6	49.1	49.5	49.9	50.3
劳动力参与率	青年	%	48.0	47.1	47.1	46.8	46.7	47.3	47.5	47.7	47.8
劳动力	总计	百万人	197.9	198.3	200.7	203.2	205.0	207.4	209.5	211.4	213.4
劳动力	男性	百万人	112.3	112.3	113.1	114.0	114.6	115.7	116.3	117.1	117.7
劳动力	女性	百万人	85.6	86.0	87.6	89.1	90.4	91.8	93.2	94.3	95.7
劳动力	青年	百万人	25.4	25.0	25.0	24.9	24.8	25.1	25.3	25.3	25.3
就业人口比	总计	%	51.5	51.9	52.0	52.0	52.0	52.3	52.8	53.4	53.6
就业人口	总计	百万人	180.5	182.8	184.4	186.0	187.1	189.5	192.4	195.8	197.7
劳动力利用不足综合比率	总计	%						16.0	15.8	15.1	16.0
劳动力利用不足总人口	总计	百万人						34.7	34.7	33.4	35.7
失业率	总计	%	8.8	7.8	8.1	8.5	8.7	8.7	8.2	7.4	7.3
失业人口	总计	百万人	17.4	15.5	16.3	17.2	17.9	18.0	17.1	15.7	15.7
与时间相关的不充分就业率	总计	%						3.6	4.0	4.1	5.2
与时间相关的不充分就业人口	总计	百万人						6.7	7.7	7.9	10.3
潜在劳动力比率	总计	%						4.6	4.5	4.4	4.3
潜在劳动力	总计	百万人						10.0	9.9	9.8	9.7
未就业且未接受教育或培训的青年占比	青年	%						12.3	12.0	11.6	11.5
未就业且未接受教育或培训的青年人口	青年	百万人						6.5	6.4	6.1	6.1
极端工作贫困率	总计	%	0.0	0.0	0.0	0.0	0.0	0.0	0.0	0.0	0.0
中等工作贫困率	总计	%	0.1	0.1	0.1	0.1	0.1	0.1	0.0	0.0	0.0
极端工作贫困人口	总计	百万人	0.0	0.0	0.0	0.0	0.0	0.0	0.0	0.0	0.0
中等工作贫困人口	总计	百万人	0.1	0.1	0.1	0.1	0.1	0.1	0.1	0.0	0.0
工薪工作者	总计	%	83.2	83.3	83.4	83.3	83.3	83.5	83.5	83.7	84.0
雇主	总计	%	4.9	4.8	4.7	4.8	4.8	4.7	4.8	4.8	4.8
自营工作者	总计	%	9.9	9.9	9.9	10.1	10.1	10.2	10.2	10.1	9.8
家庭雇员	总计	%	2.1	2.0	1.9	1.8	1.7	1.6	1.5	1.4	1.4

（续表）

2009年	2010年	2011年	2012年	2013年	2014年	2015年	2016年	2017年	2018年	2019年	2020年	2021年	2022年	2023年
57.8	57.6	57.6	57.8	57.8	57.7	57.7	57.9	57.9	58.1	58.0	57.8	57.6	57.4	57.2
65.4	65.1	64.8	64.8	64.5	64.3	64.2	64.2	64.2	64.3	64.1	63.9	63.6	63.3	62.9
50.6	50.6	50.8	51.2	51.4	51.5	51.6	51.8	52.0	52.2	52.1	52.1	52.0	51.8	51.7
46.7	45.7	45.3	44.9	44.5	43.9	43.9	43.9	43.9	44.0	43.8	43.6	43.3	43.0	42.7
214.1	214.6	215.4	217.0	217.7	218.3	219.0	220.3	221.3	222.7	222.9	222.9	222.7	222.3	221.9
117.5	117.4	117.4	118.0	117.9	118.0	118.3	118.8	119.2	119.9	119.9	119.9	119.7	119.4	119.1
96.6	97.2	97.9	99.0	99.8	100.3	100.7	101.5	102.1	102.8	102.9	103.0	103.0	102.9	102.8
24.6	23.9	23.5	23.1	22.7	22.2	22.1	22.0	21.8	21.8	21.6	21.4	21.3	21.1	21.0
52.4	51.9	51.9	51.6	51.3	51.6	51.9	52.5	53.1	53.7	53.9	53.8	53.6	53.4	53.2
194.1	193.5	193.9	193.5	193.3	195.0	197.1	200.0	202.9	205.8	207.3	207.6	207.3	206.9	206.4
18.5	19.2	19.3	20.5	21.2	20.8	19.9	18.7	17.4	16.0	15.4	15.3	15.4	15.5	15.5
41.5	43.1	43.6	46.7	48.5	47.8	45.8	43.3	40.3	37.3	35.9	35.6	35.8	35.9	35.9
9.3	9.9	10.0	10.8	11.2	10.7	10.0	9.2	8.3	7.6	7.0	6.9	6.9	7.0	7.0
19.9	21.2	21.4	23.5	24.4	23.4	21.9	20.3	18.4	16.8	15.6	15.3	15.4	15.5	15.5
6.0	6.1	6.0	6.4	6.8	6.7	6.4	6.0	5.6	5.1	5.1	5.1	5.1	5.1	5.1
11.6	11.7	11.7	12.3	13.1	13.0	12.6	11.9	11.4	10.5	10.6	10.6	10.6	10.5	10.5
4.4	4.5	4.6	4.8	4.8	5.0	4.9	4.8	4.5	4.3	4.2	4.2	4.2	4.2	4.3
10.0	10.2	10.5	10.8	10.9	11.4	11.4	11.1	10.5	9.9	9.8	9.8	9.8	9.9	9.9
13.0	13.1	13.1	13.3	13.0	12.6	12.2	11.7	11.2	10.8	10.5	10.6	10.8	11.0	11.2
6.8	6.8	6.8	6.9	6.7	6.4	6.1	5.9	5.6	5.3	5.2	5.2	5.3	5.4	5.5
0.0	0.0	0.0	0.0	0.0	0.0	0.0	0.0	0.0	0.0	0.0	0.0	0.0	0.0	0.0
0.0	0.0	0.0	0.0	0.0	0.0	0.0	0.0	0.0	0.0	0.0	0.0	0.0	0.0	0.0
0.0	0.0	0.0	0.0	0.0	0.0	0.0	0.0	0.0	0.0	0.0	0.0	0.0	0.0	0.0
0.0	0.0	0.0	0.0	0.0	0.0	0.0	0.0	0.0	0.0	0.0	0.0	0.0	0.0	0.0
84.1	84.0	84.1	84.1	84.2	84.2	84.4	84.4	84.7	85.0	85.1	85.2	85.2	85.3	85.4
4.7	4.6	4.5	4.5	4.5	4.4	4.4	4.3	4.3	4.2	4.1	4.1	4.1	4.1	4.1
9.9	10.1	10.1	10.3	10.3	10.3	10.2	10.2	10.1	9.9	9.9	9.9	9.9	9.8	9.8
1.3	1.2	1.2	1.2	1.1	1.1	1.0	1.0	0.9	0.9	0.8	0.8	0.8	0.8	0.7

东欧

指标	类别	单位	2000年	2001年	2002年	2003年	2004年	2005年	2006年	2007年	2008年
劳动力参与率	总计	%	59.2	58.4	58.0	57.6	57.7	57.8	57.9	58.3	58.6
劳动力参与率	男性	%	66.7	65.7	65.1	64.7	64.8	65.1	65.2	65.7	66.3
劳动力参与率	女性	%	52.6	52.0	51.9	51.5	51.6	51.6	51.7	51.9	51.9
劳动力参与率	青年	%	41.3	40.2	39.6	38.2	38.3	37.8	37.6	37.6	38.9
劳动力	总计	百万人	147.1	145.5	145.1	144.6	145.1	145.6	146.0	146.8	147.4
劳动力	男性	百万人	77.0	76.1	75.6	75.3	75.6	76.0	76.1	76.6	77.3
劳动力	女性	百万人	70.1	69.4	69.5	69.3	69.5	69.6	69.9	70.2	70.1
劳动力	青年	百万人	19.8	19.4	19.2	18.6	18.6	18.2	17.7	17.4	17.5
就业人口比	总计	%	52.5	52.2	52.2	52.0	52.2	52.8	53.3	54.4	54.9
就业人口	总计	百万人	130.5	130.0	130.5	130.4	131.3	132.9	134.2	137.1	138.1
劳动力利用不足综合比率	总计	%						13.0	12.3	10.6	10.0
劳动力利用不足总人口	总计	百万人						19.6	18.6	16.0	15.2
失业率	总计	%	11.3	10.6	10.1	9.9	9.6	8.7	8.0	6.7	6.3
失业人口	总计	百万人	16.6	15.5	14.7	14.2	13.9	12.7	11.7	9.8	9.3
与时间相关的不充分就业率	总计	%						1.7	1.7	1.5	1.5
与时间相关的不充分就业人口	总计	百万人						2.2	2.2	2.1	2.0
潜在劳动力比率	总计	%						3.1	3.1	2.7	2.5
潜在劳动力	总计	百万人						4.7	4.6	4.1	3.8
未就业且未接受教育或培训的青年占比	青年	%						16.2	15.5	14.2	13.2
未就业且未接受教育或培训的青年人口	青年	百万人						7.8	7.3	6.6	5.9
极端工作贫困率	总计	%	0.9	0.5	0.3	0.2	0.2	0.2	0.1	0.0	0.0
中等工作贫困率	总计	%	5.1	3.0	2.2	1.5	1.1	0.8	0.5	0.3	0.1
极端工作贫困人口	总计	百万人	1.2	0.7	0.4	0.3	0.2	0.3	0.1	0.0	0.0
中等工作贫困人口	总计	百万人	6.6	3.9	2.9	1.9	1.4	1.1	0.6	0.4	0.2
工薪工作者	总计	%	82.6	83.5	84.5	84.9	85.2	85.2	85.7	86.0	86.1
雇主	总计	%	1.7	1.7	1.7	1.7	1.8	1.8	1.8	1.8	1.8
自营工作者	总计	%	13.2	12.2	11.7	11.4	11.2	11.2	10.9	10.7	10.6
家庭雇员	总计	%	2.6	2.6	2.0	2.0	1.8	1.7	1.6	1.5	1.5

（续表）

2009年	2010年	2011年	2012年	2013年	2014年	2015年	2016年	2017年	2018年	2019年	2020年	2021年	2022年	2023年
58.7	58.8	58.9	59.0	59.1	59.1	59.2	59.3	59.2	59.2	58.9	58.5	58.1	57.6	57.2
66.4	66.7	66.9	67.1	67.3	67.4	67.7	67.8	67.8	67.7	67.3	66.9	66.4	65.9	65.3
52.0	52.0	52.1	52.1	52.1	52.0	52.0	52.0	51.9	51.9	51.6	51.3	50.9	50.6	50.2
39.2	38.5	38.3	37.2	37.0	36.2	35.6	35.1	34.1	33.2	32.2	31.2	30.4	29.7	29.1
147.5	147.6	147.6	147.4	147.3	146.7	146.5	146.1	145.5	145.0	143.6	142.3	140.9	139.5	138.2
77.2	77.5	77.4	77.5	77.5	77.3	77.3	77.2	76.9	76.5	75.9	75.2	74.4	73.6	72.9
70.2	70.1	70.1	69.9	69.8	69.4	69.1	68.9	68.6	68.4	67.8	67.2	66.5	65.9	65.3
17.1	16.2	15.4	14.2	13.3	12.3	11.5	10.8	10.1	9.6	9.1	8.7	8.5	8.4	8.4
53.8	54.1	54.5	54.9	55.0	55.1	55.3	55.6	55.9	56.2	56.0	55.7	55.3	54.9	54.4
135.4	135.8	136.5	137.1	137.0	136.8	136.8	137.0	137.2	137.6	136.6	135.6	134.2	132.8	131.4
12.4	12.1	11.4	10.6	10.8	10.3	10.1	9.4	8.7	7.9	7.7	7.6	7.6	7.7	7.9
18.9	18.3	17.2	16.0	16.3	15.5	15.2	14.1	13.0	11.7	11.3	11.0	11.0	11.0	11.1
8.2	8.0	7.5	7.0	7.0	6.8	6.6	6.2	5.7	5.1	4.9	4.7	4.8	4.8	4.9
12.1	11.8	11.1	10.3	10.3	9.9	9.7	9.1	8.3	7.4	7.0	6.7	6.7	6.7	6.8
1.7	1.6	1.4	1.4	1.5	1.4	1.4	1.3	1.2	1.1	1.1	1.1	1.1	1.1	1.1
2.3	2.1	1.9	1.9	2.1	1.9	1.9	1.7	1.6	1.5	1.5	1.5	1.5	1.5	1.4
2.9	2.9	2.8	2.6	2.6	2.5	2.4	2.2	2.0	1.9	1.9	1.9	1.9	2.0	2.0
4.5	4.4	4.2	3.9	4.0	3.7	3.6	3.3	3.0	2.8	2.7	2.7	2.8	2.8	2.8
14.2	14.3	13.7	13.3	13.5	13.9	13.4	13.4	13.0	13.6	14.2	14.8	15.4	15.9	16.4
6.2	6.0	5.5	5.1	4.9	4.7	4.3	4.1	3.9	3.9	4.0	4.1	4.3	4.5	4.7
0.0	0.0	0.0	0.0	0.0	0.0	0.0	0.0	0.0	0.0	0.0	0.0	0.0	0.0	0.0
0.1	0.1	0.1	0.1	0.1	0.0	0.1	0.1	0.1	0.1	0.1	0.1	0.1	0.1	0.1
0.0	0.0	0.0	0.0	0.0	0.0	0.0	0.0	0.0	0.0	0.0	0.0	0.0	0.0	0.0
0.2	0.1	0.1	0.1	0.1	0.1	0.1	0.1	0.1	0.1	0.1	0.1	0.1	0.1	0.1
86.0	86.7	86.7	87.0	86.8	87.4	87.5	87.7	88.1	88.1	88.2	88.3	88.4	88.4	88.5
1.8	1.9	1.8	1.8	1.8	1.9	1.9	1.8	1.8	1.9	1.9	1.9	1.9	1.9	1.9
10.6	9.8	9.9	9.7	9.9	9.3	9.3	9.3	8.9	8.9	8.8	8.8	8.8	8.7	8.7
1.6	1.7	1.5	1.5	1.5	1.4	1.3	1.2	1.2	1.1	1.1	1.0	1.0	1.0	0.9

中亚和西亚

指标	类别	单位	2000年	2001年	2002年	2003年	2004年	2005年	2006年	2007年	2008年
劳动力参与率	总计	%	56.3	56.2	55.9	55.3	54.7	54.9	54.5	54.6	55.0
劳动力参与率	男性	%	72.4	71.8	71.0	70.3	70.7	70.9	70.2	70.3	70.6
劳动力参与率	女性	%	41.2	41.6	41.8	41.2	39.8	39.9	39.8	39.9	40.4
劳动力参与率	青年	%	44.1	43.5	42.5	41.3	41.0	41.0	40.3	40.4	40.7
劳动力	总计	百万人	54.1	55.1	56.0	56.5	57.1	58.4	59.1	60.4	61.9
劳动力	男性	百万人	33.6	34.0	34.3	34.7	35.7	36.5	36.9	37.6	38.5
劳动力	女性	百万人	20.5	21.1	21.6	21.8	21.5	21.9	22.3	22.8	23.4
劳动力	青年	百万人	11.9	11.9	11.9	11.7	11.8	12.0	11.9	12.1	12.2
就业人口比	总计	%	50.8	50.7	50.0	49.7	49.4	49.8	50.1	50.4	50.6
就业人口	总计	百万人	48.9	49.7	50.1	50.8	51.5	53.0	54.3	55.6	56.9
劳动力利用不足综合比率	总计	%						17.6	16.4	16.1	16.5
劳动力利用不足总人口	总计	百万人						10.8	10.2	10.2	10.7
失业率	总计	%	9.7	9.8	10.5	10.1	9.8	9.3	8.2	7.8	8.1
失业人口	总计	百万人	5.2	5.4	5.9	5.7	5.6	5.4	4.8	4.7	5.0
与时间相关的不充分就业率	总计	%						4.4	4.3	4.6	4.7
与时间相关的不充分就业人口	总计	百万人						2.3	2.4	2.6	2.7
潜在劳动力比率	总计	%						5.0	4.8	4.6	4.7
潜在劳动力	总计	百万人						3.1	3.0	2.9	3.0
未就业且未接受教育或培训的青年占比	青年	%						29.0	27.8	27.5	26.5
未就业且未接受教育或培训的青年人口	青年	百万人						8.5	8.2	8.2	7.9
极端工作贫困率	总计	%	15.8	15.8	14.8	15.6	13.5	13.2	12.3	11.7	10.4
中等工作贫困率	总计	%	15.3	16.0	15.9	15.3	12.8	11.6	10.5	9.5	8.8
极端工作贫困人口	总计	百万人	7.8	7.9	7.4	7.9	7.0	7.0	6.7	6.5	5.9
中等工作贫困人口	总计	百万人	7.5	7.9	8.0	7.8	6.6	6.2	5.7	5.3	5.0
工薪工作者	总计	%	53.6	53.6	54.4	54.8	55.7	56.5	57.2	58.3	59.0
雇主	总计	%	4.0	4.0	4.0	3.9	3.9	3.9	3.9	3.9	4.0
自营工作者	总计	%	26.5	26.8	26.8	26.8	26.4	26.1	26.0	25.3	24.8
家庭雇员	总计	%	15.8	15.6	14.9	14.5	14.0	13.5	13.0	12.6	12.2

（续表）

2009年	2010年	2011年	2012年	2013年	2014年	2015年	2016年	2017年	2018年	2019年	2020年	2021年	2022年	2023年
55.5	56.1	56.7	56.8	57.2	57.5	57.9	58.2	58.4	58.5	58.4	58.3	58.0	57.8	57.5
70.7	71.2	71.7	71.5	71.8	72.3	72.5	72.7	73.0	73.1	72.9	72.8	72.5	72.2	71.9
41.1	42.0	42.6	42.9	43.4	43.6	44.1	44.4	44.6	44.8	44.7	44.5	44.3	44.1	43.9
40.9	40.9	41.2	40.5	41.2	42.2	42.9	42.9	43.0	43.2	43.0	42.8	42.5	42.1	41.8
63.5	65.4	67.2	68.4	70.1	71.6	73.3	74.8	76.3	77.6	78.6	79.4	80.2	80.8	81.3
39.2	40.2	41.2	41.8	42.7	43.7	44.6	45.4	46.3	47.1	47.8	48.3	48.8	49.2	49.5
24.3	25.2	26.0	26.7	27.4	28.0	28.7	29.3	29.9	30.5	30.8	31.1	31.4	31.6	31.8
12.3	12.4	12.4	12.2	12.3	12.5	12.6	12.5	12.4	12.4	12.2	12.1	12.0	11.9	11.9
50.2	51.2	52.3	52.6	52.8	52.9	53.2	53.3	53.6	53.7	52.9	52.9	52.6	52.3	52.0
57.5	59.7	62.0	63.4	64.8	65.9	67.4	68.6	69.9	71.2	71.2	72.1	72.7	73.2	73.6
18.6	17.7	16.3	16.1	16.3	16.7	16.4	16.6	16.2	15.9	17.0	16.9	17.0	17.2	17.3
12.4	12.2	11.5	11.5	12.0	12.5	12.6	13.0	12.9	12.9	14.0	14.0	14.3	14.5	14.7
9.5	8.7	7.8	7.4	7.6	8.0	8.1	8.3	8.3	8.2	9.4	9.2	9.3	9.5	9.6
6.0	5.7	5.2	5.1	5.3	5.7	5.9	6.2	6.3	6.4	7.4	7.3	7.5	7.6	7.8
5.1	5.2	5.0	5.0	5.0	5.0	4.7	4.6	4.4	4.4	4.4	4.3	4.3	4.3	4.3
2.9	3.1	3.1	3.2	3.3	3.3	3.2	3.2	3.1	3.1	3.1	3.1	3.2	3.2	3.2
5.2	4.9	4.5	4.5	4.6	4.6	4.6	4.6	4.4	4.2	4.3	4.3	4.3	4.4	4.5
3.5	3.4	3.2	3.3	3.4	3.5	3.5	3.6	3.5	3.4	3.5	3.6	3.6	3.7	3.8
25.8	24.5	23.4	23.0	21.6	21.2	20.7	20.7	21.0	21.2	22.2	22.0	22.1	22.2	22.3
7.8	7.4	7.1	6.9	6.4	6.3	6.1	6.0	6.0	6.1	6.3	6.2	6.3	6.3	6.3
9.7	8.9	8.0	7.4	6.9	6.3	5.8	5.4	5.0	4.7	4.5	4.2	3.9	3.6	3.3
8.3	8.0	7.6	7.1	6.7	6.3	6.1	5.7	5.4	5.2	5.1	4.9	4.6	4.4	4.2
5.6	5.3	5.0	4.7	4.4	4.1	3.9	3.7	3.5	3.4	3.2	3.0	2.8	2.6	2.4
4.7	4.7	4.7	4.5	4.4	4.1	4.1	3.9	3.8	3.7	3.6	3.5	3.4	3.2	3.1
58.8	59.4	59.9	60.8	61.2	62.3	63.2	63.7	63.9	64.4	64.7	65.1	65.4	65.8	66.1
4.0	3.8	3.7	3.6	3.4	3.4	3.5	3.6	3.7	3.6	3.6	3.6	3.6	3.6	3.6
24.8	24.5	24.1	23.7	23.7	23.0	22.5	22.1	22.1	22.0	22.1	22.0	22.0	22.0	22.0
12.4	12.3	12.3	11.9	11.7	11.3	10.8	10.5	10.3	10.0	9.7	9.3	9.0	8.6	8.3

参考文献

African Development Bank (AfDB). 2019. *African Economic Outlook 2019* (Abidjan).

—; Asian Development Bank (ADB); European Bank for Reconstruction and Development (EBRD); Inter-American Development Bank (IDB). 2018. *The future of work: Regional perspectives* (Washington, DC).

Albouy, D.; Chernoff, A.; Lutz, C.; Warman, C. 2019. "Local labor markets in Canada and the United States", in *Journal of Labor Economics*, Vol. 37, No. S2, pp. S533–S594.

Alvaredo, F.; Assouad, L.; Piketty, T. Forthcoming. "Measuring inequality in the Middle East, 1990–2016: The world's most unequal region?", in *Review of Income and Wealth.*

Arab Development Portal (ADP). 2019. *Youth in the Arab region* (Beirut).

Berg, J.; Furrer, M.; Harmon, E.; Rani, U.; Silberman, M.S. 2018. *Digital labour platforms and the future of work: Towards decent work in the online world* (Geneva, ILO).

Borino, F.; Saget, C. Forthcoming. *Employment programmes and conflict in Somalia*, ILO Research Department Working Paper (Geneva, ILO).

Borio, C.; Disyatat, P.; Juselius, M.; Rungcharoenkitkul, P. 2018. *Monetary policy in the grip of a pincer movement*, BIS Working Paper, No. 706 (Basel, Bank for International Settlements).

Carnevale, A.P.; Garcia, T.I.; Campbell, K.P. 2019. "All one system: The future of education and career preparation", in *Positioning low-income workers to succeed in a changing economy* (Bethesda, MD, The Hatcher Group), pp. 6–14.

Chen, S.; Ravallion, M. 2010. "The developing world is poorer than we thought, but no less successful in the fight against poverty", in *The Quarterly Journal of Economics*, Vol. 125, No. 4, pp. 1577–1625.

Cho, T.; Hwang, S.; Schreyer, P. 2017. *Has the labour share declined? It depends*, OECD Statistics Working Papers, No. 2017/1 (Paris, Organisation for Economic Co-operation and Development).

Cobham, A.; Schlogl, L.; Sumner, A. 2015. *Inequality and the tails: The Palma proposition and ratio revisited*, DESA Working Paper No. 143 (New York, United Nations, Department of Economic and Social Affairs).

Deininger, K.; Squire, L. 1996. "A new data set measuring income inequality", in *The World Bank Economic Review*, Vol. 10, No. 3, pp. 565–591.

Devarajan, S.; Mottaghi, L. 2017. *The economics of post-conflict reconstruction in Middle East and North Africa*, Middle East and North Africa Economic Monitor, April (Washington, DC, World Bank).

Doss, C.; Kovarik, C.; Peterman, A.; Quisumbing, A.; van den Bold, M. 2015. "Gender inequalities in ownership and control of land in Africa: Myth and reality", in *Agricultural Economics*, Vol. 46, No. 3, pp. 403–434.

Economic Commission for Latin America and the Caribbean (ECLAC). 2019. *Social Panorama of Latin America 2019* (Santiago).

Economic and Social Commission for Asia and the Pacific (ESCAP). 2018. *Inequality in Asia and the Pacific in the era of the 2030 Agenda for Sustainable Development* (Bangkok, United Nations).

Economic and Social Commission for Western Asia (ESCWA). 2018. *Survey of Economic and Social Developments in the Arab Region, 2017–2018* (Beirut, United Nations).

—. 2019a. *Survey of Economic and Social Developments in the Arab Region, 2018–2019* (Beirut, United Nations).

—. 2019b. *Rethinking barriers to women's economic participation in the Arab region*, Executive Committee, Sixth meeting, Marrakech, 15–16 June.

Elder, S.; Barcucci, V.; Gurbuzer, Y.; Perardel, Y.; Principi, M. 2015. *Labour market transitions of young women and men in Eastern Europe and Central Asia*, Work4Youth Publication Series No. 28 (Geneva, ILO).

European Bank for Reconstruction and Development (EBRD). 2018. *Transition Report 2018–19: Work in transition* (London).

European Central Bank (ECB). 2016. "The employment–GDP relationship since the crisis", in *ECB Economic Bulletin* No. 6, pp. 53–71.

European Foundation for the Improvement of Living and Working Conditions (Eurofound). 2017. *Sixth European Working Conditions Survey: Overview report – 2017 update* (Luxembourg, Publications Office of the European Union).

European Union (EU). 2015. *Labour market shortages in the European Union* (European Parliament, Directorate-General for Internal Policies of the Union).

Eurostat. 2019. "Transition from fixed term contracts to permanent contracts by sex and age: Annual averages of quarterly transitions, estimated probabilities". Available at: http://appsso.eurostat.ec.europa.eu/nui/show.do?dataset=lfsi_long_e09&lang=en [15 Nov. 2019].

Feenstra, R.C.; Inklaar, R.; Timmer, M.P. 2015. "The next generation of the Penn World Table", in *American Economic Review*, Vol. 105, No. 10, pp. 3150–3182.

Gasparini, L.; Marchionni, M. 2017. "Deceleration in female labor force participation in Latin America", in *Economía*, Vol. 18, No. 1, pp. 197–224.

General Authority for Statistics. 2019. *Labour market: Second quarter, 2019* (Riyadh).

Global Deal; ILO; OECD. 2018. *Building trust in a changing world of work* (Geneva and Paris, ILO and OECD).

Global Trade Alert. 2019. Global Trade Alert database. Available at: www.globaltradealert.org [3 Dec. 2019].

Gollin, D. 2002. "Getting income shares right", in *Journal of Political Economy*, Vol. 110, No. 2, pp. 458–474.

Gould, E.; Wilson, V. 2019. *Wage growth is weak for a tight labour market – and the pace of wage growth is uneven across race and gender* (Washington, DC, Economic Policy Institute).

Hadjivassiliou, K.; Tassinari, A.; Eichhorst, W.; Wozny, F. 2016. *Assessing the performance of school-to-work transition regimes in the EU*, IZA Discussion Paper Series No. 10301 (Bonn, Institute for the Study of Labor (IZA)).

Hansen, B.E.; Racine, J.S. 2012. "Jackknife model averaging", in *Journal of Econometrics*, Vol. 167, pp. 38–46.

Harasty, C.; Ostermeier, M. Forthcoming. *Population ageing: Alternative measures of dependency and implications for the future of work* (Geneva, ILO).

Hofäcker, D. (ed.). 2017. *Medium-term socio-economic consequences of insecure labour market positions*, EXCEPT Working Paper No. 12 (Tallinn, Tallinn University).

Huang, B.; Morgan, P.J.; Yoshino, N. (eds). 2019. *Demystifying rising inequality in Asia* (Tokyo, Asian Development Bank Institute).

Human Fertility Database. 2019. Available at: www.humanfertility.org [15 Nov. 2019].

Infante, R. Forthcoming. "Latin America: Growth, structural change and formalization, 2000–2015", in A. Berar, J. Chacaltana and F. Lapeyre (eds): *The global transition to formality: New evidence and policy challenges* (Geneva, ILO).

International Development Research Centre (IDRC); Dutch Knowledge Platform on Inclusive Development Policies (INCLUDE); ILO. 2016. *Gathering evidence: How can soft skills development and work-based learning improve job opportunities for young people?*

International Fund for Agricultural Development (IFAD). 2019. *Rural Development Report 2019: Creating opportunities for rural youth* (Rome).

International Labour Organization (ILO). 2013. *Resolution concerning statistics of work, employment and labour underutilization*, Resolution I, 19th International Conference of Labour Statisticians, Geneva, 2–11 October (Geneva).

—. 2015a. *World Employment and Social Outlook 2015: The changing nature of jobs* (Geneva).

—. 2015b. *Conclusions of the Meeting of Experts on Non-Standard Forms of Employment*, Governing Body, 323rd Session, Geneva, 12–27 March (Geneva).

—. 2016a. *ILO Decent Work Country Programme: A practical guidebook, version 4* (Geneva).

—. 2016b. *Labour migration in Asia and the Pacific and the Arab States* (Bangkok and Beirut, ILO Regional Offices).

—. 2016c. *Non-standard employment around the world: Understanding challenges, shaping prospects* (Geneva).

—. 2017a. *World Employment and Social Outlook: Trends for women 2017* (Geneva).

—. 2017b. *Empowering women in the rural economy*, Policy Guidance Notes on the Promotion of Decent Work in the Rural Economy (Geneva).

—. 2017c. *Global Employment Trends for Youth 2017: Paths to a better working future* (Geneva).

—. 2018a. *Avoiding unemployment is not enough: An analysis of other forms of labour underutilization*, ILOSTAT Spotlight on Work Statistics No. 4 (Geneva).

—. 2018b. *Women and men in the informal economy: A statistical picture. Third edition* (Geneva).

—. 2018c. *World Employment and Social Outlook: Trends 2018* (Geneva).

—. 2018d. *Ensuring decent working time for the future*, Report III (Part B), International Labour Conference, 107th Session, Geneva, 2018 (Geneva).

—. 2018e. *Global Wage Report 2018/19: What lies behind gender pay gaps* (Geneva).

—. 2018f. *ILO global estimates on international migrant workers: Results and methodology* (Geneva).

—. 2018g. *Asia-Pacific Employment and Social Outlook 2018: Advancing decent work for sustainable development* (Bangkok, ILO Regional Office).

—. 2018h. *Decent work and the Sustainable Development Goals: A guidebook on SDG labour market indicators* (Geneva).

—. 2018i. *ILOSTAT microdata processing quick guide: Principles and methods underlying the ILO's processing of anonymized household survey microdata* (Geneva).

—. 2019a. *A quantum leap for gender equality: For a better future of work for all* (Geneva).

—. 2019b. *Time to act for SDG 8: Integrating decent work, sustained growth and environmental integrity* (Geneva).

—. 2019c. *Work for a brighter future: Global Commission on the Future of Work* (Geneva).

—. 2019d. *World Employment and Social Outlook: Trends 2019* (Geneva).

—. 2019e. *What works: Promoting pathways to decent work* (Geneva).

—. 2019f. "Portfolio of Policy Guidance Notes on the Promotion of Decent Work in the Rural Economy". Available at: https://www.ilo.org/global/topics/economic-and-social-development/rural-development/WCMS_436223/lang--en/index.htm [3 Dec. 2019].

—. 2019g. *Mujeres en el mundo del trabajo: Retos pendientes hacia una efectiva equidad en América Latina y el Caribe*, Panorama Laboral Temático No. 5 (Lima, ILO Regional Office).

—. 2019h. “Landmark labour reforms signal end of kafala system in Qatar”, Press release, 16 October. Available at: https://www.ilo.org/global/about-the-ilo/newsroom/news/WCMS_724052/lang--en/index.htm [24 Oct. 2019].

—. 2019i. *Preparing for the future of work: National policy responses in ASEAN +6* (Bangkok, ILO Regional Office).

—. 2019j. “Non-standard forms of employment”. Available at: https://www.ilo.org/global/topics/non-standard-employment/lang--en/index.htm [20 Nov. 2019].

—. 2019k. *The global labour income share and distribution: Methodological description* (Geneva, ILO Department of Statistics).

—. Forthcoming a. *Global Employment Trends for Youth 2020: Technology and the future of jobs* (Geneva).

—. Forthcoming b. *Report on employment in Africa* (Abidjan, ILO Regional Office).

—. Forthcoming c. *Asia-Pacific Employment and Social Outlook 2020* (Bangkok, ILO Regional Office).

International Monetary and Financial Committee (IMFC). 2019. *IMFC statement by Guy Ryder, ILO Director-General*, delivered at the 40th IMFC Meeting, Washington, DC, 18–19 Oct.

International Monetary Fund (IMF). 2017. “Understanding the downward trend in labour income shares”, in *World Economic Outlook, April 2017: Gaining momentum?* (Washington, DC), pp. 121–172.

—. 2018. *Regional Economic Outlook, Western Hemisphere: Seizing the momentum* (Washington, DC).

—. 2019a. *World Economic Outlook, October 2019: Global manufacturing downturn, rising trade barriers* (Washington, DC).

—. 2019b. *Regional Economic Outlook Update: Middle East, North Africa, Afghanistan, and Pakistan* (Washington, DC).

International Telecommunication Union (ITU). 2019. *Digital infrastructure policy and regulation in the Asia-Pacific region* (Geneva).

Kapiszewski, A. 2006. *Arab versus Asian migrant workers in the GCC countries*, paper presented at the United Nations Expert Group Meeting on International Migration and Development in the Arab Region, Beirut, 15–17 May.

Karabarbounis, L.; Neiman, B. 2014. “The global decline of the labor share”, in *The Quarterly Journal of Economics*, Vol. 129, No. 1, pp. 61–103.

Kluve, J.; Puerto, S.; Robalino, D.; Romero, J.M.; Rother, F.; Störerau, J.; Weidenkaff, F. 2019. “Do youth employment programs improve labor market outcomes? A quantitative review”, in *World Development*, Vol. 114, pp. 237–253.

Kühn, S.; Sharma, C. Forthcoming. *Unemployment and the risk of social unrest.*

—; Viegelahn, C. 2019. “Foreign trade barriers and jobs in global supply chains”, in *International Labour Review*, Vol. 158, No. 1, pp. 137–167.

Labour Market Information Council (LMIC). 2018. *What’s in a name? Labour shortages, skills shortages, and skills mismatches*, LMI Insights No. 3 (Ottawa).

Lakner, C.; Milanovic, B. 2013. *Global income distribution: From the fall of the Berlin Wall to the Great Recession*, World Bank Policy Research Working Paper No. 6719 (Washington, DC, World Bank Group).

Liu, C.; Esteve, A.; Treviño, R. 2017. “Female-headed households and living conditions in Latin America”, in *World Development*, Vol. 90, pp. 311–328.

Luxembourg Income Study (LIS). 2019. Luxembourg Income Study database. Available at: www.lisdatacenter.org [3 Dec. 2019].

Morsy, H.; Mukasa, A. 2019. *Youth jobs, skill and educational mismatches in Africa*, Working Paper Series No. 326 (Abidjan, African Development Bank).

Mosler, D.; Calori, A. Forthcoming. *Tackling labour shortages in Central and Eastern Europe* (Geneva, ILO).

Muro, M.; Whiton, J. 2018. “Geographic gaps are widening while U.S. economic growth increases”, Brookings Institution, 23 Jan. Available at: www.brookings.edu [13 Nov. 2019].

Ndikumana, L.; Boyce, J.K. 2018. *Capital flight from Africa: Updated methodology and new estimates*, PERI Research Report (Amherst, MA, University of Massachusetts-Amherst, Political Economy Research Institute (PERI)).

Office for National Statistics (ONS). 2018. *Estimating the impact of the self-employed in the labour share.*

O’higgins, N. 2017. *Rising to the youth employment challenge: New evidence on key policy issues* (Geneva, ILO).

Organisation for Economic Co-operation and Development (OECD). 2019a. *OECD Economic Surveys: Slovak Republic 2019* (Paris, OECD Publishing).

—. 2019b. *OECD Economic Surveys: Hungary 2019* (Paris, OECD Publishing).

—. 2019c. “Temporary employment”. Available at: https://data.oecd.org/emp/temporary-employment.htm [15 Nov. 2019].

—. 2019d. *OECD Employment Outlook 2019: The future of work* (Paris, OECD Publishing).

Palma, J.G. 2011. *Homogeneous middles vs. heterogeneous tails, and the end of the ‘inverted-U’: The share of the rich is what it’s all about*, Cambridge Working Papers in Economics No. 1111 (University of Cambridge, Faculty of Economics).

—. 2014. “Has the income share of the middle and upper-middle been stable around the ‘50/50 rule’, or has it converged towards that level? The ‘Palma ratio’ revisited”, in *Development and Change*, Vol. 45, No. 6, pp. 1416–1448.

Patterson, M.; Hazel, M.; Saunders, D. 2019. *Annual review of the labour market, 2018* (Ottawa, Statistics Canada).

Piketty, T.; Saez, E.; Zucman, G. 2018. "Distributional national accounts: Methods and estimates for the United States", in *The Quarterly Journal of Economics*, Vol. 133, No. 2, pp. 553–609.

Reeves, R.V.; Guyot, K. 2018. "There are many definitions of 'middle class' – here's ours", Brookings Institution, 4 Sep. Available at: www.brookings.edu [3 Dec. 2019].

Rokicka, M.; Kłobuszewska, M. 2016. *The short-term economic consequences of insecure labour market positions in EU-28*, EXCEPT Working Paper No. 10 (Tallinn, Tallinn University).

Rother, B.; Pierre, G.; Lombardo, D.; Herrala, R.; Toffano, P.; Roos, E.; Auclair, G.; Manasseh, K. 2016. *The economic impact of conflicts and the refugee crisis in the Middle East and North Africa*, IMF Staff Discussion Note (Washington, DC, International Monetary Fund).

Sala-i-Martin, X. 2006. "The world distribution of income: Falling poverty and … convergence, period", in *The Quarterly Journal of Economics*, Vol. 121, No. 2, pp. 351–397.

Salazar-Xirinachs, J.M.; Chacaltana, J. (eds). 2018. *Políticas de formalización en América Latina: Avances y desafíos* (Lima, ILO Regional Office).

Salemink, K.; Strijker, D.; Bosworth, G. 2017. "Rural development in the digital age: A systematic literature review on unequal ICT availability, adoption, and use in rural areas", in *Journal of Rural Studies*, Vol. 54, pp. 360–371.

Sedik, D. 2018. "The rural–urban gap and rural transformation in the Near East and North Africa", in *NEW MEDIT: Mediterranean Journal of Economics, Agriculture and Environment*, No. 4, pp. 91–96.

Shearer, C.; Vey, J.S.; Kim, J. 2019. *Where jobs are concentrating and why it matters to cities and regions* (Washington, DC, Brookings Institution). Available at: https://www.brookings.edu/research/where-jobs-are-concentrating-why-it-matters-to-cities-and-regions/ [20 Dec. 2019].

Social Protection Committee (SPC). 2018. *Pension Adequacy Report 2018: Current and future income adequacy in old age in the EU* (Luxembourg, Publications Office of the European Union).

Statistics Canada. 2019. *Payroll employment, earnings and hours, August 2019* (Ottawa).

van Treeck, K. 2017. "The labour income share in developing countries: A review and analysis of international panel data", paper presented at the Fifth Conference of the Regulating for Decent Work Network, Geneva, 3–5 July.

Trendov, N.M.; Varas, S.; Zeng, M. 2019. *Digital technologies in agriculture and rural areas*, Briefing Paper (Rome, Food and Agriculture Organization of the United Nations).

UNESCO Institute for Statistics (UIS). 2019. Database. Available at: http://data.uis.unesco.org/ [7 Nov. 2019].

United Nations (UN). 2015. *Addis Ababa Action Agenda of the Third International Conference on Financing for Development* (New York).

—. 2019a. *World Population Prospects 2019: Online edition. Rev. 1* (New York, Department of Economic and Social Affairs).

—. 2019b. *World Economic Situation and Prospects 2019* (New York, Department of Economic and Social Affairs).

—. 2019c. *World Population Prospects 2019: Highlights* (New York, Department of Economic and Social Affairs).

—. 2020. *World Economic and Social Prospects 2020* (New York, Department of Economic and Social Affairs).

United Nations Conference for Trade and Development (UNCTAD). 2019. *Key Statistics and Trends in Trade Policy 2018: Trade tensions, implications for developing countries* (Geneva).

United Nations Development Programme (UNDP); ILO; World Food Programme (WFP). 2017. *Jobs make the difference: Expanding economic opportunities for Syrian refugees and host communities.*

United Nations High Commissioner for Refugees (UNHCR). 2019. *Migrant definition.* Available at: https://emergency.unhcr.org/entry/44937/migrant-definition [10 Dec. 2019].

Wilson, V. 2019. *Black unemployment is at least twice as high as white unemployment at the national level and in 14 states and the District of Columbia* (Washington, DC, Economic Policy Institute).

World Bank. 2013. *Global Monitoring Report 2013: Rural–urban dynamics and the Millennium Development Goals* (Washington, DC).

—. 2018. *Poverty and Shared Prosperity 2018: Piecing together the poverty puzzle* (Washington, DC).

World Trade Organization (WTO). 2019. *Report to the Trade Policy Review Body from the Director-General on Trade-Related Developments*, July.

Young, A. 1995. "The tyranny of numbers: Confronting the statistical realities of the East Asian growth experience", in *The Quarterly Journal of Economics*, Vol. 110, No. 3, pp. 641–680.